丝路连通的中国与世界

上海中国航海博物馆·主编

复旦大学出版社

丝路连通的中国与世界

主办单位：上海中国航海博物馆
　　　　　　上海外国语大学
　　　　　　中国航海学会航海历史与文化研究专业委员会

编辑委员会
顾　　问：徐祖远
主　　任：张东苏
副 主 任：陆晓莉　王　煜　陆　伟
主　　编：武世刚
执行主编：单　丽
编　　辑：吴　鹏　严春岭　赵　莉　顾宇辉
　　　　　[美] Xing Hang（杭行）

序　言

　　自"丝绸之路"被命名以来,相关研究至今方兴未艾,"一带一路"倡议更激发了国内外丝路学人的学术积极性,如何重释"中国与世界的古今丝路关系",不仅是一个学术问题,也是一个现实问题,值得开展跨学科的深入探讨。有鉴于此,中国航海博物馆、上海外国语大学、中国航海学会航海历史与文化研究专业委员会于2021年9月18日联合主办了"丝路连通的中国与世界"暨中国航海博物馆第十届学术研讨会,联合邀请了来自北京、上海、浙江、陕西、福建、黑龙江、江西、广西等地博物馆、高校及科研机构近80位专家学者以线上、线下方式参会,从海丝文史研究、丝路文博研究、丝路历史研究、丝路遗产研究等诸多方面开展研讨。

　　"丝绸之路"概念被提出后,一代又一代学者将其内涵与外延不断扩充与延伸,从而形成了以"贸易"为圆心,扩展至外交、经济、文化、宗教等诸多方面的,"为历史上各文明中心之间克服自然屏障、实现互联互通和文明共享的一个象征性称谓"。千百年来孕育出的"和平合作、开放包容、互学互鉴、互利共赢"的丝路精神高度契合了中国传统文化精髓,在新时代依然闪烁着迷人的光辉。伴随时代发展、社会进步,世人赋予"丝绸之路"全新的时代愿景。"一带一路"倡议在政治、经济、文化等各领域深入人心,取得了阶段性的丰硕成果。

　　中华民族历史悠久,中华文明源远流长,中华文化博大精深,博物馆作为连接昨天与今天、历史与未来的枢纽,肩负着集中展示灿烂成就、坚定文化自信的重任。作为中国第一座国家级的航海类博物馆,上海中国航海博物馆始终以"弘扬航海文化、传播华夏文明"为己任,对接服务国家战略,聚焦"一带一路"倡议,面向全社会打造精品展览、社教活动、学术研究,努力建设成为服务国家战略的重要文化平台和窗口。

"海上丝绸之路"（以下简称"海丝"）是中国航海博物馆的重要业务专题，渗透到博物馆业务工作的方方面面，并取得了一定成果：藏品方面，形成包括航海仪器、外销品、海图文献等在内不同种类的"海丝"特色收藏体系；展陈方面，连续多年推出"海丝"主题相关的精品展览，在沉船贸易、航海科技、古代船模、中外交往等专题方面与国内外文博机构合作共建，多角度展现"海丝"魅力；研究方面，致力于通过馆藏研究、会议论坛、编辑出版、讲座输送等主体业务，打造国内外"海丝"历史与文化研究对话平台，促进中外相关领域研究互鉴；公众服务方面，大力推动"海丝"展览、讲座、活动精品走进社区、农村、展会、高校、中小学等，在各类交通枢纽打造文化阵地，力求满足社会公众的文化需求，实现博物馆的文化使命。

2021年是不平凡的一年，一方面，新冠疫情反复起伏，抗击疫情仍然是我们国家乃至全世界的当务之急；另一方面，国际格局加速演变，不稳定性、不确定性继续上升，国际社会面临着多边与单边、开放与封闭、合作与对抗的重大考验。同时，2021年也是意义重大的一年，中国共产党百年诞辰、"两个一百年"在此交汇，"十四五"规划开始实施，全面建设社会主义现代化国家踏上新征程，我们正在党中央的带领下向着新目标迈出稳健而坚实的步伐。

站在新的历史起点，我们有必要重新认识丝路连通的中国与世界，从历史的脉络中汲取新养分、开掘新资源、开辟新思路、开创新局面，共同为建设"海洋强国""文化强国""21世纪海上丝绸之路"谱写新篇章。

目 录

中国航海博物馆藏外销陶瓷现状与展望
The Status and Outlook of Exported Chinaware Collected by the China Maritime Museum
　　宾　娟 / Bin Juan _____ 001

南宋市舶贸易数学题"均货推本"补探
An Additional Inquiry into a Southern Song Period Mathematical Problem about Maritime Trade
　　陈少丰 / Chen Shaofeng _____ 016

罗马帝国盛期的胡椒贸易
The Pepper Trade of the High Roman Empire
　　韩雪飞 / Han Xuefei _____ 022

哈佛燕京图书馆藏《直隶山东航海图》初探
A Preliminary Study of "the Coastal Navigation Chart of Zhili and Shandong" Stored in the Harvard-Yenching Library
　　何国璠 / He Guofan _____ 036

"鲸鲵鱼"与"刻托斯"：4世纪前中国与地中海世界的鲸认知
"Jingni" and "Ketos": Perceptions of Cetaceans in China and the Mediterranean World before the Fourth Century AD
　　胡梧挺 / Hu Wuting _____ 047

从"南海Ⅰ号"出水钱币看宋代海上丝绸之路货币流通
A Research on Currency Circulation along the Maritime Silk Road in the Song Dynasty: An Examination of the Coins from the "Nanhai I" Shipwreck

  蒋笑寒 / Jiang Xiaohan   070

美洲作物在中国的经济地理变迁
——以玉米、番薯为中心

Changes in the Economic Geography of New World Food Crops in China: Centered on Maize and Sweet Potato

  李昕升　袁瑕 / Li Xinsheng　Yuan Xia   082

誓为后盾
——上海市档案馆藏中国银行上海分行1937年海外救国汇款档案释注

Vowing to Be the Backer: Annotation to "the 1937 Overseas National Salvation Remittance File" of Bank of China, Shanghai Branch, in the Shanghai Municipal Archives

  刘　华 / Liu Hua   093

《万历福建海防图》之吕宋"错觉"
The "Illusion" of Luzon in "the Wanli Fujian Coastal Defense Map"

  刘义杰 / Liu Yijie   110

广东十三行外销漆器之考察
——以英国V&A馆藏广作漆器的分析为中心

An Investigation into the Exported Lacquerware of the Thirteen Hongs of Canton: Centered on the Case of the Canton Lacquerware from the V&A Museum Collection

  吕　静　陈景茵 / Lü Jing　Chen Jingyin   123

一艘沉船讲述的"海丝"故事
——关于中小型博物馆融入"一带一路"建设的思考与实践

A Story of the Maritime Silk Road (MSR) as Told by a Shipwreck: A Reflection and Practice on How Small and Medium-Sized Museums Can Contribute to the Belt and Road Initiative

  孟　玲 / Meng Ling   146

从中国航海博物馆藏捕鲸枪看 19 世纪的商业捕鲸
A Look into the Nineteenth-Century Commercial Whaling from the China Maritime Museum's Collection of Whaling Cannons
  任志宏 / Ren Zhihong   154

略论明清时期中国贸易瓷器中的外来文化因素
  ——以沉船出水瓷器为主
A Brief Discussion on the Foreign Cultural Factors in China's Trade Porcelain during the Ming and Qing Dynasties: Based on Porcelain Excavated from Shipwrecks
  杨天源 / Yang Tianyuan   170

佛具中的伊斯兰玻璃
The Islamic Glass Used in Buddhist Ritual Implements
  章　灵 / Zhang Ling   186

中国航海博物馆藏外销陶瓷现状与展望

宾 娟*

摘　要：中国航海博物馆收藏各类外销陶瓷器近千件，通过系统梳理可分为唐五代、宋元和明清三个时期，其中唐五代外销陶瓷相对匮乏，宋元外销陶瓷以福建窑口产品为主，明清外销陶瓷以广彩瓷为主，以上外销陶瓷在中国航海博物馆基本陈列和临时展览中发挥了重要作用。展望未来，中国航海博物馆应当在持续征集、深入研究、聚焦展陈、创新利用等方面多措并举，充分利用外销陶瓷这一极具民族特色的物质文化遗产，展示源远流长、博大精深的中华航海文化。

关键词：中国航海博物馆　外销陶瓷　沉船

瓷器是中国古代的一项重大发明，从诞生之日起，就为世界各国人民所向往和追逐，沿着"海上丝绸之路"，中国的陶瓷器远销世界各地，成为风靡全球的畅销品，极大丰富了古代世界的物质文明。沉淀至今，陶瓷器已成为中国古代文物之大宗，外销陶瓷的收藏、研究和展示，亦成为学术界研究的重要课题。

早在19世纪末20世纪初，欧美学者就关注到中近东考古发掘中出土的中国陶瓷，其后许多国家的学者开始重视相关资料的搜集和研究，其中以三上次男、小山富士夫、三杉隆敏、龟井明德、矢部良明等日本学者的研究最为熟知[1]。国外学者的研究有力地推动了中国学者对外销陶瓷的研究，其研究成果大体可以概括为古代外销陶瓷的生产、流通、消费三大领域，包括外销陶瓷的生产面貌与技术特征、产地界定与年代断定、产品运输与海外贸易状况、外销区域及类别、技术传播与文化交流、海外贸易体系与世界贸易网络等[2]。

---

* 作者简介：宾娟，上海中国航海博物馆馆员。
[1] 叶文程：《关于我国古外销陶瓷研究的几个问题》，载《中国古外销瓷研究论文集》，紫禁城出版社，1988年。
[2] 孟原召：《40年来中国古外销陶瓷的发现及研究综述》，《海交史研究》2019年第4期。

值得注意的是,近年来国内外博物馆所举办的一些外销陶瓷相关展览,例如由南京市博物总馆、宁波博物馆、中国航海博物馆举办的"CHINA 与世界:海上丝绸之路沉船与贸易瓷器大展",故宫博物院举办的"天下龙泉:龙泉青瓷与全球化"展览,上海博物馆举办的"宝历风物:黑石号沉船出水珍品展",上海历史博物馆举办的"白色金子·东西瓷都——从景德镇到梅森瓷器大展"等,中国航海博物馆举办的"器成走天下'碗礁一号'沉船出水文物大展"和"远帆归航:'泰兴号'沉船出水文物特展"等,在一定程度上促进了学术界对于博物馆收藏外销陶瓷的关注和再研究。

中国航海博物馆(以下简称"中海博")是中国首个经国务院批准设立的国家级航海博物馆,馆藏有比较丰富的外销陶瓷,并以此为基础举办了一些具有较大社会影响力的展览。但总体而言,对于这批外销陶瓷,无论是在总体情况的全面梳理和系统研究,展示利用现状的评述,还是在未来可持续利用方面都值得进行深入探讨。

一、中海博馆藏外销陶瓷概况

博物馆因藏品而生,藏品是博物馆发挥各项功能的基础,因而成为博物馆永恒的主题。作为一座行业博物馆,中海博自筹建之初就高度重视藏品征集工作,通过受赠、移交、购买等方式,馆藏品数量从零增长到 2 万余件(套),成绩斐然。

截至 2020 年底,中海博馆藏陶瓷类藏品共计 935 件(套),除去少量现当代陶瓷艺术品外,尚有古代陶瓷 886 件(套)。这些古代陶瓷中,又包括一些唐代以前的印纹硬陶、原始青瓷等并无明显外销陶瓷特征的陶瓷器,例如灶、罐、鬲、瓶、鼎、碗、豆、瓿、壶等,可纳入外销陶瓷范畴的陶瓷类藏品共计 852 件(套)。

这批外销陶瓷主要为 2010 年开馆前,从民间藏家、文物商店等渠道征集而来,也有部分为新近捐赠入藏。总体而言,这批外销陶瓷未经系统梳理,存在名称、时代、窑口不明或有误的情况,给学术再研究和陈列展览带来一定困扰。以 2019 年馆级课题"中海博馆藏外销陶瓷研究"为契机,我们对这批外销陶瓷进行了系统整理,大致可分为唐五代、宋元和明清三个时期。

馆藏唐五代时期的外销陶瓷不足 10 件(套),包括罐、碗、器盖等,主要包括白釉唇口碗、酱釉双系罐、青釉四系罐、青釉器盖等,除 1 件白釉唇口碗可确认是五代至北宋时期的北方窑口制品外,其余窑口均不明确。

馆藏宋元时期的外销陶瓷约 370 余件(套),类别、窑系比较集中,以福建窑仿烧的景德镇青白瓷以及仿烧龙泉窑的"土龙泉"为主,还有少量宋代磁灶窑酱釉器,元代龙泉窑青釉器等。其中不少外销陶瓷与"华光礁Ⅰ号"沉船、"南海Ⅰ号"沉船、大练岛沉船、新安沉船等出水器物,以及西沙海域采集出水的宋、元器物具有高度相似性[1]。

馆藏明清时期的外销陶瓷约470余件（套），以青花为主，发色暗淡，器型比较丰富，包括碗、盘、杯、碟、罐、盖盒、壶、盖盅、瓶等；纹饰简略，主要有花卉纹、山水纹、人物纹、草叶纹、动物纹等，多数笔画粗简。另有少量广彩瓷，器型规整、纹饰精美，以盘、碗、杯为主，装饰以纹章为主，另有人物纹、风景图、花卉纹等，不少具有中西合璧风格。

从史料记载及海内外考古资料来看，中国陶瓷的外销，最主要的途径是通过海上进行的，始于汉魏六朝，发展于隋唐宋元，鼎盛于明清时期。据研究，到宋高宗时期，瓷器已经取代丝绸成为第一大对外贸易商品，所以，也有学者把"海上丝绸之路"称之为"陶瓷之路"[2]。

（一）唐五代时期

唐代以来，中国与海外诸国的海上交通日益频繁。唐代"广州通海夷道"航线上，以中国陶瓷为代表的唐代外销商品屡见于考古发现。例如"黑石号"沉船打捞出水大量中国唐代陶瓷制品，埃及福斯塔特遗址中也出土了大量中国唐五代时期陶瓷器。这一时期的陶瓷以越窑青瓷、邢窑或定窑白瓷，以及长沙窑釉下彩绘青瓷为主，此外，河南巩义窑的青花、三彩、白瓷，以及广东、福建等地的仿越窑粗制青瓷等品类在海外也有不少发现。

中海博馆藏唐五代时期的外销陶瓷中，多数难辨窑口，仅有1件可明确为北方窑口的白釉唇口碗。唐代邢窑白瓷与越窑青瓷较早销往海外，至晚唐五代时期，定窑白瓷逐渐取代邢窑白瓷成为外销白瓷的主力。因国外研究者对于唐代邢窑、定窑白瓷难以准确区分，因而一些考古发掘资料将晚唐五代的定窑白瓷误定为邢窑白瓷，也有的通称之为"唐代白瓷"或"北方白瓷"。类似中海博馆藏的白釉唇口碗当属常见外销器型（图1），是五代北方窑口白瓷制品远销东亚、东南亚乃至埃及福斯塔特等地区的实物见证。

图1 五代-北宋白釉唇口碗[3]

---

[1] 参看中国国家博物馆水下考古研究中心、海南省文物保护管理办公室：《西沙水下考古（1998—1999）》，科学出版社，2006年；范伊然：《南海考古资料整理与述评》，科学出版社，2013年；广东省文物管理委员会等：《南海丝绸之路文物图集》，广东科技出版社，1991年；中国国家博物馆水下考古研究中心、福建博物院文物考古研究所、福州市文物考古工作队：《福建平潭大练岛元代沉船遗址》，科学出版社，2014年；沈琼华：《大元帆影：韩新安沉船出水文物精华》，文物出版社，2012年。

[2] [日]三上次男著，庄景辉、胡金定、黄东毅译：《陶瓷之路——访东西闻名的接点》，中国古外陶瓷研究会，1981年，第90页。

[3] 若无其他说明，文中图片均来自上海中国航海博物馆。

(二) 北宋时期

宋元时期,以江西景德镇的青白瓷、白瓷、青花瓷,浙江龙泉窑的青瓷,福建各地窑口烧制的青瓷、白瓷、青白瓷、黑釉瓷(天目)等三大地区瓷器为主,产品遍销海内外。此外,受外销的影响,北方磁州窑及南方江西、浙江、广东等沿海地区的窑口纷纷加入青瓷、青白瓷、黑釉瓷的烧造,以满足外销的需求。

北宋时期,外销陶瓷的主力产品是浙江越窑系青瓷(越窑青瓷和温州窑青瓷)、江西景德镇窑白瓷和青白瓷、广东西村窑瓷器和潮州窑白瓷等,另外,耀州窑青瓷,定窑、磁州窑系等华北陶瓷器也对外输出。从北宋末期开始,龙泉窑青瓷与福建陶瓷开始大量外销。

馆藏外销陶瓷中有多件北宋广州西村窑制品,包括青釉水盂(图2)、白釉凤首壶、白瓷罐、白瓷瓜棱小罐等。西村窑是北宋广州的重要外销瓷窑口,仿烧全国各著名窑口的产品以供外销,产品有青釉、青白釉、酱褐釉等,在东南亚、西亚各地多有西村窑的瓷片出土。

图2　西村窑青釉水盂

图3　华光礁出水"大吉"盘残片

(三) 南宋时期

南宋时期,外销陶瓷的主力产品是浙江龙泉窑青瓷、江西景德镇窑青白瓷、福建陶瓷。其中福建生产的陶瓷在外销陶瓷中占比较高,其种类丰富,包括仿龙泉青瓷(俗称"土龙泉")、仿景德镇青白瓷、白瓷、黑釉瓷、酱釉瓷、铅釉陶器,不过品质较龙泉青瓷、景德镇青白瓷要差,应当是倾销的廉价商品。

馆藏外销陶瓷中包括南宋龙泉窑青釉划花碗,景德镇青白瓷,德化窑粉盒和印花莲瓣纹小瓶、磁灶窑酱釉器、南安窑青釉碗、松溪回场窑青釉碗等,均是南宋时期的典型外销瓷,其中大部分与南宋沉船"华光礁Ⅰ号"沉船、"南海Ⅰ号"沉船以及西沙海域采集的外销瓷十分相似。

"华光礁Ⅰ号"沉船为南宋时期沉船,1996年发现于西沙群岛华光礁附近,是中国在远洋海域发现的第一艘古代沉船。"华光礁Ⅰ号"沉船出水文物计1万余件,其中陶瓷器8 000余件,主要为青白瓷、青瓷、酱釉瓷等,多数为闽清义窑的白瓷和青白瓷,还有南安罗东窑、松溪回场窑、晋江磁灶窑的青瓷,以及少量景德镇湖田窑和福建德化窑的青白瓷。馆藏外销陶瓷中有60余件"华光礁Ⅰ号"沉船出水残器,包括碗、盘(图3)、执壶等。此外,还有一些青瓷(图4)、青白瓷、酱釉瓷(图5),从器型到纹饰,均与"华光礁Ⅰ号"沉船出水的同类型器相同,主要是福建窑产品,包括松溪回场窑、德化窑、闽清义窑等,尤以晋江磁灶窑为代表。

图4 青釉划花碗　　　　　　图5 磁灶窑酱釉罐

"南海Ⅰ号"沉船为南宋时期沉船,1987年发现于广东省阳江海域,后被整体打捞,船上装载的大量瓷器经陆续清理发掘,出水包括德化窑、磁灶窑、景德镇窑、龙泉窑、义窑等宋代名窑的各类产品。馆藏的德化窑印花莲瓣纹小瓶(图6)、龙泉窑青釉碗、义窑青白釉刻划花葵口碗(图7)等均与"南海Ⅰ号"沉船出水器物相同。

图6 德化窑青白釉莲瓣纹小瓶　　图7 义窑青白釉刻划花葵口碗

(四) 元代时期

元代,外销陶瓷的主力产品为浙江龙泉窑青瓷、景德镇窑陶瓷以及福建陶瓷,尤其是独具特色的景德镇窑元青花、釉里红、枢府瓷,其他窑口的产品仅占少数,例如磁州窑、吉州窑、七里镇窑、浙江铁店窑、江苏宜兴窑和广东窑口等。

大练岛元代沉船为元代沉船,2006年发现于福建省平潭县大练岛与小练岛之间海域,采集、发掘出水的都是龙泉窑青瓷,器型主要有碗、大盘、洗、双系小罐等。馆藏的龙泉窑青釉双鱼洗(图8)、青釉双系小罐(图9)、青釉大盘、青釉瓜棱罐等,其造型和纹饰均与大练岛元代沉船相同。

图8　元龙泉窑青釉双鱼洗　　　　图9　元龙泉窑青釉双系小罐

元青花瓷器造型风格独特,装饰纹样也迥异于前朝,属于为满足国外市场需求而制作的外销瓷,主要输往西亚和东南亚等国,今土耳其伊斯坦布尔托普卡比博物馆和伊朗国家博物馆收藏有大量精美元青花瓷器。馆藏有数件元青花小罐(图10)、小碗(图11),与东南亚地区出土或传世的元代青花瓷一致,是元代景德镇青花瓷外销的一个佐证。

图10　元青花小罐　　　　图11　元青花小碗

(五) 明清时期

明清时期,宋元时期瓷器百花齐放的局面得以终结,朝廷在景德镇成立了御窑厂,景德镇成为全国乃至全世界最重要的陶瓷生产中心,是名副其实的"瓷都"。据史籍记载,明、清两代景德镇的瓷器"行于九域,施及外洋"。明朝中晚期海禁政策的解禁,促进了以景德镇瓷器为主的中国瓷器的外销,实现了中国与欧洲之间的直接贸易。18世纪以来,粉彩与青花齐头并进,源源不断地运往欧洲及世界各地,一些特殊的"订制瓷",如纹章瓷、以欧式风格的装饰和器型为主题的外销瓷纷纷出现[1]。除了景德镇之外,福建漳州窑、德化窑的青花瓷、五彩瓷、白釉器等在外销市场上也占据了重要一席,漳

---

[1] 参看柯玫瑰、孟露夏著,张淳淳译:《中国外销瓷》,上海书画出版社,2014年。

青瓷,以及少量景德镇湖田窑和福建德化窑的青白瓷。馆藏外销陶瓷中有60余件"华光礁Ⅰ号"沉船出水残器,包括碗、盘(图3)、执壶等。此外,还有一些青瓷(图4)、青白瓷、酱釉瓷(图5),从器型到纹饰,均与"华光礁Ⅰ号"沉船出水的同类型器相同,主要是福建窑产品,包括松溪回场窑、德化窑、闽清义窑等,尤以晋江磁灶窑为代表。

图4 青釉划花碗

图5 磁灶窑酱釉罐

"南海Ⅰ号"沉船为南宋时期沉船,1987年发现于广东省阳江海域,后被整体打捞,船上装载的大量瓷器经陆续清理发掘,出水包括德化窑、磁灶窑、景德镇窑、龙泉窑、义窑等宋代名窑的各类产品。馆藏的德化窑印花莲瓣纹小瓶(图6)、龙泉窑青釉碗、义窑青白釉刻划花葵口碗(图7)等均与"南海Ⅰ号"沉船出水器物相同。

图6 德化窑青白釉莲瓣纹小瓶

图7 义窑青白釉刻划花葵口碗

(四) 元代时期

元代,外销陶瓷的主力产品为浙江龙泉窑青瓷、景德镇窑陶瓷以及福建陶瓷,尤其是独具特色的景德镇窑元青花、釉里红、枢府瓷,其他窑口的产品仅占少数,例如磁州窑、吉州窑、七里镇窑、浙江铁店窑、江苏宜兴窑和广东窑口等。

大练岛元代沉船为元代沉船,2006年发现于福建省平潭县大练岛与小练岛之间海域,采集、发掘出水的都是龙泉窑青瓷,器型主要有碗、大盘、洗、双系小罐等。馆藏的龙泉窑青釉双鱼洗(图8)、青釉双系小罐(图9)、青釉大盘、青釉瓜棱罐等,其造型和纹饰均与大练岛元代沉船相同。

图8　元龙泉窑青釉双鱼洗　　　　图9　元龙泉窑青釉双系小罐

元青花瓷器造型风格独特,装饰纹样也迥异于前朝,属于为满足国外市场需求而制作的外销瓷,主要输往西亚和东南亚等国,今土耳其伊斯坦布尔托普卡比博物馆和伊朗国家博物馆收藏有大量精美元青花瓷器。馆藏有数件元青花小罐(图10)、小碗(图11),与东南亚地区出土或传世的元代青花瓷一致,是元代景德镇青花瓷外销的一个佐证。

图10　元青花小罐　　　　图11　元青花小碗

(五) 明清时期

明清时期,宋元时期瓷器百花齐放的局面得以终结,朝廷在景德镇成立了御窑厂,景德镇成为全国乃至全世界最重要的陶瓷生产中心,是名副其实的"瓷都"。据史籍记载,明、清两代景德镇的瓷器"行于九域,施及外洋"。明朝中晚期海禁政策的解禁,促进了以景德镇瓷器为主的中国瓷器的外销,实现了中国与欧洲之间的直接贸易。18世纪以来,粉彩与青花齐头并进,源源不断地运往欧洲及世界各地,一些特殊的"订制瓷",如纹章瓷、以欧式风格的装饰和器型为主题的外销瓷纷纷出现[1]。除了景德镇之外,福建漳州窑、德化窑的青花瓷、五彩瓷、白釉器等在外销市场上也占据了重要一席,漳

---

[1] 参看柯玫瑰、孟露夏著,张淳淳译:《中国外销瓷》,上海书画出版社,2014年。

州窑"汕头器"、德化窑"中国白"享誉海内外。

馆藏明清外销陶瓷以清代广彩瓷为特色,主要自广州市文物总店征集购买所得,纹饰精美,器型规整,正是西方"中国瓷器热"下的产物。这批瓷器包括碗、温盘、汤盘、镂空花篮、奶壶、马克杯、盘、调味壶、盖盅、执壶、潘趣碗、杯碟等,多饰有纹章、花卉、人物故事、风景等图案。其中,温盘、潘趣碗(图12)、镂空花篮(图13)、带盖汤盆、奶壶等皆是订制瓷,属于西式造型,广彩帕里斯审判图盘(图14),墨彩"马丁·路德像"盘(图15)则属于神话主题和宗教主题方面的订制瓷。

图 12　广彩潘趣碗

图 13　广彩镂空花篮

图 14　广彩帕里斯审判图盘

图 15　墨彩马丁·路德像盘

馆藏明清外销陶瓷中还有部分瓷塑。17世纪下半叶至18世纪,伴随欧洲文艺复兴运动,欧洲兴起了瓷器的偶像热,在向中国订制外销瓷器的同时,还订制了大量的人像、动物俑像等陈设瓷器和实用瓷器。这类瓷器在欧洲17世纪至18世纪的皇室上层贵族社会中非常盛行,人们多把这些瓷器陈设在壁炉台上,或陈列在墙壁、台桌上。从馆藏德化窑的白釉洋人小瓷塑,以及少量景德镇青花孩童俑、欧洲宗教人物瓷塑等可窥一斑。

此外,漳州平和南胜窑(包括五寨窑等)的发现澄清了国际贸易陶瓷史的悬案,确定了海外大量发现与收藏的"克拉克瓷""交趾瓷""汕头器""华南三彩""琉璃地"等外销瓷的产地在平和窑。馆藏漳州窑红绿彩阿拉伯文大盘(图16),以及几件素三彩的粉盒,从一个侧面反映了漳州窑瓷器外销面貌。

图 16　漳州窑红绿彩阿拉伯文大盘　　图 17　五彩博古纹杯

"南澳一号"沉船为明代沉船,2007 年发现于广东省汕头市南澳县云澳镇东南的三点金海域,出水瓷器多达 2.5 万件,以青花瓷为主,主要来自福建漳州窑系和江西景德镇窑系,而以漳州市平和窑克拉克瓷为主,包括大盘、碗、钵、杯、罐、瓶等。馆藏的几件青花碗、盘,纹饰的布局及"圆圈花"的纹饰与南澳一号的极为相似。

"碗礁一号"沉船为清康熙年间沉船,2005 年发现于福建省平潭碗礁附近海域,出水瓷器包括青花、青花釉里红、青花色釉器、单色釉器、五彩器、釉下蓝彩和红彩等,以青花瓷器数量最多,器形主要有将军罐、筒瓶、筒花瓢、凤尾尊、盖罐、炉、盒、盆、盘、碟、碗、盏、杯、盅、葫芦瓶等。馆藏的一件五彩博古纹杯(图 17),器型和纹饰与"碗礁一号"沉船出水的五彩杯完全相同。

"泰兴号"沉船为清道光年间沉船,出水器物丰富多彩,其中绝大多数为陶瓷器,达 35 万件以上,瓷器中绝大部分为青花瓷,还有一部分白釉、酱釉、青黄釉瓷器以及宜兴紫砂等。2020 年,泮庐集团向中海博捐赠 100 件"泰兴号"沉船出水瓷器(图 18),包括青花盘、碗、杯、碟、粉盒,白釉碗、杯、勺、粉盒,以及青褐釉瓶、盖钵、碟等。

二、中海博馆藏外销陶瓷利用

从中国近代博物馆产生至今,藏品与展览一直是博物馆界关注的重要课题。展览与藏品密不可分,博物馆的陈列展览都是建立在丰富的藏品基础之上,而藏品也只有通过陈列展览,才能充分展示其价值。帕特里克·博伊兰曾经说过:"博物馆的陈列展览之所以如此重要,是因为只有陈列展览能够给真实的藏品与参观人群提供一种可以控制的接触。"[1]

就基本陈列而言,国内博物馆以外销陶瓷为主题的常设展览比较罕见,

---

[1][英]帕特里克·博伊兰著,国际博协中国国家委员会、中国博物馆学会译:《经营博物馆》,译林出版社,2010 年,第 135 页。

图 18　泰兴号出水瓷器

主要有福建博物院的"福建古代外销瓷"[1]，广州博物馆的"海贸遗珍：18至20世纪广州外销艺术品"。此外，20世纪以来成立的几家涉海类博物馆也有相关主题的陈列，例如中国南海博物馆的"八百年守候：西沙华光礁Ⅰ号沉船特展"，中国港口博物馆的"水下考古在中国专题陈列"等。

就临时展览而言，赵永将2012年以前的外销陶瓷展览分为捐赠展、国外引进展、国内交流展和收藏展四种类型[2]。毛敏统计了涉海类专题博物馆所举办的外销陶瓷主题展览[3]，除了上文提到的"CHINA与世界：海上丝绸之路沉船与贸易瓷器大展"外，还有鸦片战争博物馆举办的"来样加工：18世纪至19世纪中西纹章瓷展（2017年）"、中国港口博物馆举办的"辉煌印

---

[1] 福建博物院基本陈列"福建古代外销瓷"展览现已不存。
[2] 赵永：《"瓷之韵"国际学术研讨会综述：兼论中国古外销瓷的展览与研究》，《中国国家博物馆馆刊》2012年第11期。
[3] 毛敏：《涉海类专题博物馆策展实践与思考》，载《海天千色·跨洋万里：西方航海仪器展》，广东人民出版社，2021年。

记：清代中国外销纹章瓷展(2019年)"、中国南海博物馆举办的"龙行万里：海上丝绸之路上的龙泉青瓷(2020年)"、国家海洋博物馆举办的"无界：海上丝绸之路的故事：中国销往欧洲纹章瓷器精品展(2021年)"等。但事实上，2012年以来，不少综合性博物馆也举办了外销陶瓷主题展览，比如广东省博物馆、香港艺术馆、澳门博物馆联合举办的"海上瓷路：粤港澳文物大展(2012年)"，南京市博物馆举办的"清代康熙时期外销青花瓷(2013年)"，深圳博物馆举办的"中西交融：纹章瓷器精品展(2013年)"，广州博物馆举办的"瓷路相逢：清代外销瓷上的中国情调与西方艺术(2014年)"，上海博物馆和故宫博物院联合举办的"明清贸易瓷展(2015年)"，广州博物馆举办的"辉煌印记：广州博物馆藏清代外销纹章瓷特展(2015年)"，浙江省博物馆举办的"天下龙泉：龙泉青瓷与全球化(2019年)"，以及广东省博物馆举办的"惊艳中国风：17—18世纪中国外销瓷展(2020年)"等。这些展览一定程度上促进了对中国古代外销陶瓷的研究，更是直观地向社会公众展示和传播了外销陶瓷发展与研究的最新成果，可谓学术与社会的有机结合。

以馆藏各类外销陶瓷为基础，中海博也致力于通过基本陈列和临时展览，发挥馆藏外销陶瓷的社会价值，主要开展了以下工作。

(一) 基本陈列

中海博六大基本陈列中，"航海历史馆"一直备受欢迎，该展馆涉及外销陶瓷的展示区域主要包括三个部分，即"宋元外销瓷"展区、"沉船"展区和"广彩瓷"展区。

宋元时期是古代"海上丝绸之路"的重要繁盛期，也是中国陶瓷大量外销的第一个高潮期，因而我们设置了"宋元外销瓷"展区，在这一展区中展出具有代表性的10余件展品，包括青釉划花碗、白釉碗、磁灶窑陶瓶、青釉划花长颈瓶、青釉划花瓷碗、青釉印花碟、龙泉青釉划花碟、青釉执壶、青白釉瓜棱粉盒、青白釉瓜棱柱形粉盒、青白釉瓜棱粉盒、青白釉四系小盖罐，涵盖西村窑、德化窑、磁灶窑、龙泉窑等窑口，碗、瓶、碟、壶、盒、罐等器类，青釉、青白釉、白釉等釉色，基本代表了我馆宋代外销瓷器收藏的基本面貌，借此让观众了解中国宋元时期陶瓷外销的盛况。

伴随着中国的水下考古事业的发展，经30多年的探索，中国已发掘了一批以宋、元、明、清时代为主的沉船，成组合地出土了大批陶瓷器，这些陶瓷器是我们研究外销陶瓷最直接、最生动也最真实的依据。由此，我们在展厅中设置独具特色的"沉船"展区，展出"南海Ⅰ号"沉船、"华光礁Ⅰ号"沉船、后渚港沉船、宁波出土海船等多艘模型，并配套展出沉船出水瓷器40余件，主要包括"华光礁Ⅰ号"沉船出水的盘、瓶、碗、罐、壶等10余件，以及若干与"华光礁Ⅰ号"沉船、"南海Ⅰ号"沉船、大练岛沉船出水瓷器高度相似的瓷器。将"船"与"货"对比展出，提升观众的观展感受。

广彩瓷是清代著名的外销瓷品种，其装饰题材具有很强的开放性，既有中国传统的花鸟虫鱼、人物山水等，也有欧美的风景、人物、城堡、帆船等。以我馆收藏的丰富广彩瓷为基础，专门设置"广彩瓷"展区，其中以纹章瓷最具特色，装饰有包括英国罗斯家族、英国沃克家族、英国东印度公司的纹章等，器型有盘、碗、马克杯、奶壶、托杯等。此外，装饰神话、宗教题材的帕里斯审判图盘、"马丁·路德像"盘，以及西洋人物纹盘、开光人物故事图潘趣碗、开光人物风景茶壶及茶叶罐、人物故事纹镂空花篮、四喜图酱菜碟、花卉纹糖罐、开光花鸟人物图汤盆等广彩瓷，都充分体现了中西多元文化的相互融合。

(二) 临时展览

中海博开馆10余年来，已举办各类临时展览60余场，形成了航海科技、航运文化、航海大展、中外沉船、区域航海等主题系列展览，其中外销陶瓷在中外沉船和航海大展当中发挥了重要作用。

"沉船主题"是中海博重点打造的系列展览之一，从2018年的"CHINA与世界：海上丝绸之路沉船与贸易瓷器展"，2019年的"器成走天下：'碗礁一号'沉船出水文物大展"，到2021年举办的"远帆归航：'泰兴号'沉船出水文物特展"，目前已举办三场展览。在这些展览的策划过程中，我们并非简单地向观众展示出水文物，而是注重探索其蕴含的"交流互鉴"精神。例如在"器成走天下：'碗礁一号'沉船出水文物大展"中，我们将"碗礁一号"出水的"巴达维亚瓷"、雏菊纹瓷盘、微缩瓷器、高足盖杯等富有异域元素的外销瓷，与其他沉船或国外博物馆收藏的类似瓷器图片进行对比展示，从而让观众直观理解"海上丝绸之路"所带来的东西方贸易往来和文化交流[1]。而在"远帆归航：'泰兴号'沉船出水文物特展"中，我们展示了宋、元、明、清不同时期德化窑外销的代表器物，探索通过"海上丝绸之路"，德化窑外销产品为丰富世界各国人民的物质文化所做出的重要贡献。

近年来，中海博每年都会联合20家左右的博物馆，共同举办大型原创航海主题展览，而馆藏外销瓷在其中扮演了重要角色。例如2019年举办的"长三角航海非物质文化遗产大展"中，我们探索如何通过"物质"展示"非物质"文化遗产，其中通过展出宋龙泉窑青釉盖瓶、元龙泉窑青釉堆龙盘、明龙泉窑青釉印花执壶来展示"龙泉青瓷传统烧制技艺"，而在"宜兴紫砂陶制作技艺"的展示中，我们不仅展示了出土的紫砂产品，还对比展示了南海出水的紫砂器。而在2020年举办的"大海就在那：中国古代航海文物大展"中，仅在"海贸物语"部分，就展出了"古代海上陶瓷"之路上大量外销的唐三彩、唐青花、长沙窑、越窑、元青花、德化窑和漳州窑等丰富多彩的外销陶瓷精品。

---

[1] 毛敏：《"'碗礁一号'沉船出水文物大展"策展思考与实践》，载《器成走天下："碗礁一号"沉船出水文物大展图录》，文物出版社，2019年，第34—42页。

三、中海博馆藏外销陶瓷展望

由上，中海博收藏的外销陶瓷数量和质量都有所不足，但在博物馆业务工作中发挥了一定作用。展望未来，中海博可以在持续征集、深入研究、聚焦展陈、创新开发等方面多措并举。

（一）持续征集，完善藏品系列

外销陶瓷器是中国古代航海贸易的重要见证，也是博物馆展示航海历史文化的重要载体。作为航海专题博物馆，外销陶瓷是中海博重点打造的藏品系列。虽然当前中海博收藏的外销陶瓷器已有一定规模，但仍存在较多缺环。例如唐五代时期的越窑青瓷、长沙窑青瓷、邢窑和定窑白瓷等曾大量外销，而中海博几乎没有这一时期的外销陶瓷收藏；又例如收藏的宋元时期外销陶瓷总量不少，但主要是福建的仿烧制品，质量不佳，精品缺乏。

由此，中海博应在已有外销陶瓷的基础上进一步完善系列，争取馆藏陶瓷能够基本反映中国古代外销陶瓷的基本面貌。具体而言，其一是征集历代著名外销陶瓷，重点聚焦唐五代时期的越窑、长沙窑、邢窑、定窑产品；宋元时期景德镇窑、磁灶窑、磁州窑、建窑、龙泉窑、义窑、德化窑产品；明清时期景德镇窑、漳州窑、德化窑、宜兴窑和石湾窑产品。其二是征集国内外沉船出水瓷器，一方面，对于已有一定藏品的"华光礁Ⅰ号""泰兴号"等沉船出水瓷器，要进一步丰富完善；另一方面，可以通过交换等方式新征集"黑石号""南海一号""万历号""南澳一号""头顿""平顺""金瓯""哥德堡号"等国内外著名沉船出水瓷器，以及其他新发现的、出水地点可考的陶瓷器。其三是征集和航海重大事件、重要人物等相关的陶瓷器，例如与"郑和下西洋"密切相关的永宣瓷器，历史上国外仿制中国的陶瓷制品，如欧洲的代尔夫特陶、梅森瓷，日本的伊万里瓷、柿右卫门瓷，东南亚泰国的宋加洛瓷、宾乍隆瓷等。

（二）深入研究，揭示藏品内涵

作为一家年轻的博物馆，中海博对于馆藏外销陶瓷的研究还有较大空间。其一是对藏品信息的系统梳理，当前我们已对馆藏外销陶瓷器进行了全面梳理，但也仅是对时代、窑口、名称等基本信息的初步判定，至于藏品的历史、科技、艺术属性则暂未涉及。例如馆藏外销瓷中有20余件"微型瓷"，包括葫芦瓶、观音瓶、瓜棱纹小瓶、长颈瓶等，高仅10厘米左右，这些瓷器类似于正常瓷器的缩小版，麻雀虽小，五脏俱全，且此类器物在"碗礁一号"沉船、头顿沉船等多艘沉船中都有出水，是独具特色的一类外销瓷器，可进一步深入研究。

其二是藏品故事的深入挖掘，这不仅包括藏品本身所属的社会环境、人文背景，还包括藏品流传、征集过程中的故事，这些都是藏品研究的重要组成部分。例如馆藏南海水域出水的紫砂壶,粘连海底生物的陶瓷器,"华光礁Ⅰ号"出水瓷器,与各大沉船出水瓷器类似的馆藏陶瓷,以及纹饰丰富的广彩瓷等,都有着诸多故事值得深入挖掘,而这些故事元素的获取对于藏品有效利用至关重要。

其三是某类器物的专题研究,例如"泰兴号"沉船出水瓷器在国内罕有收藏,而我馆收藏的100件"泰兴号"沉船出水瓷器,是从泮庐集团收藏的12万件瓷器中精心挑选而来,虽然总量不大,但基本可以代表"泰兴号"出水瓷器的基本面貌,对其进行专题研究具有填补学术空白的重要意义。

(三)聚焦展陈,强化藏品展示

中国博物馆界普遍存在的一个问题是藏品的使用率较低,根据国家文物局2013年对8个央地共建博物馆馆藏文物展出率统计,最高不足5%,最低的仅有1.2%,这与国外博物馆超过50%的利用率有较大差距。如何使更多的"藏品"走出"深闺",成为"展品",从而提高藏品的利用率,是我们孜孜以求的目标。

当前,中海博基本陈列中展出外销陶瓷80余件(套),约占总量的10%,其余长期封存于库房的外销陶瓷中,有相当一部分值得展出。一是展出特色藏品,例如馆藏有一件"元磁州窑白釉黑彩碗"(图19),有学者将其称为"针碗"[1],认为这是水浮法指南针的实物见证,建议可将其作为中国古代航海科技的载体进行展出。二是定期更换展品,国家一级博物馆运行评估文件提倡每年对15%的展品进行更换,我馆展出的宋元外销瓷、沉船出水瓷器、广彩瓷等,均有可替换的类似展品,建议常更常新,给观众带来不一样的观展收获。三是广泛开展巡展,中海博馆藏沉船

图19 针碗

出水瓷器和广彩瓷数量较多、类型丰富,可以打造巡回展览,例如,2021年我馆联合德化陶瓷博物馆、泮庐集团共同举办了"远帆归航:'泰兴号'沉船出水文物特展",在此展览基础上,依托我馆收藏的"泰兴号"沉船出水瓷器以及特色船模,完全可以支撑一个小型展览,借此可以让馆藏外销陶瓷走向更为广阔的天地。

(四)创新利用,活化藏品开发

藏品是博物馆各项业务的基础,而博物馆各项业务工作亦可从藏品之

---

[1] 王振铎:《试论出土元代磁州窑器中所绘磁针》,《中国历史博物馆馆刊》1979年第1期。

中获取灵感,提升内涵。外销陶瓷大多通过航海销往域外,是中外文化交流融合的重要载体,这与中海博的航海主题高度契合。因而我们应当积极从外销陶瓷中提炼元素,融入我们各项业务中。例如我们可以以馆藏外销陶瓷研究成果为基础,逐步向公众开放藏品电子资源,让更多的公众通过线上方式获取馆藏外销陶瓷的丰富信息;我们可以以馆藏外销瓷为基础打造中海博的文创产品品牌,其中"泰兴号"出水瓷器、广彩瓷可以成为重点考虑对象;我们还可以针对不同层次,不同需求的观众,配套制定欣赏、课堂、互动等不同类型的教育活动。需要指出的是,博物馆的各项业务不应各自发力,而应该注重发挥集体合力,例如配套某个外销陶瓷主题展览,我们在深入研究的基础上提炼主打元素,进而配套举办研讨会和讲座、出版学术专刊、开发文创产品、举办各类教育活动等,让受众获取立体、完整、系统的博物馆文化服务。

综上,作为一家航海主题博物馆,外销陶瓷应当成为中海博的重要业务方向。我们对中海博馆藏外销陶瓷的基本面貌和利用情况进行了系统梳理,并提出未来应当在持续征集、深入研究、聚焦展陈、创新利用等方面多措并举,以充分利用外销陶瓷这一极具民族特色的物质文化遗产,展示源远流长、博大精深中华航海文化。

The Status and Outlook of Exported Chinaware Collected by the China Maritime Museum

Abstract: The China Maritime Museum has collected nearly 1000 pieces of exported chinaware. They have been sorted out and categorized into three periods: Tang (618-907) and Five Dynasties (907-960), Song (960-1279) and Yuan (1271-1368), and Ming (1368-1644) and Qing (1636-1912). The Tang and Five Dynasties porcelain exhibits are rare and precious. The Song and Yuan periods are dominated by products from the kilns of Fujian Province. Finally, the Ming and Qing periods mostly consist of enamel porcelain products from Canton. All these exhibits play a significant role in the permanent and temporary collections of the museum. In the future, the China Maritime Museum will keep conducting in-depth research and putting forth new exhibits to showcase the long-standing and brilliant Chinese maritime culture.

Keywords: China Maritime Museum, Exported Chinaware, Shipwrecks

南宋市舶贸易数学题"均货推本"补探

陈少丰[*]

摘　要：南宋算书《数书九章》有两道关于市舶贸易的数学题："均货推本"题和"推求物价"题。题中所选取的数值是以会子计价而非以铜钱计价，因此数值比较高。算书首先体现的是著者的数学思想和数学方法，至于具体数值，只要处于合理区间，大可不必过于拘泥。

关键词：南宋　算书　市舶　会价

宋代是市舶贸易兴盛的时代。关于这一时期市舶贸易的记载也比较丰富，正史、政书、方志、文集、笔记等文献均从各个角度记录了舶法、舶官、舶船、舶商、舶货等各类信息，为后世了解宋代市舶贸易提供了比较可观的史料。在各类文献中，有一类特殊的文献提供了另一种视角，这就是算书。南宋算书《数书九章》中有两道关于市舶贸易的算术题，即"推求物价"题和"均货推本"题，具有一定的史学价值，论者已经有所关注[1]。但是关于这两道算术题，特别是"均货推本"题所涉及的舶货价格似乎还未达成共识，本文将在前人研究的基础上，对此问题进行厘清，以求教于方家。

一、"推求物价"题

《数书九章》是南宋数学家秦九韶（1202—1261）所著，成书于淳祐七年（1247）。全书按所涉及的数学内容、自然现象、社会现象分成九类，每类二卷九题，共计81道算术题。各题由问、答、术、草四部分组成，问即问题，答即答案，术即算法，草即过程。书中的"推求物价"题和"均货推本"题被归入卷

---

[*] 作者简介：陈少丰，泉州海外交通史博物馆副研究馆员。
[1] 杜石然：《宋元算书中的市舶贸易算题》，《海交史研究》1988年第1期；吕兴焕：《〈数书九章〉与南宋社会经济》，军事谊文出版社，2002年；[日] 土肥祐子：《南宋数学书所记南海贸易品——以〈数书九章〉之"均货推本"为中心》，《国际社会科学杂志》2020年第3期。

十七的"市物类"。先看"推求物价"题。

  问推货务三次支物,准钱各一百四十七万贯文,先拨沉香三千五百裹,玳瑁二千二百斤,乳香三百七十五套;次拨沉香二千九百七十裹,玳瑁二千一百三十斤,乳香三千五十六套四分套之一;后拨沉香三千二百裹,玳瑁一千五百斤,乳香三千七百五十套。欲求沉、乳、玳瑁裹、斤、套各价几何?

  答曰:沉香,每裹三百贯文。

  乳香,每套六十四贯文。

  玳瑁,每斤一百八十贯文。[1]

此题的"术"采用的是方程法(相当于现代的线性方程组)和正负法(相当于现代的正负数加减法则),"草"应用中国古代传统的筹算图法进行演算。现代学者将其转换成三元一次方程[2]。计算过程并不难理解。

题中的"推货务"应为"榷货务",为宋朝设在京师的管理官方商品的机构。沉香、乳香、玳瑁都是宋朝常见的进口舶货。

二、"均货推本"题

"推求物价"题的下一题是"均货推本"题。

  问有海舶赴务抽毕,除纳主家货物外,有沉香五千八十八两,胡椒一万四百三十包,包四十斤。象牙二百一十二合,大小为合,斤两俱等。系甲乙丙丁四人合本博到。缘昨来凑本,互有假借。甲分到官供称:甲本金二百两,盐四袋钞一十道;乙本银八百两,盐三袋钞八十八道;丙本银一千六百七十两,度牒一十五道;丁本度牒五十二道,金五十八两八铢。已上共估直四十二万四千贯。甲借乙钞,乙借丙银,丙借丁度牒,丁甲借金。今合拨各借物归元主名下为率,均分上件货物。欲知金、银、袋盐、度牒元价及四人各合得香、椒、牙几何?

  答曰:甲金,每两四百八十贯文。本,一十二万四千贯文。合得沉香,一千四百八十八两。胡椒,三千五十包一十一斤五两。五十三分两之七。象牙,六十二合。

  乙盐,每袋二百五十贯文。本,七万六千贯文。合得沉香,九百一

---

[1] (宋)秦九韶著:《〈数书九章〉今译及研究》,陈信传、张文材、周冠文译,贵州教育出版社,1992年,第474—475页。

[2] (宋)秦九韶著:《〈数书九章〉今译及研究》,陈信传、张文材、周冠文译,第475—477页。

十二两。胡椒,一千八百六十九包二十一斤二两。五十三分两之六。象牙,三十八合。

丙银,每两五十贯文。本,一十二万三千五百贯文。合得沉香,一千四百八十二两。胡椒,三千三十七包三十九斤五两。五十三分两之二十三。象牙,六十一合四分合之三。

丁度牒,每道一千五百贯文。本,一十万五百贯文。合得沉香,一千二百六两。胡椒,二千四百七十二包八斤三两。五十三分两之十七。象牙,五十合四分合之一。[1]

此题有两个小问题。"术"采用的是方程法、正负法、衰分法(相当于现代按比例分配法则)。"草"还是应用筹算图法进行演算[2]。过程比较复杂。土肥祐子的计算过程比较易懂[3]。

题中反映了当时市舶贸易中的抽解博买、委托经营、合本经营、市舶货币、进口舶货等问题,学界早已涉及,无需多言。本文着重讨论舶货价格和市舶贸易额问题。

土肥祐子尝试将沉香折算成铜钱。土肥氏认为,沉香在"推求物价"题和"均货推本"题中都出现,出题者为同一人,其价格应该不会发生差错。因此,两题中的沉香价格一致,1裹价值300贯[4]。土肥氏考证1裹等于36两[5]。因此1两沉香为8.3贯(300贯÷36两=8.3贯/两)。沉香共有5088两,共值42230.4贯(8.3贯/两×5088贯=42230.4贯)[6]。

土肥氏进而提出疑惑。"如果沉香5088两只是42230贯,这将成为一个大问题。将这个利益平分给4人,每人仅得1万贯左右,而4人每人出资的本金就达10万贯。如作为南海贸易的核心商品沉香不能成为获利品,不要说利润,这简直是亏本的买卖。虽然,沉香之外,还有胡椒和象牙,但一般认为它们不会带来数倍于沉香的利益。南海贸易,主要利用季风往返,一般一次需花费数年时间。4人共同出资,乘船出海,然后在南海方向从事贸易。然而,获得品之一的沉香5088两依当时的价格仅值4万余贯。这该如何解释?"[7]

---

[1](宋)秦九韶著:《〈数书九章〉今译及研究》,陈信传、张文材、周冠文译,第480—483页。
[2](宋)秦九韶著:《〈数书九章〉今译及研究》,陈信传、张文材、周冠文译,第483—497页。
[3][日]土肥祐子:《南宋数学书所记南海贸易品——以〈数书九章〉之"均货推本"为中心》,第89—93页。
[4][日]土肥祐子:《南宋数学书所记南海贸易品——以〈数书九章〉之"均货推本"为中心》,第93页。
[5][日]土肥祐子:《南宋数学书所记南海贸易品——以〈数书九章〉之"均货推本"为中心》,第88页。
[6][日]土肥祐子:《南宋数学书所记南海贸易品——以〈数书九章〉之"均货推本"为中心》,第93页。
[7]同上。

因此,土肥氏认为"两"的单位发生了错误。"在第一问中,沉香的单位是裹,出现了1裹300贯的数值。同是秦九韶,在同一本书中连续出题的是沉香,如此,则此处沉香之'两'极有可能是'裹'之误。"[1]

土肥氏以裹为单位计算出的沉香价格为 5 088 裹 × 300 贯/裹 = 1 526 400 贯,是本金42万贯的3.6倍左右。如果沉香的单位不是两而是斤的话,1 斤沉香 = 8.3 贯/两 × 16 两 = 132.8 贯(1 斤 = 16 两),总价为132.8 贯/斤 × 5 088 斤 = 675 686.4 贯,是本金的1.6倍左右[2]。

土肥氏关于舶货价格计算是以铜钱计价。然而在土肥氏之前,吕兴焕就认为"均货推本"题中的金、银、盐钞、度牒的价格应该是以纸币会子(旧会)的价格来表示的[3]。

绍兴三十年(1160),宋朝发行纸币会子。三年换发一次,称之为一界。嘉熙四年(1240),发行十八界会子,不设置年限使用流通。所以,《数书九章》中的"新会"指的是十八界会子,"旧会"指的是十七界会子[4]。但是在市场中经常是新旧会子一起流通。那么,是以铜钱计价还是以会子计价呢?

先看银价。《数书九章》卷十一有一问"折解轻赍"提到"丁郡,银二千六百两,每两五十一贯文,旧会"[5]。这与"均货推本"题的银价每两50贯十分接近。

再看金价。《数书九章》卷十八有一问"炼金计直"提到"八分五厘金,二千一百五十两,两价四百二十五贯文"。炼成后的足金"两价五百三贯七百二十四文"[6]。"均货推本"题的金价每两480贯介于八分五厘金和足金之间。两问虽然没有明确标示用会子计价,但参照银每两51贯文的旧会价,可知金也是用会子计价。

接着看盐钞。嘉定三年(1210),"每盐一袋,卖官会百贯以上"。后又"盐钞官钱每一袋增收会子二十贯"[7]。盐钞会价达到每袋120贯以上。南宋后期通货膨胀比较严重,"均货推本"题中盐钞价格为250贯是可以理解的。

最后看度牒。土肥氏也疑惑"一道度牒价值1 500贯,显得非常高"[8]。嘉定十七年,宋朝拨付给福州度牒一千道,"每道作八百贯文会子变卖价

---

[1] [日]土肥祐子:《南宋数学书所记南海贸易品——以〈数书九章〉之"均货推本"为中心》,第94页。
[2] 同上。
[3] 吕兴焕:《〈数书九章〉与南宋社会经济》,第42页。
[4] (宋)秦九韶著:《〈数书九章〉今译及研究》,陈信传、张文材、周冠文译,第326页,注释3、4。
[5] (宋)秦九韶著:《〈数书九章〉今译及研究》,陈信传、张文材、周冠文译,第327页。
[6] (宋)秦九韶著:《〈数书九章〉今译及研究》,陈信传、张文材、周冠文译,第505页。
[7] (清)徐松:《宋会要辑稿》,食货二八之五一,上海古籍出版社,2014年,第6630页。
[8] [日]土肥祐子:《南宋数学书所记南海贸易品——以〈数书九章〉之"均货推本"为中心》,第91页。

钱"[1]，考虑通货膨胀因素，"均货推本"题中每道度牒的会价为1 500贯也在情理之中。

所以，"均货推本"题中的金、银、盐钞、度牒的价格是以会子计价的。因此，四人共出本金424 000贯自然是以会子计价的。同理，"推求物价"题中的沉香、乳香、玳瑁的价格也是会价[2]。

由于是以会子计价，所以数值要高得多。如果以铜钱计价，那么数值则要低得多。"折解轻赍"题中甲郡"其时旧会，每贯五十四文"，乙郡"旧会价五十九文足"[3]，也就是说1贯文旧会(1 000文)等于54文足铜钱或者59文足铜钱，铜钱的价格是旧会的16.9～18.5倍。

土肥氏关于沉香价格的计算在数值上是对的。沉香总价只相当于本金的1/10。但这并不意味着四人是亏损的。因为胡椒有10 430包×40斤/包＝417 200斤，数量巨大，但不清楚单价。象牙有212合，但不清楚具体重量和单价。因此在不清楚胡椒和象牙的总价的情况下，是无法估算三宗商品的总价值的，进而无法判别四人是否亏损。

其实《数书九章》作为算书，首先体现的是著者秦九韶的数学思想和数学方法。"因取八十一题，厘为九类，立术具草，间以图发之。恐或可备博学多识君子之余观，曲艺可遂也。"[4]至于书中所选取题目的数值，只要大体符合当时的历史背景，只要处于合理区间，大可不必太过于拘泥。

具体到"均货推本"和"推求物价"这两题，如果从史学研究的角度出发，论者当然是侧重于其反映的南宋市舶贸易史实。至于数值，只要不是太过于失实，大可不必过于在意。

---

[1]《宋会要辑稿》，食货六一之一五〇，第7547页。
[2] 吕兴焕:《〈数书九章〉与南宋社会经济》，第47页。
[3] (宋)秦九韶著:《〈数书九章〉今译及研究》，陈信传、张文材、周冠文译，第326页。
[4] (宋)秦九韶著:《〈数书九章〉今译及研究》，陈信传、张文材、周冠文译，《原序》，第6页。

An Additional Inquiry into a Southern Song Period Mathematical Problem about Maritime Trade

Abstract: There are two mathematical problems about maritime trade in the book *Shushu jiuzhang* (*Mathematical treatise in nine sections*), written in the Southern Song Dynasty. Because the calculations in both are based on paper currency rather than copper coins, the value is relatively high. The book reflects the author's overall ideas about mathematical methods. As long as the calculated results are in a reasonable range, there is no need to dwell too much on them.

Keywords: Southern Song Dynasty, *Mathematical Treatise in Nine Sections*, Maritime Trade, Paper Currency Price

罗马帝国盛期的胡椒贸易

韩雪飞[*]

摘　要：作为罗马帝国乃至当今世界使用最为广泛的香料，胡椒在食用、保鲜、药用和宗教等领域使用广泛。胡椒，不仅频繁地出现于西方的存世文献中，考古发掘出的罗马时代胡椒籽也遍布欧亚非各地。通过沿着罗马东方海上贸易路线，梳理胡椒在南亚次大陆的生产和运输，继而探究在贝莱尼斯（Berenice）和米奥斯·霍尔莫斯（Myos Hormos）等埃及红海港口的考古发现，最后整合罗马城以及欧洲的胡椒遗存，有助于我们了解胡椒的运输路线以及罗马人对于胡椒消费的态度。进而为分析罗马帝国东方贸易的模式、理解胡椒贸易在罗马帝国整体战略中的作用，提供了独特的实物证据。

关键词：罗马帝国　胡椒　红海贸易　帝国战略

胡椒作为一种热带香料，其生长对光照、温度和湿度的要求较为严格。胡椒的产地主要分布于印度次大陆西南海岸的西高止山脉与马拉巴尔地区，在东南亚也有种植。在很长一段时间内，胡椒供给量非常有限，仅能通过黄金购买。在古代，胡椒被用于医疗、祭祀，也被研磨成粉来为食物调味。

长胡椒的果实是尖的，种子被紧紧包裹住，在未成熟的状态下收获并在阳光下晒干。黑胡椒的藤是一种拉长的梅簇，每一只梅包裹着接近球形的核果，最初通常是绿色的，成熟之后颜色转红。在红色的浆果表皮下面，是一层薄薄的浆状层，包裹着白色的种子。上乘的黑胡椒尖刺每一根结出 50 粒胡椒籽。能够用于大规模出口销售的黑胡椒，应该是经过太阳暴晒之后的未成熟的胡椒浆果。而白胡椒则是黑胡椒成熟后剥离了表皮并且暴晒之后的胡椒种子[1]。

---

[*] 作者简介：韩雪飞，红河学院国别研究院讲师，中山大学历史学系博士。

[1] 关于胡椒物理性状的具体表述，可以参看 J. Innes Miller, *The Spice Trade of the Roman Empire*, *29 BC to AD 641*, Oxford at the Clarendon Press, 1969, p.50; L. Casson, *The Periplus Maris Erythraei*, *Text with introduction*, *Translation and Commentary*, Princeton University Press, 1989, p.220.

绪论：古希腊、罗马作家笔下的香料和胡椒

胡椒的英文和拉丁文 pepper，来自梵文的 pippali，胡椒最早通过波斯的陆上贸易传到古希腊，希腊文的 peperi 和拉丁语的 piper 即源于此。黑胡椒的梵文为 marichi，在今天的爪哇语中仍然使用[1]。而在下文中即将提到的印度南部泰米尔语中使用的 pippali，是专门指的黑胡椒。

在古希腊、罗马等古代作家的笔下，香料被视为药膏、香料粉、化妆品、熏香、药品等的原材料。香料作为止痛剂，在古代的手术中扮演着某种麻醉剂的作用。胡椒首次见诸古希腊作家的笔下，就是被希波克拉底（Hippocrates）作为药品开具出来的。希波克拉底用胡椒、蜂蜜和醋来治疗特定的妇科疾病，且将胡椒与香桃木、桂皮、没药、迷迭香等材料一起，作为治疗疟疾的软膏[2]。

公元前4世纪末，"植物学之父"提奥夫拉斯图斯（Theophrastus）的《植物史》首次分门别类来阐述当时已知的植物种类，特别是亚历山大东征见到的"新植物"，是提氏著作的特点。关于胡椒，《植物史》中提到两种主要的胡椒分属，长辣椒与黑胡椒：

> 胡椒是一种果实，并且有两种，一种是类似于苦菜那样圆形的，有壳和肉，像（希腊）海湾的浆果，并且是红色的；另外一种是长的，黑色的，并且有那些像罂粟一样的种子。这种长胡椒比其他种类的都要坚硬。这些种类的胡椒性热，以这种方式，还有乳香，都被用于（制作救治）毒芹中毒的解药。[3]

伴随着亚历山大大帝的东征，古希腊世界对于胡椒的了解也明显增多。与此同时，这种了解也在进一步地向地中海世界传播。公元前2世纪中后期，当时活跃在地中海的腓尼基人将胡椒带到西西里与迦太基，而在小亚细亚方面，随着罗马前三头同盟——苏拉、卢库鲁斯与庞培的征服，胡椒的认知得到了广泛的传播。这一时期，人们对于胡椒药用价值的进一步了解，可以从克拉提乌斯（Crateuas）的著述中看到。

克拉提乌斯是帕提亚王国米特拉达悌二世（Mithridates）的医生。因香

---

[1] 关于胡椒名词的词源学由来，可以参看词条 "pepper"，*Online Etymology Dictionary*, Douglas Harper, 2016.

[2] Hippocratès, *De mulieribus*, ii, 可参看 Hippocratès, *Corpus Hippocraticum: Euvres completes Hippocrate*, ed. With index and French translation 10 volumes E. Littre, Paris, 1839–1861, p. 157.

[3] Theophrastus, *Historia Plantarum*, 9.20.1–3.

料所具有的抗菌性,更多皇家医学家加强了香料的使用。罗马帝国初期的医学家凯尔苏斯(Celsus),在其百科全书般的著作《医术》(De Medicina)中,援引了克拉提乌斯的著作:大概在公元前80年,米特拉达悌制成了通用解毒剂(Antidotum Mithridatium)。在《医术》中,凯尔苏斯记载了这个万灵药的主要成分,包括36种香料,其中就有长胡椒的成分,服用时再配以蜂蜜和葡萄酒[1]。

普鲁塔克的《希腊罗马名人传》的《苏拉传》提到了公元前86年,罗马对于雅典的围攻,胡椒被用作食物的替代品:

> 在雅典,1麦斗小麦要价1000德拉克马,当人民生活在水深火热的时候,在卫城上生活的阿里斯提昂正在蒸煮他的鞋子和油瓶上的皮革用以果腹。他在光天化日之下嬉戏,跳胜利舞,取笑他的敌人。他们不在乎[雅典娜]女神的圣灯因为缺油而熄灭了,当大祭司向他要了十二分之一麦斗的小麦时,他给了等量的胡椒粉以代替。[2]

雅典城破之时,粮价飞涨。小麦价格是平时的将近百倍。而用作食品祭祀的小麦在战时粮食严重短缺的情况下,居然让僭主拿胡椒代替了,这不仅反映出公元前1世纪初胡椒的食用功能,还反映出当时胡椒价格的高昂。

而到罗马帝国时期,奥古斯都时期的诗人贺拉斯(Horatius),在公元前13年,提到了当时胡椒的包装是"用纸莎草纸包牢"的[3],这进一步反映了当时胡椒的贵重程度。到了公元1世纪,一位西里西亚地区的军医——代斯克里德(Dioscorides)的著作《药物学》(De Materia Medica),在对香料定义和功能的论述中,阐述了香料在药剂学上的功用,并列出了诸多的药方和食疗方:

> 据说,胡椒是生在印度的一种矮树……(长胡椒)特别适合制作眼药、解毒剂,用于治疗毒蛇咬伤。黑胡椒比白胡椒味道更加甜美……整

---

[1] 克拉提乌斯为帕提亚王国君主米特拉达悌二世的皇家医生。米特拉达悌二世一生对于药剂学特别着迷,他本人会经常寻找各种香料来进行毒理和解毒试验,是帕提亚王国非常有为的君主,面对罗马帝国前三头同盟在近东咄咄逼人的扩张趋势和渗透活动,米氏苦苦支撑帕提亚王国的局势。尽管米特拉达悌研究万能药的目的很大程度上是为了防止庞培来抓住他,但是最终他在公元前63年自杀时,却并非使用毒药。具体细节可参看《希腊罗马名人传》的《苏拉传》和《吕山德传》。这份通用解毒药的配方是由克拉提乌斯所作,但后来是通过罗马帝国初期著名医学家凯尔苏斯《医术》的记载,才得以流传下来。《医术》现存8卷,其中第一卷是关于罗马帝国之前80位医学家的回顾,第2卷到第8卷是对于各个医学分类的论述。通用解毒药的配方在第一卷。

[2] Plutarch, *Vitae*(*Sulla*), xiii. 可以参看 Plutarch, *Roman Lives*, trans., by Robin Waterfield, Oxford University Press, 2020.

[3] Horatius, *Epistles* ii. 1. 270.

体来说,所有的胡椒都性温、利尿、易消化……混合在酱汁中可以减轻疼痛,并促进食欲,放在糖浆中可以治疗咳嗽,用蜂蜜混合胡椒外敷可以治疗扁桃体炎,还可以……治疗麻风病和腺体肿胀……[1]

《药物学》第二卷第 160 章是关于胡椒的专论,除此之外,第二卷中还提到了十余处以胡椒作为药物成分配方的记载,可以说是凯尔苏斯以后最为全面的记载了。

相较于其他的贸易和香料品类,胡椒的路线寻源也相对更容易。胡椒就产于南亚次大陆的西南部地区,而如果从陆路运输胡椒则成本过高,虽然我们不否认早期胡椒的价格很高,可以作为奢侈品少量通过陆路运输,但是胡椒的主体部分,特别是进入帝国时代后,必然是通过海路来到罗马的。那么,从印度,经过阿拉伯海岸,再到红海沿岸(埃及),最后到达欧洲的沿途海路的胡椒贸易又是如何的呢?这种贸易反映出的贸易模式又是如何呢?

一、公元 1 世纪前后南亚次大陆的胡椒对外贸易

> 美丽的巨轮来了,带着黄金,
> 劈开贝利亚尔河(Periyar)上的白色泡沫,
> 然后带着胡椒返航,
> 在这里,海浪奏响的音乐永无休止,
> 国王为客人准备了稀有的山货和海鲜。[2]

这段泰米尔诗歌生动形象地反映了南亚次大陆的土著君主招待罗马商人进行贸易的场景。公元 1 世纪的印度南部存世文献,主要是当时流行在次大陆南部的泰米尔诗歌。有些诗歌中提到了西方来的人,他们被称为亚瓦那(Yavanas)。这些西方人用船到达印度南部的港口——穆泽里斯(Muziris),来收购黑胡椒。黑胡椒是印度和罗马之间海上贸易的一项重要货物。泰米尔语诗歌中把黑胡椒称为乌金,取用黑胡椒换来西方人黄金之意。

《红海周航记》是公元 1 世纪在埃及红海港口从事远洋东方贸易的一位船长的航行日志[3]。这位船长操希腊语,对从埃及到印度西南海岸沿途重要港口的所见所闻均作了详细的记录。与南亚次大陆相关的部分,公元 1 世

---

[1] Dioscorides, *De Materia Medica*, ii.160.
[2] *Sangham Poems Collection*, 149.7‑11.
[3] 关于《红海周航记》,最近几年国内有林英、庞伟、陈思伟等学者做了初步的研究和翻译。其中,陈思伟讨论了《红海周航记》的文献性质,可参看陈思伟:《古代希腊罗马的周航记及其功用》,《史学集刊》2021 年第 1 期。

纪的印度还处于分裂状态,在南亚次大陆西南部港口穆泽里斯及其附近内陆市场的贸易品,作者提道：

> 由于胡椒与肉桂的数量和规模很大,这些港口(南亚次大陆西南部)都是满负荷运转……他们出口胡椒,为科塔那里克(Kottanarike),是与这些贸易港口相关的唯一的位置。他们还出口质量上乘的珍珠、象牙、丝织品、肉桂。[1]

文献中反映,长胡椒主要出产于次大陆西北部地区,而南部更多出产的则是黑胡椒。除了《红海周航记》外,还有其他的文献可以对印度出口胡椒的史实提供参考。反映当时印度南部与罗马帝国海上贸易的重要文献——《穆泽里斯纸草》,为我们提供了重要的参考。陈思伟对该篇文献有过详细的描述：《穆泽里斯纸草》是用希腊文写就的,从印度南部穆泽里斯港到亚历山大里亚的海上贸易贷款契约副本。而本文更加关注的是它的背面,记载了当时罗马商船运回亚历山大里亚的货品清单。清单中列出了6种主要的货物,包括甘松、象牙、丝织品、胡椒等,其中胡椒的货物占比超过七成[2]。

考古方面,在近年来对于次大陆西南部古代港口穆泽里斯(巴特那)的考古发掘中,巴特那独木舟(Patnam Canoe)的出土为泰米尔诗歌中胡椒的大量出口提供了实物证据。该独木舟发现于印度喀拉拉邦的马拉巴尔海岸,位于古代的穆泽里斯古城附近,靠近一处码头。船身处于一处被填平的运河中,独木舟长约6米,宽约0.3米,于2007年被发现。该独木舟有被修补的痕迹。在独木舟附近有7处木质的系船柱,与码头平行[3]。海洋考古学家认为,该码头的设计是为了方便货物的装卸,而该独木舟的形状和规制表明,该船为罗马时代航行欧洲远洋商船的小型装载船舶。

在穆泽里斯出土的陶器是证实罗马与南亚次大陆本土和域外贸易联系的重要载体：首先出土的阿里加美都(Arikamedu)地区陶器,还有稍后出土

---

[1] *Periplus Maris Erythraei*, p.49.
[2] 陈思伟：《埃及及其在罗马帝国经济中的地位》,《历史研究》2018年第1期,第120页。
[3] P. J. Cherian, V. Selvakumar and K. P. Shajan, *Pattanam Excavations: Interim Report*, 2007. (Trivannanthapuran: Kerala Council, Historical Research, 2007); Section 3.2.当时地中海的大型船舶,载重量一般都在350吨以上,最大可以达到1000吨以上,而真正的远洋航船,吃水深度在3.5米以上,这种船一般不直接停泊在港口处,而是由小船从港口出发,行至潟湖等水深处来卸货,在红海港口贝莱尼斯等城市港口均有类似考古发现。关于地中海船舶规模大小,可参看 Giulia Boetto, "Le Port vu de la mer: Papport de Farcheologie navale a Vetude des ports antiquies", in Portus, *Ostia and the Ports of the Roman Mediterranean Contributions From Archaeology and History* [Bolletino Di Archeologia on Line. Volume Speciale, Roma 2008-International Conference of Classical Archaeology Meetings between Cultures in the Ancient Mediterranean] (2010), p.118.

的也门、萨珊波斯以及罗马双耳瓶、罗马玻璃器等,都反映了公元前后南亚次大陆与西亚和地中海世界的器物交流。在植物遗存方面,出土了大量的胡椒、豆蔻、乳香和葡萄籽。除此之外,帕特南出土的12具遗骸的体质人类学分析结果表明,其中3具有欧洲东南部——西亚人种的体质特点,还有1具有波罗的海地区的特征[1]。

二、帝国东部边界的胡椒——埃及红海港口以及尼红道路的胡椒

公元前4世纪末,托勒密王国在埃及建立政权。伴随着近东局势在公元前3世纪出现了剧变,托勒密王朝失去了对于小亚细亚的控制,面临着塞琉古王国日趋严峻的威胁,托勒密二世开始不得不思考开辟海上与阿拉伯、东非和印度进行贸易的通道。至此,被遗忘千年之久的尼罗河—红海道路逐渐又进入了托勒密统治者的视野。托勒密二世加强了尼红道路的基础设施建设,在猎取东非大象作为战略物资的同时,也在红海沿岸建立了米奥斯·霍尔莫斯、贝莱尼斯、阿布·沙尔港等一系列的沿海据点,客观上也方便了象牙、黄金等奢侈品的输入和输出[2]。红海港口的经济属性在公元前2世纪以后得到进一步的增强,伴随着印度洋季风的出现和航海技术的发展,从埃及直航印度的海上航线得以开通,改变了传统模式下船舶只能近岸航行的局限,为罗马帝国盛期埃及—印度大规模海上贸易的开展奠定了基础。

公元前30年,埃及成为罗马帝国的一个行省,而处于埃及东南部的红海港口的角色由托勒密王国的区域王国港口,转变为帝国东方海上贸易的桥头堡和首发港。《穆泽里斯纸草》和《红海周航记》,以及《自然史》都提到了罗马商人从埃及出发,经过红海、亚丁湾,经过北印度洋(季风)到达印度往返的航线和时间。《穆泽里斯纸草》进一步明确记录了从印度来的东方贸易品在贝莱尼斯通关,经过东部沙漠的驼队运输,到达尼罗河转口港再次通关,缴纳进口税后,沿着尼罗河顺流而下到达亚历山大里亚,再进一步转到欧洲的[3]。

贝莱尼斯与塞拉皮斯神庙的大胡椒罐

英国特拉华大学的赛德波塞姆(S. E. Sidebotham)团队在1994—2001

---

[1] V. Selvakumar, Ancient Ports of Kerala: An Overview, in Mathew, K. S. (ed.), *Imperial Rome, Indian Ocean Regions and Muziris: New Perspectives on Maritime Trade*. Oxon. 2015, pp.269-296.

[2] 关于托勒密时期红海开港,杨巨平、杨坤霞、韩翔曾经有过详细论述。可参看韩翔:《托勒密二世时代对外关系研究》,上海师范大学博士学位论文,2012年。

[3] 关于《穆泽里斯纸草》的详细内容,陈思伟曾经有过详细介绍,可参看陈思伟:《埃及及其在罗马帝国经济中的地位》,《历史研究》2018年第1期,第119页。

年、2009—2010年、2015—2016年对贝莱尼斯作了较为系统的考古发掘[1]。贝莱尼斯港在托勒密到罗马早期,以及罗马中期到罗马晚期(拜占庭埃及)的城址分布位置各有不同。在城址中部偏东的塞拉皮斯神庙,是该遗址最高的建筑,建筑年代约为公元前2世纪初。在罗马帝国早期地层,考古学家发掘到了神庙的庭院,庭院中充满着夯土夯实的地面。在这一地层出土了几件损坏的木碗,还出土了两件大型圆底储存罐(dolium),储存罐的造型是公元1世纪初的印度类型,是当时大宗胡椒运输的基本容器。其中一件储存罐依然保存着木质盖子,另一个罐子盛放小半缸的,即7.55公斤的,从印度进口的黑胡椒籽[2]。联想到早在新王国时期埃及就以焚烧乳香和胡椒作为一项宗教仪式,很明显,这些重量的胡椒应该是归神庙所有。而此处胡椒的使用似乎表明,从印度运来的胡椒并不完全都是给罗马帝国核心区域使用的,沿途的重要贸易点也会得益于远途贸易而得以发展。

贝莱尼斯城中罗马早期地层的黑胡椒籽并不仅仅局限于神庙一处,在发掘团队确定的数十处探沟的地层中,都有着丰富的黑胡椒分布:截至2015年底,在贝莱尼斯发掘的7个考古季,学者们找到了3 617枚胡椒籽。这些胡椒籽出土于考古学家标记的180多处土壤样本[3]。如果把这些在贝莱尼斯发掘出的胡椒同出土的其他作物遗存作对比,这些胡椒至少相当于罗马人基本食物——扁豆数量的两倍。但是,目前遗址已经发掘的面积仅占遗址面积的2%。据此推测,贝莱尼斯的黑胡椒籽数量应该不低于10 000颗。

近乎所有在贝莱尼斯发现的胡椒,都是在仓库或者宗教建筑中出土的。在塞拉皮斯神庙的庭院中出土的胡椒罐,很有可能是用作贡品,而非烹饪或医疗。与该神庙类似,在贝莱尼斯发现的胡椒籽大多都有烧焦的痕迹,特别是接近神龛的地方。这说明,在贝莱尼斯,人们把胡椒作为一种宗教献祭品,但是却没有证据表明,在印度,胡椒有宗教用途。在贝莱尼斯所发现的胡椒也证实了大量的胡椒经常通过这里运往外界的观点。贝莱尼斯胡椒籽的年代,集中于公元1世纪到5世纪中期,其中,公元3世纪的发现短暂缺失。

霍尔莫斯港与"胡椒陶片"

相较于贝莱尼斯港,米奥斯·霍尔莫斯港的存续年限或许更久一些。早在法老时代,这里就有建造船舶和船坞的历史,也始终是当时埃及东方航行的首发港,当时被称为加瓦西斯港(Gawasis)。托勒密时代,红海系列港

---

[1] S. E. Sidebotham, *Berenike and the Ancient Maritime Spice Route*, University of California Press, 2011, p.28.

[2] M. Hense, "The Great Temple of Berenike", in in J-P. Brun, T. Faucher, B. Redon, et al., *The Eastern Desert of Egypt during the Greco-Roman Period: Archaeological Reports*, College de France, 2019, p.10.

[3] M. Hense, "The Great Temple of Berenike", in in J-P. Brun, T. Faucher, B. Redon, et al., *The Eastern Desert of Egypt during the Greco-Roman Period: Archaeological Reports*, College de France, 2019, p.11.

口的重新建立,使这里与贝莱尼斯一样,自公元前3世纪起,成为托勒密的沿海据点。在托勒密晚期,托勒密的海军是驻扎在霍尔莫斯港的,而贝莱尼斯只是作为季节性的停泊地和据点[1]。

罗马帝国初期,米奥斯·霍尔莫斯港和贝莱尼斯港都作为帝国东方海上贸易的首发港。霍尔莫斯港的第一个活跃年代为公元1—3世纪,公元3世纪后,随着罗马丧失对埃及南部的控制权,霍尔莫斯暂时衰落[2]。公元7世纪,伴随着阿拉伯取代拜占庭统治埃及,霍尔莫斯港(库赛尔港)成为埃及伊斯兰信徒朝拜阿拉伯圣城朝圣道路的出发港。

与出土了大量用于本地消费的胡椒籽的贝莱尼斯类似,霍尔莫斯港也有胡椒籽出土,只是与贝莱尼斯相比数量少了很多,共71枚[3]。除了实物资料,在出土文献方面,有陶片记载印证了这一时期胡椒在霍尔莫斯的消费记录。这份陶片为一封信件:

> [请将这批货物]的大头分给他的兄弟,X,祝好!已经认识到从萨比努斯(Sabinus)象征性的……拿一下葡萄酒,三个单位的洋白菜,还有一个单位的豌豆,还有我跟X说了,如果你需要的话,还有醋可以供应。祝好。还有少量的胡椒,不要忘了。[4]

这封信件似乎是一份购物或者进货清单,最后强调了胡椒。这个清单展现了罗马世界的常见食物:葡萄酒、豌豆等,而醋,特别是胡椒,因为价格较贵,进货数量有限。

三、终点:罗马帝国盛期的胡椒文献记载与欧洲遗存分布

与希腊化时代的胡椒记载相比,罗马帝国各个时期的胡椒文献更加详尽。

普林尼的《自然史》

普林尼在他的《自然史》中提供了公元1世纪中期,罗马帝国对于胡椒的

---

[1] Pliny the elder, *Natural History*, 6.26.103.
[2] 公元298年,戴克里先皇帝处理完埃及行省的叛乱后,将埃及行省划分为三个行省,并且将原来埃及行省南端边界北抬到菲莱(Philae)。
[3] M. van der Veen, A. Cox, and J. Morales, 'Spices — Culinary and Medicinal Commodities', in M. van der Veen (ed.), *Consumption, Trade, and Innovation: Exploring Botanical Remains from the Roman and Islamic Ports at Quseir air Qadim, Egypt* (Frankfurt, 2011), pp.40-6, p.62.
[4] R. S. Bagnall, 'Papyri and Ostraka from Quseir al-Qadim', *BASP* 23(1986)1-60 at 29.

新认识：

> 在每一处地方，我们遇到的树木都带有胡椒，胡椒树外观与我们的杜松非常相似，尽管一些作者声称，它们仅生长在暴露于阳光下的高加索山脉的坡地上。然而，胡椒种子却与杜松种子不同，它们被包裹在与芸豆类似的小豆荚中。这些豆荚先被摘下，在阳光下晒干后，制成长胡椒，但是，它们成熟时，这些豆荚就会逐渐打开，到成熟后，就会成为白胡椒。但如果把它们暴露在阳光下，它会起皱，并改变颜色……[胡椒种子]容易因天气恶劣而"爆炸"，在这种情况下，种子烂掉了，只剩下了外壳……在所有种类的胡椒中，它是最辛辣的，也是最轻的，并且因其颜色极度苍白而著称。黑胡椒的味道更好，但是白胡椒品尝起来比任何一种都温和，不辛辣。[1]

我们可以看到，公元1世纪罗马人对于胡椒的外观、生长状态、分类、性状的认识要比希腊化时代具体得多。稍后普林尼还提到了"三种"胡椒的不同价格，并且针对胡椒辛辣的性状而不能代替粮食，但却有很多人从印度不远万里大量进口的事实作出谴责。

> 长胡椒很容易[被不法的商人]掺入亚历山大芥末[以次充好]。它的价格是每磅15第纳尔，而白胡椒是7第纳尔，黑胡椒为4第纳尔。[2]

毫无疑问，在罗马帝国范围内，胡椒是最便宜的香料，普林尼提到了黑胡椒价格为每罗马磅4第纳尔，而长胡椒是黑胡椒价格的近4倍，白胡椒的价格则是7第纳尔。普林尼还说罗马人对于这些胡椒奢侈品大量的需求导致了罗马经济的大幅衰退。从普林尼的表述来看，胡椒的重要性在这段时期被广泛地注意到了。对长胡椒的高价格的记录在普林尼的书中不止一次地出现过，普林尼的数字对于罗马城的实际情况应该是可靠的。

因为红海贸易的快速发展，胡椒在公元1世纪的价格大幅下降，大量的胡椒在公元1世纪到达地中海。由于罗马控制了埃及，而埃及是帝国与东部海陆交通的始发点，与其他的香料相比，胡椒的价格持续保持低价。胡椒很快地成为与鱼酱平分秋色的罗马餐饮调味料。随着罗马帝国影响的扩大，胡椒很快随着罗马军队的餐饮需求以及当地居民罗马化的进程传播开来。

菜谱：阿皮修斯与《论烹饪》中的胡椒

胡椒还可以用于烹调。在罗马的烹饪书中，特别是在公元1世纪的阿皮

---

[1] Pliny the Elder, *Natural History*, 12.14.7.
[2] Pliny the Elder, *Natural History*, 12.14.9.

修斯（Apicius）的书中被提到。胡椒可能与葡萄酒一同使用来改善口味。阿皮修斯是一位奥古斯都初期的厨师，其著作《论烹饪》(*De re culinarian*，*De re coquinaria*)是罗马烹饪菜谱的合集。全书共依据希腊文名称编为十卷，与现代厨艺书的体裁类似：

1. Epimeles，审慎的管家
2. Sarcoptes，绞碎牛肉
3. Cepuros，园艺，蔬菜
4. Pandecter，诸多原料
5. Ospreon，豆科作物
6. Aeropetes，鸟类，家禽
7. Polyteles，美食家
8. Tetrapus，爬行动物
9. Thalassa，海鲜
10. Halieus，渔民[1]

《论烹饪》中提到的食物对于研究地中海世界古代居民的饮食习惯是很有意义的。他的菜谱反映的是罗马上层人的餐桌，但是它也表现了香料给罗马人带来了新的生活方式。阿皮修斯的菜谱中提及的食物和葡萄酒共有478道，种类繁多，并且都需要添加香料，比如山羊肉丁（Aliter haedinam sive agninam excaldatam）的制作：

把肉丁放入平底锅。切好洋葱和香菜，加一罗马磅的胡椒、独活草、孜然、鱼酱、橄榄油和葡萄酒烹饪，然后放入盘子，用小麦淀粉勾芡。如果你使用羔羊肉，你应该在羊肉仍然很嫩、新鲜的时候倒入锅中，如果是给孩子食用，则是在烹饪的时候倒入……[2]

《论烹饪》中不同季节时令菜肴的特点也各不相同，胡椒的重要性在书中体现得淋漓尽致。这个菜谱集跨越了几个世纪，下限似乎是公元5世纪初。这本菜谱集除了极大的时间跨度外，内容上，也反映了不同菜肴在不同季节的胡椒使用情况。在《论烹饪》中，胡椒用于酱、肉，也用于甜食中[3]。阿皮修斯菜谱中胡椒使用的丰富程度表明，在帝国时期到古代晚期，胡椒的使用至少在中产阶层已经较为普及。中产阶级对应着教师、贸易商、进口

---

[1] Grocock and S. Grainger, Apicius: A Critical Edition with an Introduction and an English Translation of the Latin Recipe Text Apicius (Devon, 2006), p.2.
[2] Apicius, *De Re Coquinaria*, K, iv, 2-3.
[3] Grocock and S. Grainger, *Apicius: A Critical Edition with an Introduction and an English Translation of the Latin Recipe Text Apicius* (Devon, 2006), pp.13-22.

商、建筑师还有艺术家,构成了城市群体的主要人口,可以消费得起菜谱中的菜肴。

真正的终点:哈德良长城与《文多兰达木牍》中的胡椒

前文中,普林尼提到了不同种类的胡椒。但考虑到他所记载的价格,以及诸多文献材料的记载,其他种类的胡椒并没有像黑胡椒这样普及,主要是因为白胡椒、长胡椒价格相对较高,且物理性状并没有黑胡椒明显,保鲜性能和调味度都是黑胡椒更胜一筹。

在公元 1 世纪末 2 世纪初的不列颠尼亚行省(Britainia),罗马帝国"最为偏远"的北部边界,哈德良长城的《文多兰达木牍》(Vindolanda Tablets)[1]记载了当地罗马军团驻军采购日常生活用品的购物清单,其中有几处记载了当时胡椒购买的价格:

乌森纽斯军团	大衣	13 第纳尔
塔加尔美尼斯	胡椒	2 第纳尔
塔波的儿子,钢巴克斯	毛巾	2 第纳尔[2]

木牍文书详细列举了被采买货物商家的名字与价格。帝国最北部边界的哈德良长城附近能够发现胡椒的供应,说明在普林尼记载之后的几十年时间内,胡椒也以相当的规模和合理的价格,在罗马帝国的北部边界供应充足。其中,胡椒的价格为 2 第纳尔,从数量上来看,根据普林尼的记载,这大概是半罗马磅的胡椒,也相当于公元 2 世纪初普通罗马兵团士兵 3 天的薪水。半罗马磅的胡椒大概相当于 80 个人的消费量。在比普林尼时代略晚的埃及行省,有文献记录了公元 81 年的军团(legion)士兵的收入大约为每年 225 第纳尔[3]。这表明士兵消费胡椒,也就意味着胡椒并不是一项只给贵族消费的物件了。除此之外,一般人可能并不会以罗马磅为单位来购买胡

---

[1] 文多兰达木牍:文多兰达是哈德良长城旁边的一处军事据点,位于不列颠尼亚行省最北部,为帝国北部军事重镇。木牍所涉年代为公元 92—103 年之间。这里所涉及的拉丁文官方文书和私人信件被用炭笔书写在明信片大小的木质叶片上。到 2010 年为止,大约有 750 余片木板文书被释读出来。其中关于胡椒价格的木板文书,是罗马军团采购食品的购物报价清单。

[2] *Vindolanda Tablets*, 184. 原文为:
(centuria) Uceni superarias (denatrios) xiii.
Tagarminis piper(denarios) ii
Gambax Tapponis S[udari]um (denarius) ii.

[3] R. Fink, *Roman Records on Papyrus* (1971), p.97. *Papyrus Oxyrinchus*, 39; R. Tomlin, 'Making the machine work', in A. Goldsworthy and I. Haynes (eds), The Roman Army as a Community, *Journal of Roman Archaeology Supplementary Series* 34 (1999), pp. 127 - 138, with M. Speidel, 'The missing weapons at Carlisle', *Britannia* 38 (2007), pp.237 - 239.

椒,而有可能是以更小的单位来购买。因此,胡椒的价格可能并不过分。比如同样是《文多兰达木牍》,一位奴隶写下的采买清单当中,购买豆泥和鱼露,用的体积单位就是莫迪和赛克斯塔里:

  豆泥 2 莫迪,鸡 20 只,苹果 100 个,鸡蛋一两百颗,鱼露 8 赛克斯塔里,橄榄 1 莫迪。[1]

尼禄币制改革后,从公元 1 世纪下半叶到 2 世纪初,由第纳尔银币的纯度和帝国范围内的物价水平可以得出,罗马金银币的购买力是在不断下降的。但是,从《文多兰达木牍》我们可以看到,胡椒的价格却下降了一半,而且还是在帝国的边疆地区。而在公元 4 世纪初,戴克里先的《价格上限法令》中,胡椒并没有出现在几百种价格限定的物品清单内,说明在罗马晚期,胡椒的供应量达到了相当的程度。几个世纪以来,胡椒的奢侈品属性不断地弱化,逐渐成为罗马居民生活的必需品。

若我们把价格下降的胡椒作为一种主要的家常烹调用品来理解,在公元 3 世纪初埃利乌斯·马西亚乌斯(Aelius Marciaus)法令中所列出征收来自印度、阿拉伯以及东方其他地区进口货物税赋(vectigalia)清单中;公元 301 年戴克里先的《价格上限法令》,以及公元 6 世纪中期的《查士丁尼法典》(39.4.16)中,黑胡椒都没有出现在征税的清单中。《查士丁尼法典》中涉及东方贸易的征税清单,被称为《亚历山大里亚关税表》,列出的征税物品如下:

  1. 肉桂,2. 长胡椒,3. 白胡椒,4. [ ],5. 木香根,7. 荔枝核,8. 甘松,9. 决明子,10. 没药……51. 紫色布,52. 羊毛衫,53. 石蕊,54. 印度头发[2]

公元 4 世纪以后,拜占庭帝国逐渐放弃了对于近东地区的控制,帝国财政更加依靠东方贸易,也占据了帝国每年财政收入的相当部分的比重。但是这里征税清单的空缺,或可说明当时胡椒与乳香等,被认为是日常的消费品,帝国政府在当时并没有对这些货品进行征税。

---

[1] [英] 阿德里安·戈兹沃西著,大婧译:《哈德良长城——罗马帝国的荣光与文明世界的尽头》,北京燕山出版社,2020 年,第 123 页。A. Bowman and J. Thomas, *The Vindolanda Writing-Tablets*. Vol. II (1994), p.301.罗马度量衡单位都是 16 进制,1 莫迪约为 8.6 升,为 16 赛克斯塔里。即不足 0.5 升。

[2] *Import Duty at Alexandria from the Rescript concerning Eastern Trade in Justinian's Digest of the Roman Law*, The Civil Law, trans, and ed. by S. P. Scott, Cincinnati, 1932, 17 vols.

结　　语

　　精准量化帝国盛期到古代晚期的红海贸易是较为困难的,红海贸易受到诸多影响因素的共同作用,因而地中海—印度洋贸易的货物数量与种类就显得尤为重要。在罗马帝国的范围内,印度的胡椒通过罗马的文化与餐桌,进而渗透到罗马人的宗教仪式中。而对于罗马人来说,印度从帝国到古代晚期,始终是一个充满着神秘的国度。

　　胡椒始终出现在罗马帝国的各个角落,是罗马帝国最为廉价和最易获得的香料。庞大的船队数量与红海贸易的高效率允许罗马人能够消费种植"在半个地球之外"的香料。同样的,香料以及其他的奢侈品得以穿越印度洋、红海和地中海,来到罗马,彰显了前工业时代的最高效率。帝国对于胡椒的广泛消费,并没有必要一定穿越红海来获得,这表明印度的货物是沿着一定的路线进入帝国范围的,然后在地中海世界广泛交易。印度与罗马之间的经济联系是非常重要而紧密的,并且如同胡椒所展现的那样,在古代晚期依然强大。

The Pepper Trade of the High Roman Empire

Abstract: As the most widely used spice in the Roman Empire and even in the world today, pepper fulfills extremely important functions. They could be directly consumed, used to preserve food, or serve medicinal and religious purposes. Pepper is not only widely found in surviving documents, but its seeds have been excavated throughout Europe, Asia, and Africa. This study follows the trade route of the Roman Eastern Sea. It first looks at the production and transportation of pepper in India? and then explores archaeological sites, such as Belenes and Mios Holmos, famous old ports along the Red Sea. Finally, we integrate the story of pepper and the city of Rome. The archaeological remains can help us better understand the transportation routes of pepper and the attitudes of the Romans toward its consumption, as well as the empire's eastern trading networks.

Keywords: Roman Empire, Pepper, Red Sea Trade, Empire Strategy

哈佛燕京图书馆藏
《直隶山东航海图》初探

何国璠[*]

摘　要：《直隶山东航海图》是美国哈佛燕京图书馆收藏的一幅中文古地图，主体呈现环渤海、黄海地区的地理、交通要素。在图面绘制风格上，不同于传统中国古海图的形象山水画法，而是采用了英版海图的绘法，标注了经纬度与道里。通过图上绘制的沿海税口、航道以及灯塔等要素，推断此图约绘制于1883年至1890年间。该图可以视作古海图向现代海图更迭过程中的"过渡形态"，同时也反映了清末中朝签订《中朝商民水陆贸易章程》后，在渤海、黄海海域较为兴盛的海上活动。

关键词：航海图　清末　黑水洋　黄海

《直隶山东航海图》现藏于美国哈佛燕京图书馆，是一匿名手绘地图，该图图面上并未标明图名及绘制日期，由于该图收录于编目为"光绪水道图"的系列藏品之中，藏品简介中将其标注为"直隶山东航海图"[1]，因此，本文继续使用这一名称。"光绪水道图"中共收录地图及文本51件，其中大部分为光绪三十年（1904）绘制的江西地区的厘卡图与图说，《直隶山东航海图》为第33件，是该系列中唯一采用西式绘法绘制的地图。目前尚未发现有学者对此图作过介绍或研究[2]，本文将在解读图面内容的基础上，大致判定该图成图时间以及绘制背景，以期促进清末环渤海及黄海海域的海运研究，并在此基础上探讨图幅本身在海图史上的意义。

一、图幅基本特征

《直隶山东航海图》（图1）由两张地图拼接而成。上方大图尺寸约为

---

[*]　作者简介：何国璠，复旦大学历史地理研究中心博士研究生。
[1]　哈佛燕京图书馆藏品，索书号：Rare Book T 3080 9223。
[2]　《光绪水道图》属于哈佛燕京图书馆二齐藏书（齐耀琳、齐耀珊两兄弟）的一部分，国内已有影印本，参见乐怡、刘波编：《哈佛燕京图书馆藏二齐旧藏珍稀文献丛刊》，国家图书馆出版社，2019年，第49册第319—462页，其中《直隶山东航海图》见于第365页。

105 cm×67 cm，绘制范围包括山东省大部、直隶、盛京及朝鲜西部，下方小图尺寸约为 46 cm×27.5 cm，绘制范围为山东省南部，右下方空白部分为馆藏修补过程中产生的裱糊[1]。如图 2 所示，按照图幅中的边框界限，可将全图分为七个部分，分别是① 庙岛放大分图，② 崆峒岛放大分图，③ 海洋岛放大分图，④ 此图似经过涂改，底部依稀可见，为利津河口放大分图与大山河口放大分图，⑤ 胶州湾放大分图，⑥ 山东省南部，⑦ 主图部分（包括山东省大部、直隶、盛京及朝鲜西部）。

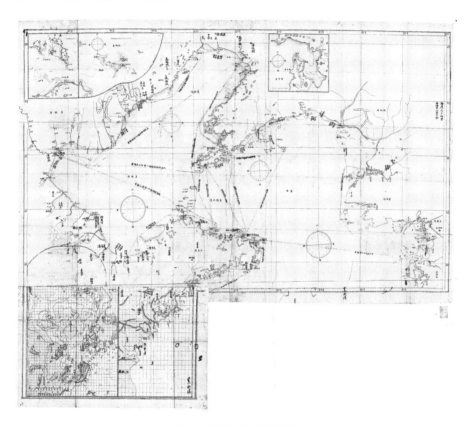

图 1　《直隶山东航海图》

上方大图同时采用了经纬度标注的方式，根据图上所标数值，是以过格林尼治天文台为零度经线，在右侧同时标有两列注记"每度六十海里；每海里三里七分"。下方小图与上方大图在空间上具有连续性，因此也可以适用大图的经度框架，但在小图最下方绘制了两行比例尺，分别是横量尺寸与竖量尺寸，此处以"里"为单位。

在自然地物方面，全图详于沿海地形，略于内地要素及海上要素（仅有胶州湾放大分图详细绘制了海洋要素）。以晕渲法绘制山形，黑色实线绘制岸线及河道，浅蓝色区分水陆交接带，褐色虚线绘制浅滩。在航行方面全图共绘制

---

[1]图幅尺寸信息由哈佛燕京图书馆馆员王系提供，在此表示感谢。

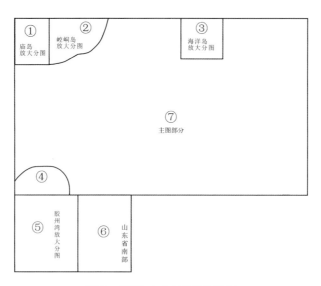

图 2 《直隶山东航海图》框架

七个罗经花以注明磁偏角,最为醒目的是以红色虚实相间线绘制航道,航道旁注明了航行里程,以"海里"为单位。以下为图上注明的航道里程信息:

> 锦州至营口五十海里;山海关至锦州一百海里;洋河口至山海关二十五海里;北塘至洋河口一百十七海里;大沽至北塘十七海里;祁口至大沽口三十五海里;大沽洋面至营口二百五十海里;金州澳至营口一百二十七海里;营口至烟台二百十七海里;大沽洋面至旅顺一百七十五海里;大沽至烟台二百零七海里;登州至老铁山六十海里;登州至莱州虎头崖八十海里;烟台至旅顺七十一海里;旅顺至大连湾三十海里;威海至旅顺八十六海里;威海至大连湾九十五海里;烟台至登州四十五海里;烟台[至]威[海]三十八海里;威海至成山二十八海里;成山至石岛三十五海里;石岛至胶州一百十海里;威海至海洋岛一百零三海里;海洋岛至大连湾七十海里;大连湾至皮子窝五十海里;海洋岛至皮子窝三十八海里;双岛至金州澳四十海里;老铁山至双岛十四海里;皮子窝至沙河四十五海里;沙河至东沟四十海里;东沟至鸭绿江三十海里;鸭绿江至大同江八十海里;大同江至高丽仁川二百海里;仁川至牙山三十海里;牙山至成山二百海里。

图上另一较为醒目的要素则是山东省大部分沿海税口,均采用红色圆点注明,自北而南分别是"埕子口""铁门关""羊角沟""下营口""太平湾""龙口""天桥口""八角口""戏山口""石岛口""张家埠""乳山口""金青口"[1]"塔埠口""诸城口""涛洛口"。也有少部分未用红色注明的税口,包括"烟

---

[1] 图上的"金青口"应当是"金家口"的误写。

台""夹仓口""黄家口""龙湾口""龙旺口""海沧口"。据宣统三年(1911)《山东通志》记载,"东省税关凡三,曰临清,曰东海,曰胶海。临清设关独早,东海肇自互市,胶海最后,其洋常兼者惟东海,临清为常关,胶则海关,税章固殊焉"[1]。东海关所辖沿海大小各口,分置五府十六州县,共计二十三口,星罗棋布,距烟台一千余里至数百余里不等[2],下属沿海口岸有:

> 登州府属:烟台(福山县)、天桥口(蓬莱县)、龙口(黄县)、黄河营口(黄县)、戏山口(宁海州)、威海口(文登县)、张家埠口(文登县)、石岛口(荣城县)、俚岛口(容城县)、乳山口(海阳县);莱州府属:太平湾口(掖县)、海庙后(掖县)、下营口(昌邑县)、塔埠头口(胶州)、金家口(即墨县)、青岛口(即墨县);青州府属:羊角沟口(寿光县)、陈家官庄口(诸城县);武定府属:铁门关口(利津县)、埕子口(海丰县)、陈家庙口(霑化县);沂州府属:龙旺口(日照县)、涛雒口(日照县)、夹仓口(日照县)。[3]

又对照光绪七年(1881)《增修登州府志》卷二十《杂税》所附《海口厘税》[4]的记载,以上各口自咸丰九年(1859)以来并无调整。因此,除了营口、威海、俚岛、海庙、陈家官庄、陈家庙六口尚未在图上体现外,其余各口均标绘明确。

在灯塔方面,图上共标有灯船与灯楼六处,分别是牛庄(营口)口外灯船(按:该处灯船1867年建立),大沽口外有灯船(按:该处等处1878年建立),登州天桥口外侯鸡岛上灯楼(按:猴矶岛灯塔1882年建立),烟台口外崆峒岛上灯楼(按:崆峒岛灯塔1867年建立,烟台山灯塔1905年建立),成山灯楼(按:成山角灯塔1874年建立),石岛口宁津所灯楼(按:据中国旧海关出版的《中国沿海灯塔志》,宁津所附近并无灯塔设施,反而是该处附近于1883年建立了镆铘岛灯塔,又名褡裢岛灯塔,不过图上并未体现,因此推断此处宁津所灯楼即为镆铘岛灯塔的误标),此外,1890年建立的赵北嘴灯塔,1891年建立的旗杆嘴灯塔,1893年建立的老铁山灯塔,1899年建立的小青岛灯塔,1900年建立的游内山灯塔,1903年建立的朝连岛灯塔均未在图上体现[5]。综上所述,可以初步推断该图成图时间当在1883年之后,其时间下限可能在1890年前后。

---

[1] 宣统《山东通志》卷八十七《田赋志》第五《关榷》,第1页。
[2] 宣统《山东通志》卷八十七《田赋志》第五《关榷》,第6页。
[3] 宣统《山东通志》卷八十七《田赋志》第五《关榷》,第9—10页。
[4] 光绪《增修登州府志》卷二十《杂税·海口厘税》,第2—4页。
[5]《中国海关通志》编纂委员会编:《中国海关通志 第2分册》,方志出版社,2012年,第1062页。《中国沿海灯塔志》(*The Coastwise Lights of China. An Illustrated Account of the Chinese Maritime Customs Lights Service*),参见吴松弟整理:《美国哈佛大学图书馆藏未刊中国旧海关史料(1860—1949)》"杂项系列"第227册,广西师范大学出版社,2014年,第384—393页。

二、底图的来源

对图面特征进行初步的分析后发现,该图虽然是一幅以中文绘制的、以中国沿海疆域为主要绘制对象的地图,但却与以往所熟知的明清传统中国古海图样式迥异,例如以陈伦炯《海国闻见录》附图中的《沿海全图》为代表的海疆图,又如以陶澍《海运图》为代表的漕粮海运图。该图更类似清末从西方引入的英式海图,英式海图在汉译过程中有两个比较常见的版本,分别是江南制造总局翻译馆译印的是《大清一统海道总图》与天津北洋海军公所译印的《八省沿海全图》。与之相比,《直隶山东航海图》最大的不同在于不再是对英版图进行机械的翻译,而是有了改造与调整。

通过对照英国海军部1890年出版的《海军部海图与航行指南目录》(*Catalogue of Admiralty charts, plans, and sailing directions*)[1],与中国北方海域及胶州湾较为契合的两张海图分别是:

北直隶湾及辽东湾 No. 1256:Pe-chili and Liau-tung Gulf.(Plans:Hope sound,Chifu islands anchorage,Thornton haven,Li-tsin-Ho,and Ta-san-Ho) Com. Ward and Lieut. Bullock. 1860;corrections to 1869;(图3)

胶州湾 No. 857:Kyau-chau Bay-E. Wilds,1863;corrections to 1866.

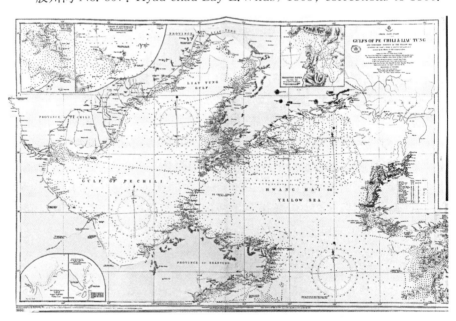

图3 英版海图《北直隶湾与辽东湾》

---

[1] *Catalogue of Admiralty charts, plans, and sailing directions*, London:Printed for her majesty's stationery office. 1890.《海军部海图与航行指南目录》一书自1825年首版后在19世纪曾多次再版。

二者的尺寸均为英版海图标准尺寸，即 DE(Double Elephant，67.3×101.6 cm)。我们将图2与图3进行比对，不仅尺寸近似，在绘制风格上也极为相似，二者的风格面貌一目了然，这种视觉图像上的相似性是文字如何描写都难以描述的。对于英文版胶州湾图，笔者目前只见到1900年版本[1]，在该版本中，图上的磁偏角注明为偏西3度，而在《直隶山东航海图》中罗经花上的注记为偏西两度半，因此，《直隶山东航海图》中胶州部分的底图只能是源自更早的版本。在检索中发现有一幅1867年出版的法文版胶州湾图[2]，通过图注比对，同样源自英版图，图上磁偏角注记为偏西两度半，这样就证明了胶州湾图的底图可溯源自1866年版英版海图[3]。

　　在《直隶山东航海图》的海域名称注记中，"辽东海""直隶海""黄海"三个名称无疑是与英版海图上"Liau Tung Gulf""Gulf of Pe Chili""hwang Hai or Yellow Sea"相对应。但值得注意的是，与其他海域名称字迹不同，图上出现的三处"黑水洋"均为后期书写，其中一处在上方大图右下角，另一处在下方小图右侧，最后一处当时笔误后被擦除（图4）。严格意义上来说，黑水洋之名出现两次，这是不符合制图规范的。黑水洋之名广泛见于中国传统的海运图中，但在英版海图上，这一名称从未见于图注，在晚清其他诸多汉译海图中也未见其名，而在《直隶山东航海图》中黄海与黑水洋同时出现的现象间接反映了晚清中西方航海知识的交流与互动。

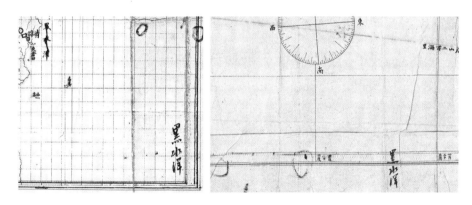

图4　三处"黑水洋"

三、黄海与黑水洋

　　在海域划分上，全图标注了"辽东海""直隶海""黄海""黑水洋"四个名

---

[1] http://www.bl.uk/onlinegallery/onlineex/maps/asia/zoomify136818.html。
[2] http://www.bl.uk/onlinegallery/onlineex/maps/asia/zoomify136820.html。
[3] 在此还需说明的是，类似于现代的图书出版发行，任何一版海图在下个版本的海图更新前都会逐年重复再版。

称,辽东海和直隶海都在今天的渤海海域。在当下中国四大海域名称中,渤海、东海、南海之名均出现较早,尽管其内涵有所变化,但在中国史料中都可以溯源,唯有黄海出现最晚[1]。对于黄海名称的由来存在两类说法。

其一是认为黄海之名中的"黄"源自黄河。《中国海域史》中写道:"宋代时,随着古人开发、利用海洋程度的加深,出现了与现代黄海意义相近的名称——黄水洋"近代意义上的黄海一词,大约出现于清末。如1895年签订的中日《马关条约》明确提道:"辽东湾东岸及黄海北岸在奉天省所属岛屿,亦一并在所让境内。"之后,黄海一词多见于各种描述中国近海的文献中。不过,明确限定黄海海域范围的文献,则为1931年出版的《地名大辞典》,该书提道:"黄海:……在鸭绿江口以西,长江口以北,凡奉天、直隶、山东及江苏北部之海岸,皆其区域。本因受渤海之浊流及辽沽诸水之泥沙,水色多黄,故名。"[2]徐兢在《宣和奉使高丽图经》中对黄水洋的解释是:"黄水洋,即沙尾也,其水浑浊且浅。舟人云,其沙自西南而来,横于洋中千余里,即黄河入海之处。"总之,这一派观点可简述为,黄水洋大约在黄河入海口处,黄水洋之名和黄海之名均源自黄河。

类似的观点在陈寿彭的《新译中国江海险要图志》中也有体现:"黄海之西界由扬子江口至山东山嘴滨岸,成一大深湾,其东界即高丽滨岸也,黄海之名因旧黄河之口而得。"[3]该书译自《中国海方向书》(*The China Sea Directory*),1884年出版的第二版《中国海方向书》中,对黄海的解释是:

> The WHANG HAI, or Yellow Sea, is bounded on the west by the deep bight of the coast formed between the Yangtse and the Shantung promontory, and on the east by the coast of Korea. It is mostly muddy and of a yellow colour in its southern part, even far out from the estuary of the Yangtse, its discoloration being due to the mud brought down by that and the Yellow river, from which latter it formerly derived its name; but north of this river the sea water is clear, and known to the junkmen as the Black-water ocean. This sea

---

[1]《中国古今地名大词典》对"黄海"的定义是:"中国三大边缘海之一。北起鸭绿江口,南以长江口北岸启东嘴至朝鲜济州岛一线同东海分界,西以渤海海峡与渤海相连,东以济州海峡为门户。因受泥沙影响,近岸海水呈黄色而得名。为一半封闭型的大陆架浅海。总面积37.86万平方千米,平均深40米,最大水深140米。表层盐度27‰—34‰"。参见戴均良等主编:《中国古今地名大词典》,上海辞书出版社,2005年,第2623页。

[2]转引自李文渭《中国渤海、黄海、东海名称及区划沿革考》,《海洋的开发与管理》2000年第4期。张海鹏总主编,党明德、曲金良主编:《中国海域史·黄海卷》,上海古籍出版社,2020年,第1—2页。

[3]陈寿彭:《新译中国江海险要图志》卷19《黄海》,第1页,见茅海建主编:《清代兵事典籍档册汇览》第96册,学苑出版社,2005年,第4页。

was little frequented by foreign vessels previous to 1858, but since that year all the prominent features of its coast have been surveyed or examined, and the dangers of it are now sufficiently well known, to answer the requirements of safe navigation between the treaty ports of China and Japan.[1]

其中不仅界定了黄海的大致范围,还提到了(废)黄河口以北的海域水质清澈,常被船员称为黑水洋——Black-water ocean,这就如同《直隶山东航海图》所呈现的。在古代图籍中,今天的黄海海域多和黑水洋纠缠不清,然而黑水洋和黄海关系究竟如何仍不甚明确。

在西文地图中,对于中国黄海海域的命名出现更早,据称由唐维尔制作的《亚洲第二图:中国、部分印度及鞑靼、巽他群岛、马六甲、菲律宾及日本诸岛》(Second part of Asia, being China, part of India and Tartary, the islands of Sonda, Molucka, Philippin, Japan&c)于1755年出版,图上对现今黄海的标注即为:Hoanhay or yellow sea[2]。在更早的西文地图中还曾出现 Gang golfo di nanquin(南京湾)、Nanking Bay(南京湾)等标注,用以指代今黄海、渤海海域。

对于黄海之名的由来还存在另一种说法。在清末编纂的《中国近世舆地图说》卷一下《总论》中对黄海有这样的描述:"出渤海海峡,以夏季浓雾得名者,谓之黄海,盖自直隶海峡以东,扬子江口以北,凡直隶、奉天、山东及江苏北部,其一带之海岸,皆属黄海沿岸之区域也。北岸则朝鲜半岛之西,辽东半岛之东,舟行颇便,若鸭绿江口则为满高之分界。"[3]黄海之名源自"夏季浓雾",此观点不占主流。

《辞海》中对黑水洋的解释是:"宋元以来中国航海者将今黄海水域分别称之为'黄水洋''青水洋''黑水洋'。长江口以北至淮河口一带海面含沙较多,水呈黄色,称为'黄水洋';北纬34°、东经122°附近一带海水较浅,水呈绿色,称为'青水洋';北纬32°～36°、东经123°以东一带海水较深,水呈蓝色,称为'黑水洋'"[4]。在《水运技术词典》中对黑水洋亦有相似描述:"约为北纬32°～36°,东经123°以东的海区。元代以来始有黑水洋之说,所指海区其说不一。我国航海者对黄海各海区,因其深浅、水色不同,分别称之为黄水洋、青水洋、黑水洋。也有将南海深水区称为黑水洋者,但多数船工习惯将北纬32°～36°,东经123°以东,约当于长江口至成山间水深色浓,呈蓝黑色的

---

[1] The China Sea Directory. Vol. Ⅲ. second edition, London: Printed for the Hydrographic Office, Admiralty 1884. pp.527-528.
[2] 周敏民编:《地图中国》(China in European maps),香港科技大学图书馆,2003年,第123页。
[3] 罗汝楠:《中国近世舆地图说》,广东教忠学堂印行,1909年,卷一下《总论》第9页。
[4] 辞海编辑委员会编:《辞海》(第七版),上海辞书出版社,2019年。

海区称为黑水洋。"[1]按上述两种说法,黄海的范围是包括了黑水洋的,即北纬32°~36°,东经123°以东,约当于长江口至成山间,但这与《中国海方向书》中"(废)黄河口以北的海域为黑水洋"的观点相冲突。

在北宋徐兢所著《宣和奉使高丽图经》中对黑水洋的描述是:"黑水洋,即北海洋也。其色黯湛渊沦,正黑如墨,猝然视之,心胆俱丧,怒涛喷薄,屹如万山,遇夜则波间熠熠,其明如火。"[2]今人刘义杰在《试说我国古代北方海区的水文导航术》[3]中就阐述了依据水色不同划分海区并运用于航海实践的水文导航术长期存在于中国长江口以北的北方海区。清人梁□在《黑水洋考》[4]中陈述了他对于黑水洋的看法:

> 今航海者云,海之中泓极深深处为黑水洋,殆其理之固然与,但伊古以来,海之起讫未有详言之者,故黑水洋之起讫亦无明证……又按《水道提纲》等书,成山东西宽四五十里,由陆地突峙海中,舟由西南来,陡折而西,风势稍急,时有损失,乃海道最险之处,然无别径可绕,故《元史》特书曰,又经黑水洋至成山入黑水大洋,取成山盖以是为海道之关键矣。又考《续宏简录》海运图所载,荣成文登之南、胶州诸城之东注有黑水大洋,又南注有绿水,又南注有黄混水,实当江东两省交界,莺游山之东北,其绿水之南,又注有白水洋,黑水洋之下又注有南望大洋,白水者,清水也,今自五条沙迤东,一望皆清水,盖即大洋也,《元史》所称过长滩,放大洋入青水洋,又经黑水洋至成山,青水即绿水,长滩即俗称大沙,固无不符合……

简言之,梁□"伊古以来,海之起讫未有详言之者,故黑水洋之起讫亦无明证"的观点是符合实情的,古人对黑水洋的认知仍是一个模糊的海域范围。而在清代中后期出现的《江海全图》[5](图5)中,清晰地标明了黑水洋北界与黑水洋南界,大致南界在黄河入海口东向延长线,北界在山东半岛正东向延长线。据王耀考证,该图为一幅反映道光年间漕粮海运的地图[6],这两处标注恰好可以和《直隶山东航海图》上的两处"黑水洋"标注相对应,这或许解释了为什么会有两处标注,一处为南界,一处为北界,而被涂抹掉的"黑水洋"则表明绘图者将中国传统海域名投射至新式海图过程中对黑水洋的准确区间把握不准。

---

[1] 田汝康、石阶池等编:《水运技术词典 试用本 古代水运与木帆船分册》,人民交通出版社,1980年,第107页。
[2] 徐兢:《宣和奉使高丽图经》卷三十四《海道一·黑水洋》。
[3] 刘义杰:《试说我国古代北方海区的水文导航术》,载上海中国航海博物馆编:《航海——文明之迹》,上海古籍出版社,2011年,第145—159页。
[4] 梁□:《黑水洋考》,载《小方壶斋舆地丛抄》第九帙,南清河王氏铸版。
[5] 美国国会图书馆藏品,索书号:G7822.C6 1843 .J5。
[6] 王耀:《〈江海全图〉与道光朝海运航路研究》,《故宫博物院院刊》2018年第5期。

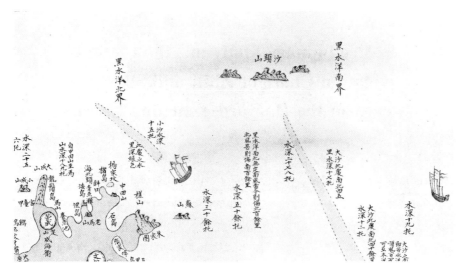

图 5 《江海全图》局部

四、结　　语

　　基于对图面内容的分析，以及与同期其他海图的比较，《直隶山东沿海图》在绘图过程中运用了中西两方面的元素，是研究中国近代海图西学东渐过程中的关键一环。不同于同时期大多数为了振兴海防而改绘的海图，该图反映的主要内容是环渤海、黄海海域的海路贸易网络，图上重点绘制的沿海税口以及航线里程深刻佐证了这一点。尤其是图上对朝鲜半岛黄海沿岸的绘制，在中国海图史中都属罕见，它将整个中朝海上交通线绘于一图，无疑是清末中朝海上贸易的见证。自1882年中朝两国签订《中朝商民水陆贸易章程》后，双方大量的商贸活动在海上展开[1]，该图中体现的航路信息对于研究清代中朝海上丝路具有重要价值。

---

[1] 衣保中、郭思齐：《明清时期中朝贸易的发展与演变》，《吉林大学社会科学学报》2021年第2期。

A Preliminary Study of "the Coastal Navigation Chart of Zhili and Shandong" Stored in the Harvard-Yenching Library

Abstract: *Zhili shandong hanghaitu* ("the Coastal Navigation Chart of Zhili and Shandong") stored at the Harvard-Yenching Library is a Chinese manuscript that mainly presents geographic information and sea routes around the Bohai and Yellow Seas. Rather than the landscape painting method employed in traditional China, it adopted the British Admiralty Chart as its model for illustration style. Based on the lighthouses and the Native Customs branch offices in Shandong marked on the chart, it was probably drawn between 1883 and 1890. It can be regarded as a transitional product that combined Chinese and Western mapmaking techniques and illustration styles. The chart also reflects the prosperous maritime trade in the Bohai and Yellow Seas during the late Qing, especially after China and Korea signed "the Sino-Korean Regulations for Maritime and Overland Trade" (also known as the China-Korea Treaty of 1882).

Keywords: Nautical Chart, Late Qing, Black-water Ocean, Yellow Sea

"鲸鲵鱼"与"刻托斯":
4世纪前中国与地中海
世界的鲸认知[*]

胡梧挺[**]

摘　要:从史前期到公元4世纪,中国与地中海世界都形成了各自对鲸类动物的认知。通过对部分中国古代典籍及古希腊文、拉丁文、希伯来文等原始文献的梳理与分析,结合中外考古学的证据,逐一揭示中国与地中海区域对鲸类的认知的特征与异同。以鲸认知为切入点,东西方在古代思想文化上独立发展又时有"互文"的特质得以展现。

关键词:4世纪前　中国　地中海　鲸认知

鲸作为一种水栖哺乳动物,因其体型极为庞大,故很早即进入人类视野。通过与鲸类的不断接触,世界各地的人类形成了对鲸的各色认知,进而也就形成了从北欧到北美、从地中海到大西洋、从印度洋到太平洋的各种各具特色的鲸文化。目前中外学界关于历史上人类对鲸的认识的研究,往往是在捕鲸史的框架中进行的,或是在某一特定区域的鲸文化研究中涉及[1],但

---

[*] 本文为黑龙江省社科规划项目"唐代渤海国及黑水靺鞨海洋活动研究"(批准号:21ZSB171)阶段性成果。

[**] 作者简介:胡梧挺,黑龙江省社会科学院副研究员。

[1] 如 Joe Roman, *Whale*, London: Reaktion Books Ltd., 2006, pp.7-26; Cornelia Catlin Coulter, "The 'Great Fish' in Ancient and Medieval Story," *Transactions and Proceedings of the American Philological Association* 57, 1926, pp.32-50; Paul Haupt, "Jonah's Whale," *Proceedings of the American Philosophical Society* 46, No.185, Jan.-Apr., 1907, pp.151-164; Jorge Luis Borges and Margarita Guerrero, *The Book of Imaginary Beings*, rev. and trans. Norman Thomas di Giovanni, Harmondsworth: Penguin Books Ltd., 1974, pp.61-62, pp.155-157; J. M. C. Toynbee, *Animals in Roman Life and Art*, Ithaca: Cornell University Press, 1973, p.208; Vicki Ellen Szabo, *Monstrous Fishes and the Mead-Dark Sea: Whaling in the Medieval North Atlantic*, Leiden and Boston: Brill, 2008, pp.31-65;王子今:《东方海王:秦汉时期齐人的海洋开发》,中国社会科学出版社,2015年;王子今:《鲸鱼死岸:〈汉书〉的"北海出大鱼"记录》,《光明日报》2009年7月21日第12版"理论周刊";张克锋、张晓红:《中国古代文学中"鲸"意象的多重意蕴》,《中南民族大学学报(人文社会科学版)》2018年第2期。

鲜有关于古代世界不同文化区域间人类鲸认知的比较研究。对此,笔者拟以 10 世纪以前的古代中国与西方[1]为讨论对象,比较此间中国与西方(欧洲)鲸认知的异同。因篇幅所限,本文并非关于中西古代鲸认知的全面系统论述,而是仅就其中中西共有且有比较意义的问题进行集中讨论,以就教于方家。

一、史前时期东亚与欧洲的早期鲸类认知

东亚地区人对鲸的认知历史悠久。早在新石器时代,居住在朝鲜半岛东南部的人类即已对出没于附近日本海的鲸类有了较为详细的认知。从盘龟台岩刻画中可分辨的鲸类形象来看,当地的史前人群已经详尽描绘了长须鲸、北太平洋露脊鲸、灰鲸、抹香鲸、座头鲸、虎鲸等大型鲸类的形象[2]。日本列岛早在绳纹时代中后期(距今约 5 000—3 000 年前)[3]的佐贺贝家遗址中即出土了属于大型鲸类的长须鲸、抹香鲸、塞鲸的骨骼遗存[4]。中国沿海地区对鲸的认知也可追溯到新石器时代。如位于辽东半岛的大连郭家村遗址上层(据碳十四测定为距今 4430±140 年)就曾发掘出土鲸的第一颈椎骨一节,据推测可能是被海水冲到海滩上,后经人工搬运到遗址的[5]。这些与鲸类骨骼有关的史前遗迹遗存是东亚及中国沿海地域史前时期认知与利用鲸类动物的明证。

欧洲的早期鲸认知可以追溯到旧石器时代晚期(距今 17500—15000 年)的比利牛斯地区。位于西班牙北部坎塔布连海(Cantabrian Sea)沿岸阿斯图里亚斯的拉斯卡尔达斯洞穴(Las Caldas cave)出土了用抹香鲸牙制作的装饰品残片,上面刻有 2 头野牛和一头鲸的图案;同时还出土了一种鲸类藤壶(whale barnacle)的石化外壳,这种藤壶(*Coronula diadema*)一般是寄生在蓝鲸、露脊鲸、抹香鲸、北瓶鼻鲸等鲸类身上的,这表明当时生活于该遗址的马格德林人(Magdalenian)很可能获取了附近海岸搁浅的大型鲸类的肉或鲸脂并切碎利用,这样才会在遗址中遗留下这种深度寄生于鲸类皮肉中的藤

---

[1] 本文所探讨的"西方"是指西方古典文化与基督教文化诞生或产生主要影响的区域,其地理范围包括今天的欧洲、西亚(黎凡特)及北非地区。
[2] 关于盘龟台岩刻画中所描绘的鲸类动物的具体种类问题,参见平口哲夫(1991)「朝鮮・対馬海峡沿岸の古代捕鯨」,『日本海セトロジー 日本海の鯨たち』,1:21-23。
[3] 参见维基百科日文版"縄文時代"词条:http://ja.wikipedia.org/wiki/縄文時代。
[4] 金子浩昌(1989)「佐賀員塚出土の脊椎動物遺存体」,『佐賀貝塚』峰町文化財調査報告書第 9 集,246、長崎県峰町委員会。没有证据表明这些鲸骨是通过捕鲸获得的,有很大的可能是对搁浅死亡的大型鲸类的利用。参见平口哲夫(1991)「朝鮮・対馬海峡沿岸の古代捕鯨」,『日本海セトロジー 日本海の鯨たち』,1:20。
[5] 傅仁义:《大连郭家村遗址的动物骨骼》,《考古学报》1984 年第 3 期。

壶的化石[1]。而位于西班牙南部马拉加省濒临地中海的内尔哈市的内尔哈洞穴（Nerja caves）也出土了分属两种鲸类藤壶（*Tubicinella major* 和 *Cetopirus complanatus*）的167块遗留物，其中有部分在炉中被发现的遗物明显有烧过的痕迹；这两种鲸类藤壶常以不同的鲸类为宿主，而南露脊鲸是它们共同的宿主。这表明旧石器晚期生活于该洞穴的地中海沿岸族群曾至少发现过一头搁浅的南露脊鲸，并可能将其一部分皮肉及鲸脂运回洞中使用或储存起来，当这些肉与脂作为食物或燃料被处理与消耗掉后，深埋于鲸类表皮下的这两种藤壶才被去掉或被燃烧，形成出土时的遗物状态。内尔哈洞穴鲸类藤壶遗物的发现为地中海沿岸史前人类的鲸认知与利用提供了间接证据[2]。

"中石器时代"的斯堪的纳维亚是史前欧洲认知与利用鲸类的另一处重要区域[3]。在位于瑞典西部海岸的乌鲁斯特岛（Orust）Huseby Klev 中石器时代遗址（最早文化层约为公元前8200年）中发掘出土了经过加工的蓝鲸椎骨[4]。虽然仅通过鲸骨无法判断当地古人类是捕获抑或利用搁浅鲸，但不可否认，至少在距今1万多年前，北欧地区的古人类就已经对鲸类中最为庞大的蓝鲸有所认知，甚至加以利用。此外，在北欧最古老的岩画——位于挪威诺尔兰郡莱克内斯附近的Dyreberget岩画（约公元前8000年）——中也出现了逆戟鲸（*killer whale*）的形象[5]；而在位于挪威韦斯特兰郡布雷芒厄的Vingen岩画（约公元前5000—前4000年）及位于挪威芬马克郡阿尔塔峡湾的阿尔塔岩画（约公元前4200—前500年）中也都出现了鲸类动物的形象[6]。这些鲸类动物的岩刻图像正体现了史前时代北欧古人对鲸类的认知。

新石器时代的爱琴海区域也有考古遗址出土了大型鲸类的遗骨。如考古学家在位于希腊克里特岛的斐斯托斯遗址新石器时代地层（约公元前

---

[1] Mª S. Corchón, et al., "Ressources complémentaires et mobilité dans le Magdalénien cantabrique. Nouvelles données sur les mammifères marins, les crustacés, les mollusques et les roches organogènes de la Grotte de Las Caldas (Asturies, Espagne)," *L'anthropologie* 112, 2008, pp.298-303.

[2] E. Álvarez-Fernández, et al., "Occurrence of whale barnacles in Nerja Cave (Málaga, southern Spain): Indirect evidence of whale consumption by humans in the Upper Magdalenian," *Quaternary International* 30, 2013: pp.1-6.

[3] "中石器时代"（Mesolithic）又称"细石器时代"，是介于旧、新石器时代之间的年代，其起讫时间因地区而异；"斯堪的纳维亚"（Scandinavia）主要指位于北欧的瑞典、挪威及丹麦。斯堪的纳维亚的中石器时代起讫时间约为公元前9700年至公元前4000年。

[4] T. Douglas Price, *Ancient Scandinavia: An Archaeological History from the First Humans to the Vikings*. New York: Oxford University Press, 2015, pp.79-80.

[5] T. Douglas Price, *Ancient Scandinavia: An Archaeological History from the First Humans to the Vikings*, Ibid. p.53.

[6] T. Douglas Price, *Ancient Scandinavia: An Archaeological History from the First Humans to the Vikings*, Ibid, p.84, 247.

4500—前3300年)中,发掘出可能属于长须鲸(fin whale)的椎骨遗存[1]。除此之外,位于英国苏格兰东北部的奥克尼群岛(Orkney Islands)也是新石器时代欧洲鲸骨制品出土的重要地区。其中,斯卡拉布雷(Skara Brae)新石器时代村落遗迹(约公元前3180—前2500年[2])的第7号房址中发掘出土了用鲸骨制作的椽子和盆[3];在该遗址的3号房址中出土了用鲸骨制成的人形塑像[4];该遗址还出土了鲸骨制成的油漆桶[5]、骨钉[6]、骨碗[7]等。布罗德盖-尼斯遗址(Ness of Brodgar,约公元前3300—前2200年[8])的8号建筑址发掘出土了一只巨大的齿鲸类动物的牙齿,以及一颗用鲸骨制成的锤矛头[9]。另外,同样位于奥克尼群岛的其他新石器时代遗址——诺特兰沙丘(Links of Noltland)、罗维格(Rowiegar)及霍瓦尔丘(Knap of Howar)(公元前3700—前2800年[10])——也出土了一些鲸类骨骼残片,据研究主要是座头鲸与明克鲸的骨骼[11]。上述众多考古发现均表明,西班牙北部的比斯开湾沿岸、西班牙南部的地中海沿岸、北欧及西北欧接近北极圈

---

[1] Darío Bernal-Casasola, et al., "Ancient whale exploitation in the Mediterranean: the archaeological record," *Antiquity* 90, No.352, August 2016, pp.917-918.

[2] V. Gordon Childe and D. V. Clarke, *Skara Brae*, Edinburgh: Her Majesty's Stationery Office, 1983, p.6, quoted in Wikipedia, "Skara Brae", 4 March 2020, https://en.wikipedia.org/wiki/Skara_Brae.htm, accessed 22 March 2020. 亦有研究认为该遗址的持续时间应在公元前2480±100至前1830±110之间,说见Timothy Darvill, *Prehistoric Britain*, London and New York: Routledge, 1987, p.105.

[3] V. Gordon Childe, "Skara Brae: a 'Stone Age' Village in Orkney," *Antiquity* 5, No.17, March, 1931, pp.48, 50.

[4] Tom Metcalfe, "Lost 5,000-Year-Old Neolithic Figurine Rediscovered in Scotland" (21 June 2016) https://www.livescience.com/55141-lost-neolithic-figurine-rediscovered-in-scotland.html, accessed 22 March 2020.

[5] V. Gordon Childe, *Skara Brae: A Pictish Village in Orkney*, London: Kegan Paul, 1931, quoted in Andrew M. Jones, *Prehistoric Materialities: Becoming Material in Prehistoric Britain and Ireland*, Oxford: Oxford University Press, 2012, p.93.

[6] Charles Tait, *The Orkney Guide Book*, 3rd ed., St Ola: Charles Tait Photographic Ltd., 2003, p.71.

[7] Scran, "Whale bone bowl from Skara Brae Neolithic village", 2002, https://www.scran.ac.uk/packs/exhibitions/learning_materials/webs/40/skara_brae_bowl.htm, accessed 22 March 2020.

[8] Roy Towers, et al., *The Ness of Brodgar: Digging Deeper*, Kirkwall, UK: Archaeology Institute, University of the Higlands and Islands, 2015, pp.2-3, quoted in Wikipedia, "Ness of Brodgar", 14 March, 2020, https://en.wikipedia.org/wiki/Ness_of_Brodgar.htm, accessed 22 March 2020.

[9] Nick Card, "Colour, Cups and Tiles — Recent Discoveries at the Ness of Brodgar," *Past*, No.66, November, 2010, p.2.

[10] Caroline Wickham-Jones, *Orkney: A Historical Guide*, Edinburgh: Birlinn, 2007, p.40, quoted in Wikipedia, "Knap of Howar", 3 September, 2019, https://en.wikipedia.org/wiki/Knap_of_Howar.htm, accessed 22 March, 2020.

[11] M. Buckley, et al., "Species identification of archaeological marine mammals using collagen fingerprinting," *Journal of Archaeological Science* 41, 2014, p.639.

的沿海地区等是史前欧洲认知与利用鲸类动物的先驱。由此亦可见,中国沿海及地中海沿岸区域早在新石器时代就已开始了对鲸类动物的认知与利用。

二、先秦至魏晋时期中国的鲸认知

除中国沿海地域外,中原地区对鲸的认知可能要晚至夏商时期。《竹书纪年》中记载了夏朝的后芒"东狩于海"而"获大鱼"的事件[1]。而在河南安阳的商代殷墟遗址中也出土了鲸的部分骨骼遗存——脊椎骨与四肢骨[2];由于安阳距离海岸较远,这些鲸骨应是从沿海地带远距离运输而来。上述文字记载与考古发现都表明,至少在夏商时代,中原地区已经对遥远大海中的鲸类("大鱼")有了初步的认知。

从前述《竹书纪年》的记载可见,中国早期历史文献将海中的鲸类笼统地称为"大鱼"。而先秦时期的文献典籍中常见关于巨型大鱼的描述。春秋战国时期的文献中即出现了对"大鱼"的特有称谓——"鲸鲵"或鲲。据《左传·宣公十二年》载:"古者明王伐不敬,取其鲸鲵而封之,以为大戮,于是乎有京观,以惩淫慝。"杜预注:"鲸鲵,大鱼名,以喻不义之人吞食小国。"[3] 由此,大鱼"鲸鲵"在先秦典籍中又承载了"奸邪之人"的象征意义。又《列子·汤问》记载:"终北之北有溟海者,天池也,有鱼焉,其广数千里,其长称焉,其名为鲲。"[4]《庄子·逍遥游》则记曰:"北冥有鱼,其名为鲲。鲲之大,不知其几千里也。"[5] 宋玉《对楚王问》亦记:"故鸟有凤,而鱼有鲸……鲸鱼,朝发昆仑之墟,暴鬐于碣石,暮宿于孟诸。"[6] 由此可见,先秦典籍中出现"鲸""鲸鲵"或"鲲"往往是为了形容想象中"大鱼"的庞然身躯,而这些"鲸"其实是言说者虚构出来的"幻兽"(imaginary beings)[7],其目的在于讽喻(如《左传》以"鲸鲵"比喻"不义之人"),并非对现实中存在的大型鲸类动物的确实指称。不过,先秦典籍的记载中也的确存在另一种"大鱼"。据《庄子·庚桑楚》记载:"吞舟之鱼,砀而失水,则蝼蚁能苦之。"[8] 又据

---

[1] 方诗铭、王修龄校注:《古本竹书纪年辑证(修订本)》之"夏纪",上海古籍出版社,2005年,第11页。
[2] 德日进、杨钟健:《安阳殷墟之哺乳动物群》,载《中国古生物志》丙种第十二号第一册,实业部地质调查所,1936年,第2页。
[3] (晋)杜预注,(唐)孔颖达疏:《春秋左传正义》卷二十三,(清)阮元校刻《十三经注疏》,中华书局影印原世界书局缩印阮刻本,中华书局,1980年,第1883页上。
[4] 杨伯峻:《列子集释》卷五"汤问篇",中华书局,1979年,第151、156—157页。
[5] 陈鼓应注译:《庄子今注今译(修订本)》,商务印书馆,2016年,第6页。
[6] (汉)刘向:《新序校释》卷一"杂事",石光瑛校释,中华书局,2001年,第131—140页。
[7] 这里借用了博尔赫斯(Jorge Luis Borges)的一部著作的名字,参见 Borges and Guerrero, The Book of Imaginary Beings 12。
[8] 陈鼓应注译:《庄子今注今译(修订本)》,第686页。

《战国策》载,齐国贵族靖郭君的门客亦曾提及"海大鱼":"君不闻海大鱼乎？网不能止,钩不能牵,荡而失水,则蝼蚁得意焉。"[1]上述记载中出现的"吞舟之鱼"和"海大鱼",不仅体型巨大,而且有"荡而失水"的情况,对于"大鱼"的这种描述很容易让人联想到真实的鲸类,因为鲸类动物经常会因游至浅水处而不能游回海中,或因死后被海水冲到岸边,而"搁浅"[2],这正与"荡而失水"的记载相符合。因此,考虑到关于"海大鱼"的比喻出自毗邻大海的齐国人之口[3],则可推测,这类记载中的"海大鱼"或"吞舟之鱼"除了承载讽喻(以"大鱼失水,蝼蚁得意"比喻贤俊君子为时势所困,为宵小所侮)外,很可能也是对真实存在于海中的大型鲸类的称呼。

较之先秦典籍记载的模糊暧昧,秦汉时期的古人随着海洋探索活动的逐渐增多,对鲸类的了解与认知也日趋明晰。一方面,秦汉史籍中出现的关于"海大鱼"的记载,其形象更为接近鲸类动物。如《史记·秦始皇本纪》即记载始皇射杀巨鱼之事:

> (始皇)北至琅邪。方士徐市等入海求神药,数岁不得,费多,恐谴,乃诈曰:"蓬莱药可得,然常为大鲛鱼所苦,故不得至,愿请善射与俱,见则以连弩射之。"始皇梦与海神战,如人状。问占梦,博士曰:"水神不可见,以大鱼蛟龙为候。今上祷祠备谨,而有此恶神,当除去,而善神可致。"乃令入海者赍捕巨鱼具,而自以连弩候大鱼出射之。自琅邪北至荣成山,弗见。至之罘,见巨鱼,射杀一鱼。[4]

其中,始皇帝至之罘海面遭遇并射杀的"巨鱼",可能即是出没于山东半岛沿岸黄海海域的鲸类,不过,从徐市提到入海采药"常为大鲛鱼所苦"这一记载看来,始皇帝射杀的"巨鱼"也可能是"大鲛鱼",即鲨鱼[5]。而《汉书》及《后汉书》中对"海大鱼"的记载则更为明确:

> 成帝永始元年春,北海出大鱼,长六丈,高一丈,四枚。哀帝建平三

---

[1](汉)刘向:《战国策笺证》卷八"齐一·靖郭君将城薛",范祥雍笺证,上海古籍出版社,2006年,第491—492页。
[2]周开亚:《中国动物志·兽纲》第九卷"鲸目·食肉目海豹总科·海牛目",科学出版社,2004年,第36—37页。
[3]关于先秦及秦汉时期齐国(齐地)在海洋探索、认识方面的活动,参见王子今《东方海王:秦汉时期齐人的海洋开发》的研究。
[4]《史记》卷六"秦始皇本纪",点校本二十四史修订本,中华书局,2013年,第331页。
[5]《本草拾遗》载:"鲛鱼皮,一名沙鱼,一名鳆鱼……鳆鱼皮,是装刀靶者,正是沙鱼也……沙鱼一名鲛鱼,子随母行,惊即从口入母腹也,其鱼状貌非一,皮上有沙,堪揩木,如木贼也。"根据这一记载,"鲛鱼"应即指鲨鱼。参见(唐)陈藏器《本草拾遗》辑释》卷九"解纷(二)",尚志钧辑释,安徽科学技术出版社,2002年,第429页。王子今先生亦认为,对于徐市出海所见的"大鱼""大鲛鱼"的鱼种,并不能准确判断。说见王子今《东方海王:秦汉时期齐人的海洋开发》,第82页。

年,东莱平度出大鱼,长八丈,高丈一尺,七枚,皆死。京房《易传》曰:"海数见巨鱼,邪人进,贤人疏。"[1]

灵帝熹平二年,东莱海出大鱼二枚,长八九丈,高二丈余。明年,中山王畅、任城王博并薨。(刘昭注:京房《易传》曰:"海出巨鱼,邪人进,贤人疏。"臣昭谓此占符灵帝之世,巨鱼之出,于是为征,宁独二王之妖也!)[2]

两汉时期典籍中出现的"海大鱼"是作为"鱼孽"被记载于正史《五行志》中的,所谓"鱼孽"是指与鱼有关的不祥之兆,即史料中提到的"海出巨鱼,邪人进,贤人疏",将"海大鱼"的出现视作奸邪之人横行的预兆,这与《左传》中用"鲸鲵"比喻"不义之人""大憝首恶"[3]的做法是一脉相承的。这些记载中出现的"海大鱼",其长度从六丈到八九丈不等,高则为一至二丈,揆诸今之尺度则为 13.86～20.79 米长,2.31～4.62 米高[4]。这又恰与大型须鲸类平均长度范围相契合[5],且"(大鱼)皆死"的记载又表明这些"大鱼"很可能搁浅身亡。据此推测,两汉典籍中作为"鱼孽"被记载的东莱郡等地"海出大鱼"的事例,应该即是当时山东半岛黄海北部沿岸地区真实目击到的鲸类游入近海及搁浅事件[6]。

另一方面,"鲸"或"鲸鲵"在秦汉时期也开始逐渐脱离先秦语境中"幻兽"的色彩。如西汉淮南王刘安《淮南子》中即提及"鲸鱼":"鲸鱼死而彗星出"[7];东汉许慎将这里出现的"鲸鱼"释为:"鲸,鱼之王也"[8],并在其《说文解字》中对"鲸"作了进一步解释:"鲸,鱼或从京。";"鱼,海大鱼也。从鱼,畺声。《春秋传》曰:'取其鱼鲵。'"[9]同为东汉时人的高诱也对《淮南

[1]《汉书》卷二七中之下"五行志第七中之下",中华书局,1962 年,第 1431 页。
[2]《后汉书》志第十五"五行三·鱼孽",中华书局,1965 年,第 3317 页。
[3] 杨伯峻:《春秋左传注》(修订本),宣公十二年六月丙辰"取其鲸鲵而封之"下杨注,中华书局,2009 年,第 746 页。
[4] 该估算数值均以两汉尺度:1 尺≈23.1 厘米为标准换算,换算依据参见邱光明等:《中国科学技术史·度量衡卷》,科学出版社,2001 年,第 201、211 页。
[5] 关于中国海域内鲸类动物体长的测量数据,参见王丕烈《中国鲸类》,化学工业出版社,2012 年。按鲸类动物(鲸目)主要分为须鲸与齿鲸两个亚目,其中须鲸亚目的个体身长除最小的小须鲸(6～7 米)外,均在 10 米以上,最大者如蓝鲸,体长可达 33 米。见王丕烈《中国鲸类》,第 13 页;周开亚:《中国动物志·兽纲》第九卷"鲸目·食肉目海豹总科·海牛目",第 58 页。
[6] 关于两汉及其后"海出大鱼"及鲸鱼搁浅相关记录的考证,参见王子今《东方海王:秦汉时期齐人的海洋开发》,第 292—297 页;鲸鱼死岸:〈汉书〉的"北海出大鱼"记录》,《光明日报》2009 年 7 月 21 日第 12 版"理论周刊"。
[7] 此句在《淮南子》中两次出现,参见何宁《淮南子集释》卷三"天文训"、卷六"览冥训",中华书局,1998 年,第 176、451 页。
[8] 何宁:《淮南子集释》卷三"天文训",第 176 页。
[9] (汉)许慎撰,(清)段玉裁注:《说文解字注》第十一篇下"鱼部",凤凰出版社,2015 年,第 1008 页。

子》中的"鲸鱼"作了注解:"鲸鱼,大鱼,长数里,死于海边。"[1]从这些经传的解释中可见,本来是想象产物的"鲸"或"鲸鱼",随着古人对真实存在于海中的鲸类目击的增多,也开始逐渐和"海大鱼""鱼之王"等称谓一样,与大型鲸类动物产生了关联。不过,这一时期的"鲸鱼"仍未完全脱去"幻兽"的色彩,相关记载在提及"鲸"时,常将现实中的鲸类与某些虚构甚至神异的特征相结合。如前引《淮南子》将"鲸鱼死"与"彗星出"的天文现象相联系。东汉班固则在其《东都赋》中写道:"于是发鲸鱼,铿华钟",其下李善引薛综注曰:"海中有大鱼曰鲸,海边又有兽名蒲牢,蒲牢素畏鲸,鲸鱼击蒲牢辄大鸣。凡钟欲令声大者,故作蒲牢于上,所以撞之者为鲸鱼。"[2]这是将海中的鲸与传说中的神兽"蒲牢"相联系,使得"鲸鱼"也具有了与蒲牢同样的神异色彩。又东汉杨孚《异物志》记载岭南南海海域的"鲸鱼":"长者数十里,小者数十丈,雄曰鲸,雌曰鲵。或死于沙上,得之者皆无目,俗言其目化为明月珠。"[3]其中虽然如实记录了鲸类"或死于沙上"的搁浅情形,但"长者数十里,小者数十丈"的描述,则是作者对鲸类身长大小的极端夸大;不过,其中说"得之者皆无目"则应来自汉代古人对搁浅于岸上的死鲸的真实目击体验。按鲸类中体型最大的蓝鲸的眼球大约相当于一枚垒球的大小[4],这虽较人类眼球大得多,但与其庞大的身躯相比则显得十分细小,日本典籍即提到露脊鲸的眼睛"甚小""大者仅五寸""睛灰黑无眸子"[5];而且搁浅的鲸类眼球较易腐烂,朝鲜史籍即记载三头搁浅鲸的眼球很快就有一半"腐烂见失"[6];此外,鲸类眼球在黑暗环境中能发出较显眼的亮光[7]。因此,"得之者皆无目"的情况有两种可能:一种情况是搁浅死鲸的眼睛已经腐烂不见;另一种情况则可能由于鲸类眼睛过于细小而被当作"无目"。而关于鲸

---

[1] 何宁:《淮南子集释》卷六"览冥训",第451页。
[2] (汉)班固:《东都赋》,(梁)萧统选编,(唐)吕延济等注:《文选》卷一"赋甲·京都上",《日本足利学校藏宋刊明州本六臣注文选》,人民文学出版社,2008年,第33页(0131)。
[3] (汉)杨孚:《异物志辑佚校注》,吴永章辑佚校注,广东人民出版社,2010年,第108页。
[4] Katherine Morgan, "How Big Is A Blue Whale Really? Size Comparison Guide," 21 November, 2019, https://modestfish.com/blue-whale-size.htm, accessed 6 March 2020.
[5] [日]大槻平泉:《鲸史稿》卷三"释体第三·目",日本内阁文库藏农商务省旧藏写本。
[6] 《章箚汇编》卷十"乙巳七·庆尚监司赵荣福上疏(九月初九日)",首尔大学奎章阁藏笔写本(奎12865),朝鲜王朝英祖年间(1724—1776),http://kyujanggak.snu.ac.kr/home/index.do?idx=06&siteCd=KYU&topMenuId=206&targetId=379&gotourl=http://kyujanggak.snu.ac.kr/home/GDS/GDS_VIEW.jsp?setid=1346266^pos=1^ptype=list^subtype=ss^bookid=GK12865_00I^volnum=0005^articleid=005^dtype=2。
[7] *Encyclopedia of Marine Mammals*, 2d ed., s.v. "Vision," by Allam. Mass and Alexander Ya. Supin, p.1202.

目"化为明月珠"的"俗言",虽然出自汉人的想象,但也体现了古人对鲸类眼睛所具特性的认知。

除了文字的记录与描述,和"鲸鱼"有关的石刻艺术品则是汉代古人鲸认知最直观的体现。在西汉长安城的昆明池、太液池等皇家池沼中就曾雕刻有这种石雕,被称为"石鲸"。据《西京杂记》载:"昆明池刻玉石为鲸鱼,每至雷雨,鱼常鸣吼,鬐尾皆动。汉世祭之以祀雨,往往有验。"[1]又《三辅黄图》引《三辅故事》亦载:"(昆明)池中有豫章台及石鲸,刻石为鲸鱼,长三丈,每至雷雨,常鸣吼,鬣尾皆动。"又引《关辅记》载:"建章宫北有池,以象北海,刻石为鲸鱼,长三丈。"[2]这两处"石鲸"至今犹存,其中,1973年,在今西安市未央区三桥街道高堡子村西侧的汉太液池遗址北岸出土了一件西汉时期的大型"石鲸"(现存陕西历史博物馆),该石雕为砂石质,两头细、中间粗,略呈纺锤状,长4.9米,中间最粗处直径约1米,头径0.59米,尾径0.47米,鱼头部雕出一只眼睛;1988年,在今西安市长安区斗门街道马营寨村西的汉昆明池遗址西岸也发现了汉代"石鲸",该刻石为火成岩质,发现时已断为鲸体、鲸尾两截,鲸体浑圆,长1.6米,最粗处直径约0.96米,其头部雕出鲸眼,尾部弯曲,鲸体鳞纹仍依稀可辨[3]。由文献记载与具体实物提供的信息可知,汉长安城的两件"石鲸"虽然长度不及真实的鲸类,但形体浑圆呈纺锤状,与鲸类动物普遍呈流线形或纺锤形的外形特征[4]相吻合。不过,从现存石刻身上依稀可辨的鳞纹来看,"石鲸"又不完全是真实存在的鲸类的完全复刻,因为鲸类体表是没有鱼鳞的,这反映了时人在对"鲸鱼"的认知中,又加入了想象中"大鱼"所应该具有的特征。同时,文献中提到"石鲸"遇到雷雨天时"常鸣吼,鬣尾皆动",也体现出汉代鲸认知中虚构与现实相结合的一面。由于鲸类属哺乳动物,无法在水下呼吸,必须经常到水面呼吸换气;大型鲸类在水面呼气时,常会发出巨大的声响,并从头部的呼吸孔(鼻孔)喷出一个雾状水柱,被称为"喷潮(blow)",其高度可达3~12米。因此,这种巨大声响和高大水柱,常被目击者视作雷声与雨水;文献记载中亦提到,鲸能够"鼓浪成雷,喷沫成雨"[5]。由此可知,所谓石鲸雷雨天"常鸣吼,鬣尾

---

[1] (汉)刘歆撰,(晋)葛洪集:《西京杂记校注》卷一"玉鱼动荡",向新阳、刘克任校注,上海古籍出版社,1991年,第46页。
[2] 陈直校证:《三辅黄图校证》卷四"池沼·汉昆明池·太液池",陕西人民出版社,1980年,第94、97页。
[3] 黑光:《西安汉太液池出土一件巨形石鱼》,《文物》1975年第6期,第91页;刘庆柱、李毓芳:《汉长安城》,文物出版社,2003年,第187、197页;中国国家文物局:《中国文物地图集·陕西分册》(下),西安地图出版社,1998年,第102页;晏新志:《汉长安城太液池、昆明池石鲸考》,《文物天地》2016年第6期,第17—19页。关于两件"石鲸"的具体出处存在分歧,此据晏新志《汉长安城太液池、昆明池石鲸考》一文的考证。
[4] 见周开亚编著《中国动物志·兽纲》第九卷"鲸目·食肉目海豹总科·海牛目",第4页。
[5] (晋)崔豹:《〈古今注〉校笺》卷中"虫鱼第五",牟华林校笺,线装书局,2015年,第146页。

皆动"的传说正是时人对鲸类呼吸特征的神异化。

值得注意的是,秦汉时期还出现了关于"大鱼洲"的传闻故事。据《西京杂记》载:"昔人有游东海者,既而风恶,船漂不能制,船随风浪,莫知所之。一日一夜,得至一孤洲,共侣欢然。下石植缆,登洲煮食。食未熟而洲没,在船者斫断其缆,船复漂荡。向者孤洲乃大鱼,怒掉扬鬐,吸波吐浪而去,疾如风云。在洲死者十余人。"[1]按东海中之大鱼被航海者误认作"孤洲",进而"下石植缆,登洲煮食",结果是"食未熟而洲没",大鱼"吸波吐浪而去","在洲死者十余人"。显然,故事中的这头体型庞大、"怒掉扬鬐""吸波吐浪"的"大鱼"只可能是基于鲸类特征所做出的想象。不过,这种"大鱼洲"故事的情节模式,不仅在中国典籍中出现,而且在公元3—4世纪的西方著述中也能找到与之情节极为相似的传说故事。如写成于公元338年以前的希腊文本虚构作品《亚历山大传奇》中,也在虚构的亚历山大大帝致亚里士多德的一封信中,讲述了一个类似"大鱼洲"的故事:远征印度的亚历山大大帝一次和随从们来到海边,当地人指着海中的一个岛对亚历山大说那是古时帝王的藏宝之地。随后,亚历山大的挚友斐冬(Pheidon)等人劝阻了想要以身涉险的君王,并请求代替亚历山大前往那座海中岛屿探险。在得到亚历山大同意后,斐冬等人乘船进发并登上了小岛,然而,1小时后,那座岛屿竟深潜入海,连带登岛的诸人一齐消失。原来这并不是一座岛屿,而是一只巨大的海中怪兽[2]。将这两则故事进行对比可见,虽然创作时间与地点不同,但它们在主要情节上却惊人的一致,都是讲一伙人将海中巨鱼(兽)当作岛屿,结果登岛后发现为时已晚,巨鱼入海,人死洲没。由于写作时代和地域的悬隔,很难说这两则传说故事有着什么关联,或共同的源头,更谈不上相互借鉴的问题,只能说对于大海、巨鱼的想象,东西方古人竟殊途同归。

秦汉时期古人对鲸类的种种认知与想象,在其后的魏晋时期得到了继承,并有进一步的发展。据《魏武四时食制》记载:"东海有大鱼如山,长五六里,谓之鲸鲵。次有如屋者,时死岸上,膏流九顷,其须长一丈,广三尺,厚六寸,瞳子如三升碗大,骨可为矛矜。"[3]又据《古今注》载:"鲸,海鱼也。大者长千里,小者数丈。一生数万子。常以五六月就岸边生子,至七八月导从

---

[1] (汉)刘歆撰,(晋)葛洪集:《西京杂记校注》卷五"金石感偏",第250页。
[2] *The Greek Alexander Romance*, ed. and trans. Richard Stoneman, London: Penguin Books, 1991, p.182.
[3] (宋)李昉等编:《太平御览》卷九百三十八"鳞介部十·鲸鲵鱼"引《魏武四时食制》,中华书局缩印上海涵芬楼影宋本,中华书局,1960年,第4167页。按"膏流九顷",原作"毫流九顷",此据(清)严可均辑校《全上古三代秦汉三国六朝文·全三国文》卷三"魏武帝·四时食制"(中华书局,1958年,第1071页)改;又"骨可为矛矜",严辑作"骨可为臼";"长一丈,广三尺",严辑作"长一丈二三尺"。又据卢文弨考证,《魏武四时食制》唐人类书多有引用,又称《魏武食制》,而《隋书·经籍志》《旧唐书·经籍志》《新唐书·艺文志》等均不见著录,王利器认为:"《和名类聚钞》四引《四时食制经》,当即此书。"说见王利器《颜氏家训集解(增补本)》卷六《书证第十七》,中华书局,1993年,第464页。

其子还大海中。鼓浪成雷,喷沫成雨,水族惊畏,一皆逃匿,莫敢当者。其雌曰鲵,大者亦长千里,眼为明月珠。"[1]可见,一方面魏晋时期的文献中继承了秦汉时期极力夸大鲸类体型大小的做法,称其"长五六里""长千里""如山"等;另一方面则又在"眼为明月珠""瞳子如三升碗大"等基于鲸类真实特征的想象基础上,对鲸类的其他一些特征有了进一步的认知。如鲸类中的须鲸类,口中都有角质的鲸须板,总称为"鲸须",它是须鲸的滤食器官,悬生于腭的腹面,在口腔中排成2纵列,每侧各1列;鲸须板形状略呈三角形,按照外侧的唇缘为长边、水平的基缘为宽边计量,露脊鲸的鲸须长度最长可达2.5米,而蓝鲸的鲸须宽度可达50~95厘米,这些现代测量数据与上述"须长一丈,广三尺"的记载基本吻合[2]。又如抹香鲸交配期主要在6~7月,产仔期主要在7~9月[3],这一点与上述"常以五六月就岸边生子,至七八月导从其子还大海中"的记载吻合。又大型鲸类体内拥有大量的皮下脂肪组织,被称为"鲸脂"(blubber),一些鲸种的脂肪层很厚,如北太平洋露脊鲸的脂肪层最厚处可达42厘米,占总体重的40%以上;灰鲸的脂肪层厚度可达35厘米,占总体重的36%[4];鲸类的这一特征就是上述"膏流九顷"记载的主要根据。由此可见,《魏武四时食制》及《古今注》中记载的"鲸"是对大型须鲸(蓝鲸、露脊鲸、灰鲸等)及大型齿鲸(抹香鲸)所具有特征加以综合后的产物。此外,在魏晋时期的文学作品中也同样可见关于鲸类上述特征的描写,如"其鱼则横海之鲸,突杌孤游,戛岩嵼,偃高涛,茹鳞甲,吞龙舟,噏波则洪涟踧踖,吹涝则百川倒流,或乃蹭蹬穷波,陆死盐田,巨鳞插云,鬐鬣刺天,颅骨成岳,流膏为渊。"[5]"于是神鲸来往,乘波跃鳞,喷气欲雾,噫水成津。骸丧成岛屿之墟,目落为明月之珠"[6]。可见,在魏晋文人的笔下,鲸除了仍具有"吞舟""噏波""吹涝"等巨鱼形象外,一些典型特征也得到了极力渲染,如描述鲸搁浅("陆死盐田")后形成尸骸之巨大("巨鳞插云,鬐鬣刺天,颅骨成岳")和鲸脂的丰沛程度("流膏为渊"),描写鲸在海面呼气喷雾的壮观("喷气欲雾"),并且还充分运用了秦汉以后形成的"大鱼洲"("骸丧成岛屿之墟")和"鲸目化珠"("目落为明月之珠")的传说。这些秦汉以来形成的鲸传说与魏晋时期对鲸类特征的新认知共同构建了魏晋文学作品中的鲸形象。

---

[1] (晋)崔豹:《〈古今注〉校笺》卷中"虫鱼第五",第146页。
[2] 见周开亚编著:《中国动物志·兽纲》第九卷"鲸目·食肉目海豹总科·海牛目",第10—11页;*Encyclopedia of Marine Mammals*, 2d ed., s.v. "Baleen," by Dale W. Rice, p.79. 按两晋时期的尺度,1尺≈24.2厘米,则1丈≈2.42米,3尺≈72.6厘米。参见前引邱光明等:《中国科学技术史·度量衡卷》,第276、279页。
[3] 王丕烈:《中国鲸类》第十一章"抹香鲸",第146页。
[4] 王丕烈:《中国鲸类》第九章"北太平洋露脊鲸"、第十章"灰鲸",第117、133页。
[5] (晋)木华:《海赋》,载(梁)萧统选编,(唐)吕延济等注《文选》卷十二"赋己·江海",第192页(0765—0766)。
[6] (晋)曹毗:《观涛赋》,《太平御览》卷九百三十八"鳞介部十·鲸鲵鱼"引,第4167页。

三、古代近东及古希腊的鲸认知

在以地中海为中心的古代近东、希腊、罗马世界，人们对鲸类的认知由来已久。史前时期即已有沿地中海的族群认知并利用鲸类的考古学证据，已见前述。而早在公元前9世纪，近东的亚述帝国楔形文字铭文中即出现了关于鲸类的文字记载[1]。亚述国王阿淑尔纳西尔帕二世（Ashur-nasir-pal Ⅱ，约公元前883—前859年在位）在一处记录其先祖功绩的碑铭中提到，提格拉特帕拉沙尔一世国王（Tiglath-Pileser I，约公元前1114—前1076在位）曾在地中海东岸的艾尔瓦德岛（Arvad）乘腓尼基人的船出海，并猎杀了一头被称为"纳希鲁"（naxiru）的巨大海鱼[2]；而另一处碑铭中则提到，阿淑尔纳西尔帕二世国王在王国都城诸多新建宫殿的大门前竖立了许多动物雕像，其中就有两尊用玄武岩制成的"纳希鲁"雕像[3]；此外，在一处记录阿淑尔纳西尔帕二世国王功绩的碑铭中，提到了被其征服地区的贡品清单，其中也出现了"海洋动物纳希鲁之象牙"（ivory of the naxir, of the sea animal）[4]。由于在亚述语中"纳希鲁"意为"喷孔"，以这一名称来命名的海中生物肯定是以喷出雾气为主要特征的，这一点与鲸类动物呼吸时喷出高大显著的雾状水柱的特性相符；而用"象牙"来形容这种动物的牙齿，则说明"纳希鲁"的牙很大且很珍贵，这一点又与抹香鲸（sperm whale）等大型齿鲸的牙齿特征相符。根据这些特征推断，公元前9世纪出现在亚述碑铭中的"纳希鲁"应即指出没于东地中海一带的抹香鲸[5]。值得注意的是，抹香鲸的希腊文名称"φυσητήρ"（拉丁转写：physētēr）的本来含义就是指鲸类的呼

---

[1] 以下三处楔形文字碑铭记载的原文及转写、英译，参见 E. A. Wallis Budge and L. W. King, ed., *The Annals of the Kings of Assyria: The Cuneiform Texts with Translations, Transliterations, etc.*, from the Original Documents in the British Museum, Vol.1, London: Harrison and Sons, 1902.

[2] Budge and King, *The Annals of the kings of Assyria: The Cuneiform Texts with Translations, Transliterations, etc.*, Ibid, p.138. 按本条及以下共三处碑铭中出现的"纳希鲁"，原书编者均直接英译为"海豚"（dolphin），而根据相关研究的考证，这一英译十分不妥，故笔者不取，只据原铭文转写及相关研究并结合其读音，写作"纳希鲁"（naxiru）。相关研究参见 Paul Haupt, "Der Assyrische Name des Potwals," *The American Journal of Semitic Languages and Literatures*, Vol. 23, No. 3, April, 1907, pp.253-263; Haupt, "Jonah's Whale," Ibid.

[3] Budge and King, The Annals of the kings of Assyria: The Cuneiform Texts with Translations, Transliterations, etc., Ibid, pp.146-147. 按关于两尊"纳希鲁"雕像的材质，据原文转写应为"AT-BAR"，相关研究认为即是指玄武岩，参见 Haupt, "Jonah's Whale," Ibid, p.157。

[4] Budge and King, *The Annals of the kings of Assyria: The Cuneiform Texts with Translations, Transliterations, etc.*, Ibid, pp.200-201; Haupt, "Der Assyrische Name des Potwals," Ibid, pp.261-262.

[5] Haupt, "Der Assyrische Name des Potwals," Ibid, pp.261-263.

吸孔,这又恰与"纳希鲁"的本义相契合[1]。

在古希腊先哲的著作中也不乏鲸类的身影。由于毗邻爱琴海,希腊人至少在新石器时代就对大型鲸类有所认知(已见前述);而在雅典卫城西北部古雅典阿哥拉遗址的一口约公元前9世纪的井中也发掘出土了一件鲸骨制品,据研究,它是用长须鲸的肩胛骨制成的[2]。海上出没或海滩搁浅的大型鲸类被人们目击或利用,这种庞然大物遂激发了希腊人的想象力,于是在古希腊人的文学作品中出现了巨大海怪的神话形象。在约公元前8世纪的荷马史诗作品《奥德赛》和《伊利亚特》中就出现了"刻托斯"(希腊文:κῆτος,亦作 κήτει,拉丁转写:ketos)用来指称巨大的海怪,如"神明或许会从海上放出**巨怪(κῆτος)** 攻击我";"海豚、海豹和其他较大的**海中怪物(κῆτος)**";"那(高垒)是当年特洛亚人和帕拉斯·雅典娜为他(笔者按:指赫拉克勒斯)建造,好让他去那里隐蔽躲藏,当**海怪(κῆτος)** 爬上岸滩冲向平原进攻他"[3]。在关于珀耳修斯(Περσεύς,英文:Perseus)与安德洛墨达(Ανδρομέδα, Andromeda)的古希腊神话传说中也出现了"凯托斯"的身影。埃塞俄比亚(Αἰθιοπία, Aethiopia)王后卡西俄珀亚(Κασσιέπεια, Cassiepeia)因为向海仙女们炫耀和吹嘘自己的美丽而触怒了海神波塞冬,海神发动洪水和海怪"凯托斯"(**κῆτος**)入侵埃塞俄比亚,国王克普斯(Κηφεύς, Cepheus)为平息灾难,被迫听从神谕,将女儿安德洛墨达锁在一块岩石上,作为献给"刻托斯"的猎物;途经埃塞俄比亚的英雄珀耳修斯对国王的女儿一见倾心,于是他杀死了"刻托斯"并解救了安德洛墨达[4]。这一传说故事成为古希腊众多剧作家的创作题材来源,因而在索福克勒斯

---

[1] Haupt, "Der Assyrische Name des Potwals," Ibid, p.263.按"纳希鲁"(*naxiru*)的两种转写形式:"*naxiru*"意指呼吸(鼻)孔(nostril),而"*nâxiru*"则指"通过呼吸(鼻)孔呼气"(*blow through the nostrils*)。

[2] John K. Papadopoulos and Deborah Ruscillo, "A Ketos in Early Athens: An Archaeology of Whales and Sea Monsters in the Greek World," *American Journal of Archaeology* 106, No.2, Apr., 2002, pp.192-199.

[3] "ἠέ τί μοι καὶ **κῆτος** ἐπισσεύῃ μέγα δαίμων ἐξ ἁλός" "δελφῖνάς τε κύνας τε, καὶ εἴ ποθι μεῖζον ἕλῃσι **κῆτος**" "ὑψηλόν, τό ῥά οἱ Τρῶες καὶ Παλλὰς Ἀθήνη ποίεον, ὄφρα τό **κῆτος** ὑπεκπροφυγὼν ἀλέαιτο, ὁππότε μιν σεύαιτο ἀπ' ἠϊόνος πεδίονδε", Papadopoulos and Ruscillo, A ketos in early Athens, 207; Homer, *The Odyssey*, ed. and trans. A. T. Murray, 2 vols., The Loeb Classical Library, 1919; repr. Cambridge, Massachusetts/London: Harvard University Press/William Heinemann, 1945, Vol.1, p.200, 438; Homer, *The Iliad*, ed. and trans. A. T. Murray, 2 vols., The Loeb Classical Library, 1925; repr. Cambridge, Massachusetts/London: Harvard University Press/William Heinemann LTD., 1947, Vol.2, p.380.中文翻译依据王焕生译:《荷马史诗·奥德赛》第五、十二卷,人民文学出版社,1997年,第101、223页;罗念生、王焕生译:《荷马史诗·伊利亚特》第二十卷,人民文学出版社,1994年,第464页。按本文中凡在译文、引文中所加外文括注,除特殊说明外,均为笔者所加。

[4] Apollodorus, *The Library*, ed. and trans. James George Frazer, 2 vols., The Loeb Classical Library, London/New York: William Heinemann/G. P. Putnam's Sons, 1921, Vol.1, pp.159-161.按古希腊神话及文献中所说的"埃塞俄比亚"通常指努比亚地区,即今埃及南部与苏丹北部之间的尼罗河沿岸地区。

(Σοφοκλῆς，Sophocles)、欧里庇得斯(Εὐριπίδης，Euripides)、阿里斯托芬(Ἀριστοφάνης，Aristophanes)的一些悲剧或喜剧作品中，都能见到关于"凯托斯"的描写。如"海神波塞冬派出'凯托斯'(**κῆτος**)来毁灭那个王国(指埃塞俄比亚)"[1]；"我看见来自大西洋的'**凯托斯**'(**κῆτος**)朝着作为其美食的少女(指安德洛墨达)迅速冲去"[2]；"这方法原是佛律尼科斯首先发明，他曾经叫那**海怪**(**κῆτος**)吞吃了一个老太婆"[3]。另外，值得注意的是，与古希腊同属地中海区域的古代以色列的宗教典籍中也有关于"海怪"的记载。如成书于公元前6至前5世纪的《创世纪》[Genesis，希伯来文：בְּרֵאשִׁית，拉丁转写：Bereshit，即"希伯来圣经"(Hebrew Bible，תַּנָ״ךְ，Tanakh)的第一卷]记载，神在第五日造出了"תַּנִּינִם"(tanninim)及"水中所滋生各样有生命的动物"(הַמַּיִם שָׁרְצוּ אֲשֶׁר הָרֹמֶשֶׂת הַחַיָּה נֶפֶשׁ-כָּל)，这里的"תַּנִּינִם"意指"海怪"(sea-monsters)[4]；对于这一单词，成书于公元前3到前2世纪的"希伯来圣经"希腊文译本《七十士译本》(Septuagint)就直接将其对译为"κήτη"(κῆτος 的复数形式)[5]。由于原文中的"תַּנִּינִם"被"巨大的"(great，גְּדֹלִים)一词来修饰，又与各种水生动物一起被上帝创造，故它可能并非指传说中的"海怪"，而更可能是指一种真实存在的巨大水生"动物"(חַיָּה)，比如鲸类[6]；1611年出版

---

[1] "Ποσειδῶνα διαφθεῖραι τὴν χώραν **κῆτος** ἐπιπέμψαντα"，Eratosthenes, *Catasterismi* 16, *Mythographoi: Scriptores poetiace historiae graeci*, ed. Antonius Westermann, Brunsvigae: sumptum fecit Georgius Westermann, 1843, p.250；*The Fragments of Sophocles*, edited by Richard Claverhouse Jebb, et al., 3 vols., 1921; repr. Cambridge: Cambridge University Press, 2009, Vol.1, p.78.

[2] "ὁρῶ δὲ πρός τὰ παρθένου θοινάματα **κῆτος** θοάζον ἐξ Ἀτλαντικῆς ἁλός"，Richard Kannicht, ed., *Tragicorum Graecorum Fragmenta*, Vol.5, Göttingen: Vandenhoeck & Ruprecht, 2004, p.256.

[3] "ἦν Φρύνιχος πάλαι πεποίηχ'，ἣν τὸ **κῆτος** ἤσθιεν"，Aristophanes, "The Clouds," *Aristophanes*, ed. and trans. Benjamin Bickley Rogers, 3 vols., The Loeb Classical Library, 1924; repr. London/New York: William Heinemann LTD./G. P. Putnam's Sons, 1930, Vol.1, p.318.中文翻译依据罗念生译：《阿里斯托芬喜剧六种·云》，《罗念生全集》第4卷，上海人民出版社，2007，第178—179页。

[4] "Genesis 1.21,"*Hebrew-English Tanakh: the Jewish Bible*, Skokie, Illinois: Varda Books, 2009, p.2; Francis Brown, et al., *The Brown-Driver-Briggs Hebrew and English Lexicon: Coded With Strong's Concordance Numbers*, 1907; repr. London: Oxford University Press, 1962, p.1072; "Tannin (monster)," 20 January 2020, https://en.wikipedia.org/wiki/Tannin_(monster).htm, accessed 22 April 2020.中文译文参照《圣经：新标准修订版·简化字现代标点和合本》，中国基督教协会，2000年，第2页。

[5] "Γένεσις 1.21," *The Old Testament in Greek According to the Septuagint*, Vol.1, ed. Henry Barclay Swete, Cambridge: Cambridge University Press, 1887, p.2.

[6] "Genesis 1.21," Hebrew-English Tanakh: the Jewish Bible, Ibid. 2.按"תַּנִּינִם"在"希伯来圣经"中除指"海怪"外，还有"蛇""龙"的含义，参见 Brown, The Brown-Driver-Briggs Hebrew and English Lexicon, 1072.

的英译《钦定版圣经》(即 KJV)就把"תַּנִּינִם"译为"巨鲸"(great whales)[1]。

约写成于公元前 5 世纪晚期或前 4 世纪早期的《约拿书》(Jonah，יוֹנָה)是希伯来圣经"十二先知书"(עשר תרי，Trei Asar，"The Twelve")之一。其中提道：先知约拿在约帕[Joppa，今以色列特拉维夫雅法(Yāfā)古城]附近被上帝安排的一条"大鱼"(גָּדוֹל דָּג)所吞，他在"鱼"(דָּגָה)的腹中待了三天三夜，并向上帝祷告；最后又在上帝的吩咐下，被大鱼吐在陆地上[即亚历山大勒塔(Alexandretta)，今土耳其伊斯肯德伦(Iskandarūn)附近][2]。这里"大鱼"的具体所指虽不明确，但考虑到抹香鲸这种大型鲸类早在亚述帝国时期即出没于东地中海地区；并且，据研究，从约帕至小亚历山大的航行时间，以两地的航行距离(约 300 英里)及抹香鲸的游速来推断(3～7 英里/小时)，恰好是 3 昼夜(即 72 小时)[3]。因此，尽管关于约拿在"大鱼"腹中生存三昼夜的记载属于宗教寓言，但不可否认，这种能将人吞入腹中的巨大海鱼形象显然受到了在地中海东部海域真实出现的大型鲸类(特别是抹香鲸)，以及与约帕有关的安德洛墨达神话中出现的海怪"刻托斯"的影响[4]。如《七十士译本》即直接用"κήτει"或"κήτους"来对译"大鱼"(גָּדוֹל דָּג)[5]；而在"埃塞俄比亚圣经"(Ethiopic Bible)中则用阿姆哈拉语中表示鲸鱼(抹香鲸)的"ዐንበር"或"ዐንበሪ"('anbar 或'anbari)来称呼吞掉先知的大鱼[6]。

与古希腊文艺作品中关于"海怪"的传说及近东宗教文献记载与鲸类的模糊关联不同，亚里士多德著作中出现的"刻托斯"则更为明确地指向鲸类动物。如《动物志》中即提道："海洋动物中，**鲸类(κητώδη)**如海豚……亦为

---

[1] Gordon Campbell, ed., *The Holy Bible: King James Version*, *Quatercentenary Edition*, 1611; repr. Oxford and New York: Oxford University Press, 2010, Genesis: 1.21.

[2] "Jonah 2.1, 2.2, 2.11," *Hebrew-English Tanakh*, p.1114; Haupt, "Jonah's Whale," Ibid, p.160; Haupt, "Der Assyrische Name des Potwals," Ibid, p.255; *Encyclopedia of Islam*, New edition, vol. 4, s. v. "Iskandarūn," by J. H. Mordtmann, et al., p.138; *Encyclopedia of Islam*, New edition, Vol. 11, s.v. "Yāfā," by C. E. Bosworth, pp.234-235.

[3] Haupt, "Jonah's Whale," Ibid, p.160.

[4] Haupt, "Der Assyrische Name des Potwals," Ibid, p.255; Haupt, "Jonah's Whale," Ibid, p.160.

[5] "Ἰωνας 2.1, 2.3, 2.11," *The Old Testament in Greek According to the Septuagint*, vol.3, ed. Henry Barclay Swete, Cambridge: Cambridge University Press, 1894, pp.49-50.

[6] August Dillmann, et al., *Biblia Aethiopica*, online edition of the Ethiopic Bible, https://www.tau.ac.il/~hacohen/Jona/Jon%202.html. "埃塞俄比亚圣经"指属于基督教"东方正统教会"(Oriental Orthodox Churches)分支"埃塞俄比亚正统台瓦西多教会"(Ethiopian Orthodox Tewahedo Church)的圣经正典(Biblical canon)；关于"ambar"或"anbar"在阿拉伯、希伯来等语言中与抹香鲸的关系，参见 Haupt, "Jonah's Whale," Ibid, pp.158-159.

胎生。这些海洋生物，如海豚与**须鲸**（**φάλαινα**）无腮而有气管"[1]；"又有所谓'**鼠鲸**'（**μῦς τὸ κῆτος**），口内代替齿的有像猪鬃那样的毛"[2]；"凡属有乳的动物，乳汁均在乳房……**鲸类**（**κήτη**），如海豚、豹型海豚、**须鲸**（**φάλαινα**）——这些动物均有乳房并内含乳汁"[3]；"海豚与鲸（**φάλαινα**），以及所有备具喷水孔的这一类动物入睡时，它们的喷水孔皆露出水面之上，鳍在静静地浮水，由喷水孔进行呼吸"[4]；"海豚与一切**鲸类**（**κητώδη**）具有相同的（交配）方式"[5]；"海豚、鲸（**φάλαινα**）与其余各种**鲸类**（**κήτη**），亦即凡属无腮而具有一喷水孔的鱼，全属胎生……鲸（**φάλαινα**）常产二儿，有时只产一儿，至多二儿……一切具有喷水孔的生物均呼吸空气，因为它们是有肺的"[6]；"但是，海豚……及与之相似的其他**鲸类**（**κητωδῶν**），如**须鲸**（**φάλαινα**）和其他具备喷水孔的动物是所有动物中最奇特的存在"[7]；"但鲨鱼类、海豚以及所有的**鲸类**（**κητωδεις**），因为它们的口在下面，捕食小鱼须

---

[1] "ζῳοτόκα … καὶ τῶν ἐνύδρων τὰ **κητώδη**, οἷον δελφὶς … Τούτων δὲ τὰ μὲν αὐλὸν ἔχει, βράγχια δ᾽ οὐκ ἔχει, οἷον δελφὶς καὶ **φάλαινα** …",见 Aristotle, *Historia Animalium*, *Aristotelis Opera*, Vol. 4, edited by Immanuel Bekker, Oxford: Tyographeo Academico, 1837, p.9.中文译文参见吴寿彭译《动物志》卷一第五章，商务印书馆，2010 年，第 26 页。

[2] "Ἔτι δὲ καὶ ὁ **μῦς τὸ κῆτος** ὀδόντας μὲν ἐν τῷ στόματι οὐκ ἔχει, τρίχας δὲ ὁμοίας ὑείαις",见 Aristotle, *Historia Animalium*, Ibid, p.83. 按"μῦς τὸ κῆτος"（鲸鼠），在编号为 Vaticanus 1339、Marcianus 208、Vaticanus 262 的亚里士多德手稿中作"μυστόκητος"（鼠鲸）。中文译文参见吴寿彭译《动物志》卷三第十二章，第 125 页。

[3] "Ἔχει δ᾽, ὅσα ἔχει τὸ γάλα, ἐν τοῖς μαστοῖς … καὶ τὰ **κήτη**, οἷον δελφὶς καὶ φώκαινα καὶ **φάλαινα**· καὶ γὰρ ταῦτα μαστοὺς ἔχει καὶ γάλα", Aristotle, *Historia Animalium*, ed. and trans. A. L. Peck, 3 vols., The Loeb Classical Library, 1970; repr. Cambridge, Massachusetts/London: Harvard University Press/William Heinemann LTD., 1984, Vol.1, p.224.译文参见吴寿彭《动物志》卷三第二十章，第 133 页。按笔者据希腊文原文对译文做了改动。

[4] "δελφὶς δὲ καὶ **φάλαινα**, καὶ ὅσα αὐλὸν ἔχει, ὑπερέχοντα τὸν αὐλὸν καθεύδει τῆς θαλάττης, δι᾽ οὗ ἀναπνέουσιν ἠρέμα κινοῦντες τὰς πτέρυγας", Ibid, Vol.2, p.86.译文参见吴寿彭译：《动物志》卷四第十章，第 188 页。

[5] "Καὶ δελφῖνες δὲ καὶ πάντα τὰ **κητώδη** τὸν αὐτὸν τρόπον", Ibid, Vol.2, p.106.译文参见吴寿彭译：《动物志》卷五第五章，第 199 页。按此句原文义为"海豚与一切鲸类具有相同的方式"，而根据下文，这里的"方式"显然是指"交配"（ὀχεύω）的方式，故此处参照中译本的翻译做了括注。

[6] "Δελφὶς δὲ καὶ **φάλαινα** καὶ τὰ ἄλλα **κήτη**, ὅσα μὴ ἔχει βράγχια ἀλλὰ φυσητῆρα, ζῳοτοκοῦσιν … ἡ δὲ **φάλαινα** ἢ δύο τὰ πλεῖστα καὶ πλεονάκις, ἢ ἕν … Ἀναπνεῖ δὲ πάντα ὅσα ἔχει φυσητῆρα, καὶ δέχεται τὸν ἀέρα· πνεύμονα γὰρ ἔχουσιν", Ibid, Vol. 2, pp.264-266.译文参见吴寿彭译：《动物志》卷六第十二章，第 276 页。

[7] "περιττότατα δὲ πάντων ὁ δελφὶς ἔχει τῶν ζῴων … καὶ τῶν ἄλλων **κητωδῶν** ὅσα τοῦτον ἔχει τὸν τρόπον, οἷον **φάλαινα** καὶ ὅσ᾽ ἄλλ᾽ αὐτῶν ἔχει αὐλόν", Aristotle, *History of Animals*, ed. and trans. D. M. Balme, Books VII—X, The Loeb Classical Library, Cambridge and London: Harvard University Press, 1991, p.74.译文为笔者依据希腊文原文及该段落英文译文（Balme, 75）所做的翻译，个别词汇的译法参考了吴寿彭译《动物志》卷八第二章，第 341 页。按"κητωδῶν"即"κητώδη"的属格形式。

转个身"[1]。从中可见,亚里士多德明确用"刻托斯"(κῆτος)的复数形式"κήτη"来指称包括海豚、须鲸等"备具喷水孔""胎生""有肺"的海洋生物;而其著作中使用的另一个与"κήτη"具有基本相同含义的词则是"κητώδη"。因此,亚里士多德使用的"κήτη"和"κητώδη"显然是指广义的海洋哺乳动物,尤其是鲸类动物。此外,亚里士多德还使用了"φάλαινα"一词来指称各种海豚以外的鲸类,特别是体型较大的须鲸类动物等[2]。特别值得注意的是,《动物志》中记录的一种被称为"鼠鲸"或"鲸与鼠"的鲸类动物,这种鲸类口中没有牙齿而只有所谓"像猪鬃那样的毛",这种生理构造与须鲸类动物所特有的器官——"鲸须"(baleen)是一致的。鲸须板靠近内侧的斜边(即舌缘)边缘上有许多发状鬃毛,被称为"鲸须毛"(baleen hair)或"鲸鬃"(baleen bristles)[3];显然,亚氏著作中记录的这种如猪鬃般的毛就是指鲸须毛,而所谓"鼠鲸"也即指须鲸而言[4]。

从亚里士多德的论述中亦可知,其对鲸类的认知已达到了早期"动物学"(Zoology)的认知高度——不仅认识到海豚、须鲸等不同于鱼类的呼吸方式与构造("呼吸孔"及"肺"),还对鲸类的繁殖方式("胎生""有乳")有了清晰地认知;并基于这些认知,进一步将海豚、须鲸等动物单独视为"鲸类",以与其他水生动物相区分。

除了对地中海、爱琴海海域鲸类动物的认知外,随着亚历山大大帝的远征,古希腊人也开始对印度洋及波斯湾海域的鲸类有所认知。与亚里士多德几乎同时代的尼阿卡斯(Nearchus;希腊语:Νέαρχος,约公元前360—前300年)曾担任亚历山大军队的海军都统(Navarch),跟随远征军到达印度

---

[1] "οἱ δὲ σελαχώδεις καὶ οἱ δελφῖνες καὶ πάντες οἱ **κητώδεις** ὕπτιοι ἀναπίπτοντες λαμβάνουσιν · κάτω γὰρ τὸ στόμα ἔχουσιν", Ibid, pp.92-94.译文参见吴寿彭译:《动物志》卷八第二章,第349页。按"κητώδεις"即"κητώδη"的另一种写法。

[2] 亚里士多德对"φάλαινα"的这种用法在当时的其他希腊古典作家笔下还有其他含义,而并非专指"鲸"或"须鲸",如在阿里斯托芬的喜剧作品《马蜂》中,"φάλαινα"指贪吃的怪物(devouring monster)。参见 Papadopoulos and Ruscillo A ketos in early Athens, p.210.

[3] Douglas S. Fudge, et al., "Morphology and Development of Blue Whale Baleen: An Annotated Translation of Tycho Tullberg's Classic 1883 Paper," *Aquatic Mammals* 35, No.2, 2009, p.230. Wikipedia, "Baleen," 2 May, 2020, https://en.wikipedia.org/wiki/Baleen.htm, accessed 28 May, 2020.

[4] 按"μυστόκητος"一词,英译《亚里士多德著作集》(*The Works of Aristotle*)卷四译者汤普森(D'Arcy Wentworth Thompson)认为它有可能是"μυστακόκητος",即"moustache-whale"(须鲸);而洛布古典丛书版《动物志》(*Historia Animalium*)就直接将"μυστόκητος"改为"μυστακόκητος",其英译即为"moustache-whale"。参见 Aristotle, *Historia Animalium*, ed. and trans. D'Arcy Wentworth Thompson, *The Works of Aristotle*, Oxford: the Clarendon Press, 1910, Vol. 4, p.519a; Peck Aristotle, Historia Animatium, pp.210-211;吴寿彭译:《动物志》卷三第十二章,第125页; Dale W. Rice, *Marine Mammals of the World: Systematics and Distribution*, Special Publication No.4, Lawrence, Kansas: The Society for Marine Mammalogy, 1998, p.59.

河、波斯湾等地,并将其在印度等地的见闻写成了《印度记》(*Indica*);该著作的原本早已散佚,其主要内容被保留在斯特拉波《地理学》(*Geographica*)和阿里安《印度记》(*Indica*)中[1]。据尼阿卡斯的记载,在他率领舰队从印度河口出发、通过大洋向波斯湾返航的途中[2],就曾遭遇过鲸类。

据记载,尼阿卡斯的舰队在航行中发现"一股儿海水往上蹿,就像海里的龙卷风掀起的水柱",并且"水柱形成一片迷雾,使海员们突然看不见他们前面的东西";船员们被领航员告知"这是鲸鱼在喷水"。这种景象对于舰队的水手们来说是前所未见的,因此造成了很大的恐慌,"部队大吃一惊……水手们却吓得连手里拿的桨都掉了"。而当得知"人们可以吹喇叭或高声呼喊把它们吓走"这一信息时,尼阿卡斯旋即命令舰队"把船头对准鲸鱼,全速向前冲去",而各舰艇"在信号的统一指挥下""一齐向怪物扑去",同时"水手们更是提高嗓子大声叫喊,喇叭也一齐吹得震天响,橹公们也用桨拼命拨水"。这种"翻江倒海、惊天动地"的场面果然有效,那些喷出水柱的鲸鱼"害怕起来并钻到深水里。不久之后,它们又在舰队后边浮出水面,喷起高高的水柱";而"意外得救"的舰队成员们则"欢声雷动,赞扬尼阿卡斯的勇敢和英明,喝彩声犹如疾风骤雨"[3]。此外,尼阿卡斯还提及他在阿拉伯海沿岸所见搁浅而死的鲸鱼的骨头。据他记载,这些"鲸鱼"的长度超过了 40 米[4],这显然是过于夸张的记录;而当地的"土人"正好可以利用这些骨头来盖房子,"肋骨可以作栋梁,小骨头可以作椽子,腭骨可以作门柱"[5]。

值得注意的是,上述希腊化时代文献记载的海上航行遇鲸及应对措施,恰好与见于唐代典籍的唐人海上遇鲸事件如出一辙。据唐刘恂《岭表录异》记载:

---

[1] Wikipedia, "Nearchus," 7 June, 2020, https://en.wikipedia.org/wiki/Nearchus.htm, accessed 11 June 2020.

[2] [古希腊] 阿里安:《亚历山大远征记》卷八,李活译,商务印书馆,2009 年,第 315 页。按《亚历山大远征记》的第八卷实即阿里安根据尼阿卡斯等人著作撰写的《印度志》,参见 *Arrian*, ed. and trans. E. Iliff Robson, 2 vols., The Loeb Classical Library, 1933; repr. London/Cambridge, Massachusetts: William Heinemann LTD./Harvard University Press, 1949, Vol.2, p.307.

[3] [古希腊] 阿里安:《亚历山大远征记》卷八,第 326—327 页;[古希腊] 斯特拉博:《地理学》第十五卷第二章,李铁匠译,上海三联书店,2014 年,第 1058 页。

[4] 原文为 25 㖊,而斯特拉波的记载则为 23 㖊,参见[古希腊] 阿里安:《亚历山大远征记》卷八,第 327 页;*The Geography of Strabo*, ed. and trans. Horace Leonard Jones, 8 vols., The Loeb Classical Library, 1923; repr. Cambridge, Massachusetts/London: Harvard University Press/William Heinemann LTD., 1949, Vol.7, p.151.(中译本写作"23 拓",参见[古希腊] 斯特拉博:《地理学》第十五卷第二章,第 1058 页)这里的"㖊"(Fathom)并非现在使用的英美制长度单位,而是对古希腊长度单位"ὀργυιά"(Orgyia 或 Orguia)的英译,即 1 ὀργυιά=1.92 米;据此换算,23"㖊"= 44.16 米,25"㖊"=48 米。参见 Demetris I. Loizos, "Ancient Greek Measures", 2010, http://www.anistor.gr/history/diophant.html, accessed 26 June 2020.

[5] [古希腊] 阿里安:《亚历山大远征记》卷八,第 327 页。

> 海鳅,即海上最伟者也。其小者亦千余尺,吞舟之说,固非谬也。每岁,广州常发铜船过安南货易。北人有偶求此行,往复一年,便成斑白,云:路经调黎(原注:地名,海心有山,阻东海,涛险而急,亦黄河之三门也),深阔处,或见十余山,或出或没。篙工曰:"非山岛,鳅鱼背也。"果见双目闪烁,鬐鬛若簸朱旗。危沮之际,日中忽雨霖霪。舟子曰:"此鳅鱼喷气,水散于空,风势吹来若雨耳。"及近鱼,即鼓船而噪,倏尔而没去(原注:鱼畏鼓,物类相伏耳)。交趾回,乃舍舟,取雷州缘岸而归,不惮苦辛,盖避海鳅之难也。乃静思曰:设使老鳅瞋目张喙,我舟若一叶之坠眢井耳,宁得不为人皓首乎?[1]

这则见闻出自一位由广州往安南从事贸易的海商的讲述,他在海船行至调黎这个地方时发现了十余座小山,经船工指点才知道是鲸群,进而对鲸类有了进一步的细致观察,特别是对鲸类呼吸时向天空喷出高大水柱的习性有了切身体验。值得注意的是,巨大的鲸群对当时的海上航行造成了困扰,船员与海商都害怕船被鲸鱼吞掉,而这种对遭遇鲸群的担忧甚至使这位初次进行安南贸易的海商"往复一年,便成斑白",从中亦可见唐代航海之人对于鲸类(群)的担忧与惧怕。因此,海船在遭遇鲸群时往往采取"鼓船而噪"这类行动,利用较大的噪声驱离鲸群;甚至想方设法绕开鲸群出没的海域,即使航线曲折迂远也"不惮苦辛"。从中可见,用噪声驱离鲸群的做法似乎是古代世界航海的一个通行做法。前述马其顿帝国远征军舰队在海上遭遇鲸群时,为了驱离鲸群,也采取了与唐代航船"鼓船而噪"极为类似的做法,即"提高嗓子大声叫喊,喇叭也一齐吹得震天响,橹工们也用桨拼命拨水"[2]。唐人对"鼓船而噪"可以驱离鲸群这种做法的解释是"鱼畏鼓,物类相伏耳",而实际上,由于鲸类拥有极强的听觉,对于外界噪声极为敏感,以至于一个人的喊叫声就能把一头正在水面呼吸的巨大蓝鲸吓跑[3]。因此,唐人所谓"鱼畏鼓"的认知,只是一种得自实际航海经验的"事后之明",而鲸类畏惧噪声才是其听闻鼓声后"倏尔而没去"的真正原因,马其顿舰队不用鼓而只用人声、喇叭等就能收到异曲同工之效的事例正说明了这一点。

四、古代罗马的鲸认知

随着罗马共和国及帝国的崛起与扩张,其统治疆域空前广阔,因此,这

---

[1] (唐)刘恂:《岭表录异校补》卷下"海鳅",商璧、潘博校补,广西民族出版社,1988年,第154页。按原文文字与《太平广记》《太平御览》等书引用著录者有所出入,此处引文又据《太平广记》对原文做了补充,详见《太平广记》卷四六四"水族一·海鳅",中华书局,1961年,第3820页。
[2] [古希腊]阿里安:《亚历山大远征记》卷八,商务印书馆,2009年,第326—327页。
[3] 陈万青:《鲸与捕鲸》,科学出版社,1978年,第59页。

一时期的希腊、罗马作家对鲸类动物认知的地理范围也不局限于地中海世界。生活于公元前 1 世纪至公元 1 世纪的希腊地理学家斯特拉波在其《地理学》一书中就记载了伊比利亚半岛南端的图尔德塔尼亚（Turdetania）外海中有鲸类出没："这里也有各种各样的**鲸类**（**κητέων**）：**独角鲸**（**ὀρύγων**）、**须鲸**（**φαλαινῶν**）和**抹香鲸**（**φυσητήρων**）；当这些鲸喷水时，远处的观察者就好像看见了一根雾柱。"[1] 而罗马博物学者普林尼在其《自然史》中对鲸类的生物特征亦有认知："**鲸**（ballaenae）的嘴巴在它们的前额，当它们在海面上游动的时候，它们会向空中喷出水雾。"[2] 可见，古罗马人在拉丁文中用"ballaenae"指称鲸类。

不仅如此，普林尼对包括地中海在内的更广阔地域中分布的鲸类情况都有较为翔实的记录。比如他提及印度洋中的鲸类，认为"水生动物数量最多、体积最大的都在印度洋之中，其中**鲸鱼**（ballaenae）覆盖的面积差不多有 4 尤格鲁姆（iugerum）……印度洋最大的动物是鲨鱼和鲸鱼。"[3] 而对地中海附近海域鲸类出没的情况，普林尼亦有认知，如他记载："在高卢海（Gallico oceano），最大的动物是**抹香鲸**（physeter）。它的身体竖立起来像一根高高的圆柱，高度超过了船帆；喷出大量的水，如同暴雨。"[4] 除了明确记载的鲸类，他的《自然史》中还记载了地中海周边海域中的"疑似"鲸类，比如一头在加的斯（Gades）海岸搁浅的"怪兽"（bēluam）："它两鳍之间的尾端有 24 肘（cubita）长；还有 120 颗牙齿，最大的长 9 罗马寸（dodrantium），最小的长 6 罗马寸（semipedum）。这种怪兽的骨架……有 40 罗马尺（pedum）长，

---

[1] "ὡς δ' αὕτως ἔχει καὶ περὶ τῶν **κητέων** ἁπάντων, **ὀρύγων** τε καὶ **φαλαινῶν** καὶ **φυσητήρων**, ὧν ἀναφυσησάντων φαίνεταί τις νεφώδους ὄψις κίονος τοῖς πόρρωθεν ἀφορῶσι", Horace Leonard Jones The Geosraphy of Strabo, Vol.2, p.36. 中文译文参见[古希腊]斯特拉波：《地理学》第三卷第二章"伊比利亚"，第 201 页。按"**κητέων**"即"κῆτος"的属格复数形式；"**φυσητήρων**"一词英译为"physeteri"，汉译为"喷水鲸"，实为"φυσητῆρας"一词的属格复数形式，在希腊语中意为"抹香鲸"。

[2] "Ora ballaenae habent in frontibus, ideoque summa aqua natantes in sublime nimbos efflant.", Pliny, Natural History, ed. and trans. H. Rackham, M. A., 10 vols., The Loeb Classical Library, Cambridge: Harvard University Press & London: William Heinemann, 1940, Vol.3, p.172.

[3] "Plurima autem et maxima animalia in Indico mari, ex quibus ballaenae quaternum iugerum, ... Maximum animal in Indico mari pristis et ballaena est, ...", Pliny Natural History, Vol.3, p.166, 168. 按"iugerum"为古罗马面积单位，1 尤格鲁姆＝2 523 m², 因此，4 尤格鲁姆≈1 公顷。（参见维基百科英文版"Ancient Roman units of measurement"词条：https://en.wikipedia.org/wiki/Ancient_Roman_units_of_measurement;"Jugerum"词条：https://en.wikipedia.org/wiki/Jugerum。）

[4] "... in Gallico oceano physeter ingentis columnae modo se attollens altiorque navium velis diluviem quandam eructans, ...", Pliny Natural History, Vol.3, p.168. 按"高卢海"即"Gallicus Oceanus"或"Cantabricus Oceanus"，指位于西班牙北部海岸与法国西南部海岸间的比斯开湾（Bay of Biscay）南端的坎塔布连海（Cantabrian Sea），见 Richard J. A. Talbert et al., Barrington Atlas of the Greek and Roman World, N. J.: Princeton University Press, 2000, Map 24: Asturica-Conimbriga, p.373.

肋骨比印度大象的肋骨还高大,脊柱骨厚达 1.5 罗马尺。"[1]这头"怪兽",从其骨架的长度(40 罗马尺≈11.84 米)来看,应属鲸类的范围;又从其具有长约 15 至 22 厘米的牙齿判断,"怪兽"可能属于一种大型齿鲸。根据现有的对齿鲸的研究推测,这一海中巨兽可能即为抹香鲸,因为成年抹香鲸的平均体长为雄性约 16 米、雌性约 11 米。牙齿呈椭圆锥形,上颌齿埋藏于齿龈内不外露,每侧有 10~16 枚;下颌齿每侧最少 17 枚,最多 29 枚,以 23~24 枚居多;雄性牙齿长达 20 cm,雌性牙长可达 11 cm[2]。由此可见,普林尼所记的这具"怪兽"骨架基本符合抹香鲸的外形特征,只有牙齿的数量远远多于抹香鲸的牙齿总数。此外,考古学提供的证据似乎也为判断这头"怪兽"的身份提供了依据。位于西班牙加的斯省塔里法的 Baelo Claudia 考古遗址出土有属于北大西洋露脊鲸的完整椎骨,C_{14} 测年推定其年代为公元前 232 年至前 23 年;而在与塔里法隔直布罗陀海峡相望的休达 Septem 考古遗址则出土了属于抹香鲸椎骨(或肋骨)的残片,其年代据放射性碳元素测定为公元 88 年至 296 年[3]。这表明,在古罗马时代的加的斯湾及直布罗陀海峡等地,确实曾有包括抹香鲸在内的鲸类动物出没。因此,我们更有理由认为,上述《自然史》中记录的"怪兽"应即是抹香鲸。

此外,普林尼还在书中提及了一种被称为"公羊"(arietes)的海怪,在卢格敦高卢行省(今法国北部布列塔尼半岛)的沿海岛屿搁浅,据说这种海怪长着"像角一样的白色条纹"[4]而检诸古罗马时代其他作家的作品,我们同样能发现对这种"公羊"的描述,如生活于公元 2 至 3 世纪的修辞学家埃里亚努斯(Aelianus)在其《论动物的特性》一书中也谈及一种叫作"公羊鱼"(θαλάττιοι κριοί)的怪兽:"雄性公羊鱼在其前额长着一条白色条带(就像利西马科斯或安提戈努斯,或其他某位马其顿国王的带状王冠),而雌性公羊鱼在其脖颈下则长着像公鸡肉垂一样的卷曲物",它们块头巨大,捕食海豹,甚至

---

[1] "beluam ... cuius inter duas pinnas ultimae caudae cubita sedecim fuissent, dentes eiusdem cxx, maximi dodrantium mensura, minimi semipedum. beluae ... longitudine pedum xl, altitudine costarum Indicos elephantos excedente, spinae crassitudine sesquipedali.", Pliny Natural History, Vol.3, p.170. 按罗马尺(pes, pedum 为其属格复数形式)与肘(cubitum, cubita 为其宾格复数形式)、罗马寸(uncia)之间的换算关系为:1 肘=1.5 罗马尺,1 罗马尺=12 罗马寸(参见维基百科英文版"Ancient Roman units of measurement"词条:https://en.wikipedia.org/wiki/Ancient_Roman_units_of_measurement)。原文中,"dodrantium"意为"(一尺的)四分之三","semipedum"意为"半尺",故按换算关系直译为"9 罗马寸"和"6 罗马寸"。参见 Pliny Natural History, Vol.3, p.171.

[2] 参见维基百科英文版"sperm whale"词条:https://en.wikipedia.org/wiki/Sperm_whale;王丕烈:《中国鲸类》第十一章"抹香鲸",第 135、138 页。

[3] Electronic Supplementary Materials to: Rodrigues et al. Forgotten Mediterranean calving grounds of gray and North Atlantic right whales: evidence from Roman archaeological records. Proc. R. Soc. B. DOI: 10.1098/rspb.2018.0961, p.8.

[4] "arietes candore tantum cornibus adsimulatis", Pliny Natural History, Vol.3, p.170.

弄翻船只并捕食活人,而且"从公羊鱼鼻孔长出来的毛有很多用处"[1]。根据这里出现的"公羊鱼"捕食海豹和人类的记载,有观点认为这种"怪兽"可能是虎鲸(killer whale)[2]。然而,结合普林尼和埃里亚努斯的记载来看,这种"公羊鱼"的外在特征与虎鲸并不相符,而与北大西洋露脊鲸和大翅鲸的特征正相符合。其中,所谓"像角一样的白色条纹"和前额部如"带状王冠"般的"白色条带",其实就是露脊鲸头部所特有的角质瘤。露脊鲸在其上颌前端、呼吸孔前方、双眼及下颌两侧均分布有大小不等的多个角质瘤,多呈行列排布;所谓"鼻孔长出来的毛"实即须鲸类特有的器官——鲸须(baleen),它因具有良好的弹性与强度而被用于制作各类物品;而所谓"公鸡肉垂一样的卷曲物",很可能是指大翅鲸的腹面褶沟——大翅鲸拥有比其他鲸种更宽且深的腹面褶沟,褶宽沟深比长须鲸的约大 1.5～2 倍[3]。

综上可见,在古希腊学者对地中海世界鲸类认知的基础上,古罗马时期的学者则对地中海以外海域中鲸类的情况有了更多的认知。

---

[1] "ὁ τοίνυν ἄρρην κριός, λευκὴν τὸ μέτωπον ταινίαν ἔχει περιθέουσαν (εἴποις ἂν Λυσιμάχου τοῦτο διάδημα ἢ Ἀντιγόνου ἤ τινος τῶν ἐν Μακεδονίᾳ βασιλέων ἄλλου) κριὸς δὲ θῆλυς, ὡς οἱ ἀλεκτρυόνες τὰ κάλλαια, οὕτω τοι καὶ οὗτος ὑπὸ τῇ δέρῃ ἠρτημένους πλοκάμους ἔχει...τάς γε μὴν ἐκπεφυκυίας τῶν μυκτήρων τοῦ κριοῦ τρίχας οἱ ταῦτα ἐξετάζειν δεινοὶ λέγουσιν ἐς πολλὰ ἀγαθάς.", Aelian, *On the Characteristics of Animals*, ed. and trans. A. F. Scholfield, 3 vols., The Loeb Classical Library, London: William Heinemann & Cambridge: Harvard University Press, 1959), Vol.3, p.206, 208.
[2] Aelian, On the Characteristics of Animals, ed. and trans, A.F. Scholfield, 3 Vols,. The Loeb Classical Library, London: William Heinemann & Cambridge: Harvard University Press, 1959. Vol.3, p.205.
[3] 王丕烈:《中国鲸类》第八章"抹香鲸",第 102 页;第九章"北太平洋露脊鲸",第 111 页。

"Jingni" and "Ketos": Perceptions of Cetaceans in China and the Mediterranean World before the Fourth Century AD

Abstract: From prehistory to the fourth century AD, China and the Mediterranean world each discovered and formed their own ideas and imagery of cetaceans. By using Chinese, English, ancient Greek, Latin, and Hebrew sources, together with archaeological evidence, this article analyzes these perceptions. It then seeks to understand how they contributed to the development of ideas and cultures in ancient East Asia and the Mediterranean world, respectively, as well as their "intertextuality".

Keywords: Prehistory, Early History, China, the Mediterranean World, Perceptions of Cetaceans

从"南海Ⅰ号"出水钱币看宋代海上丝绸之路货币流通

蒋笑寒*

摘　要： 宋代海外贸易繁荣，进出口商品种类众多，中国铜钱在对外经济交往中扮演着重要的角色。作为在海上丝绸之路航线上发现的沉船，"南海Ⅰ号"是宋代对外贸易和海洋经济的缩影，沉船遗物更是携带着重要的历史信息。截至2019年，"南海Ⅰ号"共发掘文物约18万件（套），文物种类非常丰富，既有大宗船货，又有贸易商品和船员生活用品等。其中，大规模出水的铜钱，作为当时对外贸易交往中的流通货币，不仅佐证了史料记载的铜钱外流，同时也为解读宋代海上丝绸之路贸易和社会经济面貌提供了实证。

关键词： 海上丝绸之路　南海Ⅰ号　铜钱外流　货币流通

古代海上丝绸之路由来已久，形成于秦汉，兴盛于唐宋，衰落于明清。作为沟通中西方交流贸易的重要通道，宋元以来对海上丝绸之路贸易的历史文献记载较为丰富，海上丝绸之路航线上的沉船及沉船遗物的发现发掘更是为重构海外贸易细节和窥探远洋航行生活提供了有力证据。

作为在海上丝绸之路上发现的实物遗存，"南海Ⅰ号"是宋代对外贸易和海洋经济的缩影，也是解读宋代生产生活方式和社会经济面貌的一个突破口。"海上丝绸之路"曾被称作"铜钱之路"，可见铜钱在海丝贸易中不可替代的作用。实际上，沉船出水铜钱相当重要，既可作为判断沉船年代信息的纪年工具，也从侧面反映出当时经济文化交流的状况。本文通过简要概述"南海Ⅰ号"发掘文物及研究现状，着重关注出水的铜钱，从货币演变和流通状况入手，结合文献和史料，对宋代海上丝绸之路的贸易现象和货币流通作初步探讨。

一、"南海Ⅰ号"发掘文物及研究概况

"南海Ⅰ号"沉船是一艘满载货物的南宋沉船，从1987年发现于广东台

---

* 作者简介：蒋笑寒，上海中国航海博物馆助理馆员。

山与阳江交界海域,2007年经整体打捞移入广东海上丝绸之路博物馆内,2014年开始全面考古发掘,先后经历水下调查、整体打捞、船体保护、遗物发掘及公众展示等阶段[1],前后跨越三十余年,见证了中国水下文化遗产保护事业从无到有、从单一考古发掘到水下遗产保护的历程,对中国的水下遗产保护事业具有开创意义[2]。

"南海Ⅰ号"船型宽且扁,长宽比小,结构设计较为安全,属于装货量较大的"福船"类型,木质船体保存良好,有十五个货舱[3]。该船沉没于广东台山与阳江交界海域,位于古代海上丝绸之路南海贸易航线。船载货物大多产于福建泉州,由此推测"南海Ⅰ号"的始发港可能为泉州港[4]。"南海Ⅰ号"在此海域遇险沉没并非偶然,但目前尚未发现该船在陆地停靠的直接证据,推测其在驶往东南亚途中,经过该灾害频发海域时不幸沉没,沉没原因尚不可知。截至2019年底,"南海Ⅰ号"船货清理工作已经基本完成,共发掘文物超过18万件(套)[5],出水文物种类丰富,以陶瓷器、铜铁器为主,此外还有金银器、漆木器、钱币、朱砂、动植物遗存、植物果核等[6]。

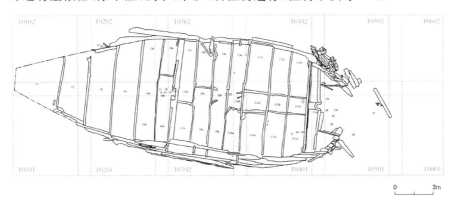

图1 "南海Ⅰ号"沉船平剖面图[7]

---

[1] 孙键:《宋代沉船"南海Ⅰ号"考古述要》,载上海中国航海博物馆主编《国家航海(第二十四辑)》,上海古籍出版社,2020年,第56—63页。
[2] 国家文物局水下文化遗产保护中心、广东省文物考古研究所、中国文化遗产研究院等:《南海Ⅰ号沉船考古报告之二:2014—2015年发掘(上)》,文物出版社,2018年。
[3] 国家文物局水下文化遗产保护中心、广东省文物考古研究所、中国文化遗产研究院等:《南海Ⅰ号沉船考古报告之二:2014—2015年发掘(上)》,第130—151页。
[4] 杨睿:《"南海Ⅰ号"南宋沉船若干问题考辨》,《博物院》2018年第2期。
[5] "南海Ⅰ号"考古队:《广东"南海Ⅰ号"南宋沉船水下考古发掘项目圆满完成》,《中国文物报》2020年2月7日。
[6] 根据广东省文物考古研究所和国家文物局水下文化遗产保护中心于2019年申报"2019年度全国十大考古新发现"的材料可知,截至2019年,共发掘文物近18万件(套),其中瓷器约16万件(套),铁器凝结物124吨。其中既有船货,还有船上的生活用具及旅客所携带的贸易用具或随身物品等。发掘提取的文物种类丰富,主要有瓷器、铜铁器、金银器、漆木器、钱币、朱砂、动植物残骸、植物果核等。同时还包括反映埋藏环境与沉船关联的大量海洋生物残骸以及不同历史时期的遗留物。来源于国家文物局"2019年度全国十大考古新发现",参见 http://www.ncha.gov.cn/art/2020/5/5/art_722_160367.html。
[7] 图片来源于《南海Ⅰ号沉船考古报告之二:2014—2015年发掘》。

随着出水文物的不断增多,对"南海Ⅰ号"的研究也逐渐深入。总体来说,对"南海Ⅰ号"的研究呈现多元化的特征,无论是船体本身还是船载货物,都有不可忽视的研究价值,对沉船遗物的研究也都各有侧重。就目前而言,对"南海Ⅰ号"的研究主要集中于航海技术、造船史、海丝贸易、远洋航线、出水瓷器和金属器等问题[1],对于出水货币的问题仍有待深入探讨。"南海Ⅰ号"出水货币分为金、银、铜质三种,金质货币包括金叶子和碎金,银质货币包括银铤和碎银,铜质货币包括铜钱和铜钱结块[2]。目前对"南海Ⅰ号"出水货币的研究,李岩在《南海Ⅰ号上来自临安的金银币》中阐述"南海Ⅰ号"金银货币的出水位置,推测出航前金银币的存放位置及保存方式,根据戳印和规格重量,分析金银货币的产地和船舶装货地点,尤其是金叶子的制作销售店铺以及实际用途[3]。田国敏在《反映公元12世纪宋与东南亚诸国交往的"南海Ⅰ号"沉船出水器物初探》中对比"南海Ⅰ号"出水铜钱与越南、印尼、新加坡遗址及海域发现的宋钱,结合史料文献,探讨了铜钱外流的历史现象和宋朝钱禁政策[4]。李庆新在《南宋海外贸易中的外销瓷、钱币、金属制品及其他问题》中从海上丝绸之路被称作"铜钱之路"的原因出发,分析中国钱币在东南亚、印度洋等地充当硬通货的原因,认为铜钱不仅用作流通货币,也被用作贵重金属材料,铸造器物[5]。基于前人研究,在出水铜钱方面仍有较多探讨的可能性,故本文着重关注出水铜钱的种类和数量,进一步分析货币流通状况和相关的货币流通政策。

二、"南海Ⅰ号"出水铜钱试析

"南海Ⅰ号"出水铜钱在船舱各区域均有分布,大多集中于T0402④层船舷板附近海泥中[6],一般被认为是用于海外贸易的。根据广东省文物考古

---

[1] 目前从造船史、航海技术、航路航线及传统器物视角对"南海Ⅰ号"的研究比较多见,如扬之水:《南海Ⅰ号出水金项链观摩记》,《美成在久》2020年第4期;李岩:《南海Ⅰ号里的镶嵌宝石黄金首饰》,《美成在久》2020年第3期;林唐欧:《古代海上丝绸之路上的"南海Ⅰ号"》,《客家文博》2020年第1期;田国敏:《反映公元12世纪宋与东南亚诸国交往的"南海Ⅰ号"沉船出水器物初探》,《客家文博》2020年第1期;叶道阳:《"南海Ⅰ号"沉船反映的宋代海上生活辨析》,《中国文化遗产》2019年第4期;林唐欧:《"南海Ⅰ号"沉船瓷器墨书初步研究》,《南海学刊》2018年第4期;等等。
[2] 国家文物局水下文化遗产保护中心、广东省文物考古研究所、中国文化遗产研究院等:《南海Ⅰ号沉船考古报告之二:2014—2015年发掘(上)》,第421—461页。
[3] 李岩:《南海Ⅰ号上来自临安的金银币》,《美成在久》2020年第4期。
[4] 田国敏:《反映公元12世纪宋与东南亚诸国交往的"南海Ⅰ号"沉船出水器物初探》。
[5] 李庆新:《南宋海外贸易中的外销瓷、钱币、金属制品及其他问题——基于"南海Ⅰ号"沉船出水遗物的初步考察》,《史学经纬》2012年第9期。
[6] 国家文物局水下文化遗产保护中心、广东省文物考古研究所、中国文化遗产研究院等:《南海Ⅰ号沉船考古报告之二:2014—2015年发掘(下)》,文物出版社,2018年,第444—461页。

研究所和国家文物局水下文化遗产保护中心的"2019年度全国十大考古新发现"申报材料可知，截至2019年，已提取的铜钱约23 000枚，仍有大块凝结物待进一步拆解处理。本文对1989—2004年水下调查和2014—2015年"水晶宫"内考古发掘的铜钱作统计[1]，详见表1：

表1 "南海Ⅰ号"沉船出水铜钱统计

年 代	钱 文	数量(枚)	出水时间	铸 造 时 期
新莽	新莽货泉	3	2014年	新莽天凤元年(14年)
东汉	五铢	5	2014年	东汉光武帝建武十六年(40年)始铸
唐高祖	开元通宝	577	1989—2004年；2014年	唐高祖武德四年(621年)始铸
唐代宗	乾元重宝	29	1989—2004年；2014年	唐代宗宝应年间(762—763年)铸
五代十国	咸康元宝	1	2014年	十国前蜀后主咸康元年(925年)始铸
五代十国	汉元通宝	3	2014年	后汉隐帝乾祐元年(948年)始铸
五代十国	周元通宝	1	2014年	后周世宗显德二年(955年)始铸
五代十国	唐国通宝	14	2014年	南唐元年交泰元年(958年)铸
北宋太祖	宋元通宝	33	1989—2004年；2014年	建隆元年(960年)始铸
北宋太宗	太平通宝	42	2014年	太平兴国年间(976—984年)铸
北宋太宗	淳化元宝	71	1989—2004年；2014年	淳化元年(990年)始铸
北宋真宗	咸平元宝	141	1989—2004年；2014年	咸平年间(998—1003年)铸
北宋真宗	景德元宝	177	1989—2004年；2014年	景德年间(1004—1007年)铸
北宋真宗	祥符元宝	255	1989—2004年；2014年	大中祥符元年(1008年)始铸
北宋真宗	祥符通宝	109	1989—2004年；2014年	大中祥符年间(1008—1016年)铸

[1] 根据《南海Ⅰ号沉船考古报告之2014—2015年发掘》，2014—2015年出土铜钱总数超过15 000枚，其中2014年出土8 100枚，因出土铜钱锈蚀严重，统计分析数据仅以已保护处理的铜钱作为统计分析样本。

续 表

年 代	钱 文	数量(枚)	出水时间	铸 造 时 期
北宋真宗	天禧通宝	184	1989—2004 年;2014 年	天禧年间(1017—1021 年)铸
北宋仁宗	天圣元宝	375	1989—2004 年;2014 年	天圣年间(1023—1032 年)铸
北宋仁宗	明道元宝	31	2014 年	明道年间(1032—1033 年)铸
北宋仁宗	景祐元宝	127	2014 年	景祐年间(1034—1038 年)铸
北宋仁宗	皇宋通宝	921	1989—2004 年;2014 年	宝元二年(1039 年)始铸
北宋仁宗	庆历重宝	1	2014 年	庆历年间(1041—1048 年)铸
北宋仁宗	至和元宝	81	1989—2004 年;2014 年	至和年间(1054—1056 年)铸
北宋仁宗	至和通宝	1	2014 年	至和年间(1054—1056 年)铸
北宋仁宗	嘉祐通宝	92	2014 年	嘉祐年间(1956—1063 年)铸
北宋仁宗	嘉祐通宝	127	1989—2004 年;2014 年	嘉祐年间(1956—1063 年)铸
北宋英宗	治平元宝	143	2014 年	治平年间(1064—1067 年)铸
北宋英宗	治平通宝	6	2014 年	治平年间(1064—1067 年)铸
北宋神宗	熙宁元宝	729	1989—2004 年;2014 年	熙宁年间(1068—1077 年)铸
北宋神宗	熙宁重宝	133	1989—2004 年;2014 年	熙宁年间(1068—1077 年)铸
北宋神宗	元丰通宝	1 059	1989—2004 年;2014 年	元丰年间(1078—1085 年)铸
北宋哲宗	元祐通宝	11	1989—2004 年;2014 年	元祐年间(1086—1093 年)铸
北宋哲宗	绍圣元宝	164	1989—2004 年;2014 年	绍圣年间(1094—1098 年)铸
北宋哲宗	元符通宝	137	2014 年	元符年间(1098—1100 年)铸
北宋徽宗	圣宋元宝	340	1989—2004 年;2014 年	建中靖国元年(1101 年)铸
北宋徽宗	崇宁重宝	4	1989—2004 年;2014 年	崇宁年间(1102—1106 年)铸

续表

年 代	钱 文	数量(枚)	出水时间	铸造时期
北宋徽宗	大观通宝	152	1989—2004年；2014年	大观年间(1107—1110年)铸
北宋徽宗	政和通宝	9	1989—2004年；2014年	政和年间(1111—1117年)铸
北宋徽宗	宣和通宝	120	1989—2004年；2014年	宣和年间(1119—1125年)铸
南宋高宗	建炎通宝	34	1989—2004年；2014年	建炎通宝(1127—1130年)铸
南宋高宗	绍兴元宝	230	1989—2004年；2014年	绍兴年间(1131—1162年)铸
南宋高宗	绍兴通宝	25	1989—2004年；2014年	绍兴年间(1131—1162年)铸
南宋孝宗	隆兴元宝	6	2014年	隆兴年间(1163—1164年)铸
南宋孝宗	乾道元宝	7	1989—2004年；2014年	乾道年间(1165—1173年)铸
钱文不可辨识		1 422	1989—2004年；2014年	
总数		8 132		

注：根据《南海Ⅰ号沉船考古报告之1989—2004年调查》及《南海Ⅰ号沉船考古报告之2014—2015年发掘》相关内容整理统计。

统计分析可知，"南海Ⅰ号"出水铜钱以北宋钱居多，从太祖朝到徽宗朝均有发现，以仁宗朝及神宗朝钱币最多。从纪年年号来看，"南海Ⅰ号"出水铜钱基本上为宋代钱币，也混杂有前朝货币，目前发现年号最早的为"新莽货泉"（公元8—23年），最晚的为南宋早期孝宗时期"淳熙元宝"（1174—1189年）。再结合沉船出水的一件写有"癸卯"年墨书的德化瓷罐，由此推测"南海Ⅰ号"出航时间不会早于南宋淳熙癸卯年

图2 "淳熙元宝"铜钱
(C06c①：1202)[1]

---

[1] 图片来源于国家文物局"2019年度全国十大考古新发现"，参见 http://www.ncha.gov.cn/art/2020/5/5/art_722_160367.html。

(1183年)[1]。

三、出水铜钱所见货币演变及流通状况

沉船出水钱币的现象并非个例,在中国和东南亚近海发现的中国沉船或运送中国货物的沉船中,大部分都有中国金属货币,尤其是铜钱,如1997年发现的印坦沉船和1998年发现的印尼"黑石号"沉船。商人通过海外贸易载钱出境,但是在钱禁政策严厉的宋代,沉船遗物中仍有如此大规模的铜钱,值得更深入细致的分析。

"南海Ⅰ号"出水铜钱首先反映了货币发展的形制演变。"南海Ⅰ号"出水文物基本上为宋代文物,同时也有前代文物,尤其是铜钱中有不少前朝旧币,"新莽货泉""东汉五铢""开元通宝""乾元重宝"以及五代十国铜钱和两宋货币在"南海Ⅰ号"均有出水。就宋钱而言,北宋南宋货币形制多有不同。北宋钱以铜钱为主,南宋钱以铁钱为主;北宋钱以小平钱为主,南宋钱以折二钱为主;北宋钱多变化,南宋钱较一律[2]。两宋铜钱种类相当多,政府铸钱以年号钱为主,可以说到了宋朝才真正流行年号钱,差不多每改一次年号就铸一种钱,宝文名称有元宝、通宝、重宝,钱文分篆、隶、行、草书,还有瘦金体,另有顺读、对读之分,一般来说,每种钱至少有两种书体,有时有三种[3]。

上文提到"南海Ⅰ号"出水铜钱时间跨度较大,涵盖从"新莽货泉"(公元8—23年)到南宋早期孝宗时期"淳熙元宝"(1174—1189年)不同朝代的铜钱。纵观整个中国货币史,处理前朝旧币实际上有两种不同做法,一种是让前朝货币继续在市场流通,直至其失去竞争力不被使用,主动退出历史舞台;另一种是将其直接回收以折值兑换新钱,由于铜钱本身兼具货币属性和金属价值,即使无法充当货币角色用于交易,但同样也因铜本身的金属材料属性具有一定价值。关于中国货币使用,据《宋史·食货志》记载"盖自五代以来,相承用唐旧钱,其别铸者殊鲜。太祖初铸钱,文曰宋通元宝。"[4]自五代以后都沿用唐钱旧币,直至宋太祖时期才另铸新币。对此,货币史学家彭信威先生在《中国货币史》中也有分析:

---

[1] 根据国家文物局"2019年度全国十大考古新发现","南海Ⅰ号"沉船发现的铜钱中最晚年号为南宋早期孝宗时期(1174—1189)的"淳熙元宝"款,还有据相关金页、银铤及瓷器推测该沉船应属南宋中晚期。其后又发现一件德化瓷罐上有"癸卯"年墨书,南宋淳熙癸卯年为1183年,此后至下一个癸卯年前的六十年间,南宋王朝还有十个年号,皆未发现相关铜钱或纪年文书,可推测该沉船出航应在1183年,参见http://www.ncha.gov.cn/art/2020/5/5/art_722_160367.html。
[2] 彭信威:《中国货币史》,上海人民出版社,2015年,第293页。
[3] 彭信威:《中国货币史》,第292—294页。
[4] 脱脱等:《宋史》卷一百八十"志第一百三十三食货下二",中华书局,1985年,第4375页。

> 中国钱币以重量为名称的办法,一直继续到唐初。两汉的钱币有半两、三铢、五铢,六朝的货币有四铢、五铢、六铢。到唐武德四年才改称宝,或通宝,或元宝,或重宝等,一直继续到清末。[1]

引文可知,两汉的钱币,到唐代初期还可流通使用,名称尚未有大变动,差不多都是以重量命名,只是名称已和重量不符[2]。自唐朝起,钱币不再以重量命名,而是改称宝,如元宝、通宝等,同样使用当年年号。唐代钱币,在宋代依然常常被用来作支付工具,直至明朝。明朝实际铸造铜钱数量很少,不但比不上宋朝,连汉唐也远不如[3],因而在实际流通中仍然大量使用宋钱。事实上,宋钱的地位也相当高,尤其在东亚地区的高丽和日本、东南亚地区的交趾等国,宋钱都是具有一定国际地位的硬通货[4]。

其次,"南海Ⅰ号"发现的大量铜钱也佐证了铜钱作为流通货币用于两宋海外贸易的事实。宋朝尤其是南宋非常重视海外贸易收入,如宋高宗所言"市舶之利最厚,若措置得宜,所得动以百万计",宋朝政府积极鼓励商品经济发展,重视海外贸易,社会上更是流行经济利益至上的风气。为管理对外贸易事务,宋朝不仅沿袭唐制,设立专门管理海上对外贸易的市舶司,还增设港口完善码头设施,依靠集中的政治手段,发展泉州、广州、杭州为当时重要的大商港,推动宋代海洋贸易扩张。在种种因素的影响下,东南沿海地区凭借得天独厚的地理优势,广泛开展航海活动,对外交往频繁[5],使得宋代成为海上丝绸之路发展的重要历史时期。

发达的海外贸易,使得货币需求量非常大,铜钱铸币量也大。同时,宋钱因铸造精美、币值稳定的特点受海外市场青睐,在东亚、东南亚区域皆有流通。宋钱不仅用于海外贸易,对海外铸币文化也颇有影响。以东南亚地区为例,流入东南亚的中国历代铜钱中以宋钱居多[6],还有来自越南、日本的仿制中国宋钱的钱币。海外市场对宋钱的大量需求,促使远洋商人纷纷将宋代金属货币尤其是铜钱携带出海。长此以往,便有大量铜钱被走私到海外。从"南海Ⅰ号"发现的铜钱来看,除随身携带的散落铜钱之外,主要集中于第九至第十三船舱的夹带铜钱,说明政府对出海所带铜钱查禁仍较严格,对携带数量亦有要求。

---

[1] 彭信威:《中国货币史》,第5页。
[2] 彭信威:《中国货币史》,第214—215页。
[3] 彭信威:《中国货币史》,第468—469页。
[4] 李庆新:《南宋海外贸易中的外销瓷、钱币、金属制品及其他问题——基于"南海Ⅰ号"沉船出水遗物的初步考察》。
[5] 林唐欧:《从"南海Ⅰ号"沉船看宋代的时代特征及航海精神》,《客家文博》2020年第2期。
[6] 李庆新:《南宋海外贸易中的外销瓷、钱币、金属制品及其他问题——基于"南海Ⅰ号"沉船出水遗物的初步考察》。

四、两宋时期铜钱外流与"钱荒"探析

为减轻军事压力,补贴财政支出,宋朝成为历史上为数不多的鼓励经商、支持海外贸易的朝代。通过海外贸易获取巨额利润,以低基础价值的铜币、铁币为主要支付手段,以高基础价值的金银为战略储备,发行有限的外贸货币。在此背景下,两宋时期大量铜钱流出,不仅流入辽、西夏、金等周边少数民族地区,还流入日本、越南、朝鲜等东亚和东南亚国家,铜钱大量外流又加剧了"钱荒"问题。那么,"钱荒"是什么?又是由于什么原因引起的呢?

两宋时期的"钱荒",并不是流行于全国,而是只集中于东南部分地区。虽然只发生于东南地区,但是东南地区商品经济发展水平较高,而且又是宋代财政赋税的主要来源,鉴于"钱荒"对东南地区经济发展的影响,宋朝政府相当重视"钱荒"问题,采用各种手段遏制铜钱外流。其次,两宋的"钱荒"也并不是由于铜钱铸造数量少引起的[1]。实际上,据史料记载,宋朝是中国历史上铜钱数量最多的一个时期,《中国货币史》中提到对唐与宋铸钱量的对比:

> 唐朝天宝年间每年铸钱数只有三十二三万贯,以全国人口计,每人只摊到六七文,北宋初年就在十倍以上。开元年间每年铸额满百万,也只及北宋元丰年间的五分之一。铁钱和纸币还不在内,当时流通中的货币总数,难以计算,但如果根据各年的铸造额来计算,则北宋到元丰末年为止,已铸造的铜钱,当在一亿四五千万贯,无疑还有大量在流通,特别是开元钱,大概要占全部铜钱的五分之一到四分之一,所以全部货币流通量当在两亿五六千万贯。[2]

由此可见,北宋铜钱铸造额比唐朝增加十倍到三十倍[3],铜钱数量也比前代增加。两宋时期商业贸易活动持续发展,货币需求量大大增加,宋代的铜钱在铸造数量上并不少,按理说是可以满足民间日常交易需求的,所以说,铜钱的铸造量与"钱荒"并没有直接关系。

值得注意的是,中国古代的"钱荒"主要发生于中唐至明中叶,以两宋时期最为严重,主要表现是市场上可供流通的铜钱数量不够,铜钱外流导致境内铜钱数量减少,民间货币流通出现短缺。《宋会要辑稿》中对"钱荒"的描述:"今日之钱,鼓铸不登,渗漏不赀,鈌销日蠹,私家藏匿。叠是四弊,固宜

---

[1] 葛金芳、常征江:《宋代"钱荒"成因再探》,《湖北大学学报(哲学社会科学版)》2008年第2期。
[2] 彭信威:《中国货币史》,第330—331页。
[3] 彭信威:《中国货币史》,第307页。

铜钱日少而无以济楮币之流行。"[1]这说明民间百姓贮藏铜钱,销钱铸器,导致可用于流通的铜钱逐渐变少,引起货币短缺。那么百姓为何要私藏铜钱,销钱铸器呢?一方面,是因为铜原材料短缺;另一方面,是因为对金钱利益的驱逐,铜钱作为原材料的实际价值远大于币面价值,销毁铜钱铸造器物所带来的利润非常诱人,即使法令再严也难以禁止,《建炎以来系年要录》中有如下记载:

> 自艰难以来,饶、虔两司鼓铸遂亏,而江浙之民巧伪有素,销毁钱宝,习以成风。其最甚者,如建康之句容、浙西之苏湖,浙东之鄞越,鼓铸器用,供给四方,无有纪极。计一两所费不过十数钱,器成之日,即市百金。奸民竞利,靡所不铸,一岁之间,计所销毁,无虑数十万缗。两司所铸未必称是,加以流入伪境,不知几何。[2]

引文可见,江浙地区百姓销毁铜钱已成风气,销钱铸器所得利润远大于钱币原本价值或市面价值,使得"奸民竞利",再加上铜钱外流,使得原本就存在的"钱荒"更加严重了。

分析铜钱的外流,首先要看到宋钱在境外的高度认可和广泛使用。两宋时期,宋钱"散诸四夷",不仅流向辽、西夏、金等周边少数民族地区,还流入日本、越南、朝鲜等东亚和东南亚国家。这些国家和地区的商品经济已经有一定发展,商品经济水平的提高必然会对货币需求有所增加,但由于条件所限,货币质量不稳定,铸造、发行量不高,难以满足货币流通需求。相比之下,宋钱铸造技艺相对成熟精湛,久而久之,宋钱即成为流通货币。

其实,铜钱外流从唐朝中期就已出现。那么,宋朝政府又是如何应对铜钱外流的呢?宋朝在建立之初便颁布极为严厉的刑罚,试图规范贸易,遏制铜钱走私行为。据《宋史》记载,宋太祖年间规定:

> 凡诸州轻小恶钱及铁镴钱悉禁之,诏到限一月送官,限满不送官者罪有差,其私铸者皆弃市。铜钱阑出江南、塞外及南蕃诸国,差定其法,至二贯者徒一年,五贯以上弃市,募告者赏之。江南钱不得至江北。[3]

如果宋钱被擅自带出境,达到两贯处刑一年,达到五贯以上就"弃于市",可见官方对铜钱走私的重视[4]。不久,又颁布更为严厉的刑罚,据《续资治通鉴长编》记载,开宝元年九月壬午,诏曰:"旧禁铜钱无出化外,乃闻沿

---

[1]徐松辑:《宋会要辑稿》"刑法二之一四三",中华书局,1957年,第6567页。
[2]李心传撰:《建炎以来系年要录》卷九十六"绍兴五年十二月",中华书局,1956年,第347页。
[3]脱脱等:《宋史》卷一百八十"志第一百三十三食货下二",第4375页。
[4]刘丹:《两宋时期的铜钱外流研究》,陕西师范大学硕士学位论文,2011年。

边纵弛,不复检察。自今五贯以下者,抵罪有差;五贯以上,其罪死。"[1]由"二贯者徒一年,五贯以上弃市"改为"五贯以下者,抵罪有差;五贯以上,其罪死",可见处罚非常严厉。但是,严厉的"钱禁"政策并不能从根本上解决这一问题,可以说,两宋时期的钱禁政令几乎没有解决铜钱外流问题。

结　语

随着中外考古发掘带来的新成果,东西方经济文化交流已然成为学术界讨论的热点。以往的研究多是从陆地考古出土钱币的角度,结合文献史料记载,主要关注货币发展演变、货币铸造技艺、货币流通政策和政府财政金融状况等,也有学者从中国本土出土的外国钱币与境外发现的中国钱币对比出发,研究东西方货币文化交流和贸易往来,而沉船出水的钱币则为我们带来新的研究思路。

"南海Ⅰ号"是海上丝绸之路贸易航线上发现的沉船,沉船遗物为我们窥探宋代海上丝绸之路贸易提供了历史实证。"南海Ⅰ号"出水铜钱已达两万余枚,上至"新莽货泉",下至"淳熙元宝",多为两宋铜钱。宋钱因铸造精美、币值稳定在东亚、东南亚地区和国家广受欢迎,不仅用于经济贸易,还影响了海外货币铸造文化,在日本、越南等地区均有效仿宋钱铸造的钱币。大量铜钱随远洋贸易走私到海外,在一定程度上造成国内货币流通短缺,加剧了民间的"钱荒"现象。虽然两宋朝廷均颁布法令严禁铜钱走私,但直至南宋灭亡,都没有从根本上缓解铜钱外流问题。基于对"南海Ⅰ号"沉船遗物的分析,以及对出水铜钱在域外流通状况的探讨,沉船出水钱币对研究宋代海上丝绸之路货币流通具有重要价值。

---

[1] 李焘撰,上海师范大学古籍整理研究所、华东师范大学古籍整理研究所点校:《续资治通鉴长编》第一册卷九,中华书局,2004年,第207页。

A Research on Currency Circulation along the Maritime Silk Road in the Song Dynasty: An Examination of the Coins from the "Nanhai I" Shipwreck

Abstract: The "Nanhai I" shipwreck contains important material evidence that bears witness to the flourishing state of overseas trade during the Song Dynasty. As of 2019, around 180,000 sets of relics have been excavated, including bulk cargo, trade goods, daily necessities for the crew, and so on. Among them included a large number of copper coins which played an important role in international trade. Their discovery provides strong validation for the outflow of copper coins during the Song Dynasty and deepens our understanding of the economy and society of the Maritime Silk Road.

Keywords: Maritime Silk Road, "Nanhai I" Shipwreck, Copper Coins Outflow, Currency Circulation

美洲作物在中国的经济地理变迁
——以玉米、番薯为中心*

李昕升　袁　瑕**

摘　要：为了厘清玉米、番薯在中国引种推广、分布变迁、产量面积等经济地理概貌，首要任务便是析清二者在微观区域的细部发展演变史，以省作为叙述的地理单元是比较好的叙述方式。不过目前多倾向于玉米、番薯在省内的引种、推广的线性研究，仅有定性描述，且多是"引种—影响"的单调分析范式，有必要研究再出发。

关键词：美洲作物　玉米　番薯　经济地理

美洲作物——玉米、番薯在中国的经济地理变迁，长时段、大区域的宏大叙述必不可少，这在研究初期尤为重要，因为我们需要一个宏观的视野进行时间、空间视角的整理，以避免陷入只见树木不见森林的困境，这也便于搞清传播史的大模样、正确评估其价值、影响。

如何炳棣《美洲作物的引进、传播及其对中国粮食生产的影响》（《世界农业》1979 年第 5、6 期）、陈树平《玉米和番薯在中国传播情况研究》（《中国社会科学》1980 年第 3 期）、郭松义《玉米、番薯在中国传播中的一些问题》（《清史论丛》1985 年第 7 辑）、曹树基《清代玉米、番薯分布的地理特征》（《历史地理研究》1990 年第 2 辑）、王社教《殊途同归：明清时期玉米和番薯在中国的传播和推广》（刘翠溶编：《自然与人为互动：环境史研究的视角》，2008年）等，不仅具有先驱性、里程碑等意义，大体叙述亦无问题，反映了史学工作者对于该问题的真知灼见。曹玲《美洲粮食作物的传入、传播及其影响研究》（南京农业大学硕士学位论文，2003 年）、宋军令《明清时期美洲农作物在中国的传种及其影响研究——以玉米、番薯、烟草为视角》（河南大学博士学

---

*　本研究课题获选 2021 年度江苏高校哲学社会科学研究重大项目"明清以来番薯史资料集成汇考"（2021SJZDA116）基金项目；四川省哲学社会科学重点研究基地川菜发展研究中心重点项目"中国番薯史资料整理与研究"（CC22W03）；东南大学中央高校基本科研业务费专项资金资助。

**　作者简介：李昕升，东南大学历史学系副教授；袁瑕，成都市双流区教育局工作人员。

位论文,2007年)、郑南《美洲原产作物的传入及其对中国社会影响问题的研究》(浙江大学博士学位论文,2009年)是较早的以玉米、番薯为主题的学位论文。

然而,作为学术增长点和研究富矿的玉米史、番薯史,上述讨论已经不能满足学术发展的需求。有人曾经在量化历史暑期班上发言表示:历史学者经常用一条史料就概括一个时代的特征。之所以经常有人指出历史学不是科学,便在于历史研究严重依赖学者的史料综结能力与分析能力,这种定性研究,经常为人所诟病,观点众说纷纭。以玉米、番薯的明代以降全国范围的研究为例,具体到省级的描写已经语焉不详,往往是重引种、轻推广,分布变迁一句带过,毕竟由于研究目标、研究篇幅的限制,不可能在区域着墨太多。这样带来的问题,便是如雾里看花一般,虽然能够对问题作大体描摹,但总是缺乏精细了解,无法深入下去,长此以往甚至会形成一些错误观点,本文多次批判的"美洲作物决定论"便是如此。所以我们才需要"碎片化"研究——即研究玉米、番薯在省一级的传播史,通过考察省级的玉米、番薯地理格局及其演变的内在机制,探讨经济地理的长时段、区际变化过程和发展的空间特征,终极目标就是打通全国,在"大分流"的基础上再次"大合流",形成一部完整的"中国玉米史""中国番薯史"。当然,省级单位的研究,也不代表就是完全符合历史真实的尽善尽美,但是因为区域缩小,研究者可以穷尽史料,在微观上倾注更多的心血,研究结论才更加确凿可信,这是史学工作者对于该问题最大化的"求真"。

笔者上述理念,得到了众多的"响应",自20世纪80年代开始,类似的研究就层出不穷,积极吸纳它们,更易达成笔者的研究目标。评述已有研究,并不是简单的"拿来主义",择其善者而从之,一切都是为了宏观整体解析,符合认识论从特殊到一般的规律。

一、玉　米

玉米,学名玉蜀黍(Zea mays L.),禾本目禾本科的一年生草本植物。玉米在中国别名较多,如番麦、棒子、包(苞)米、玉(御)麦、包(苞)谷、包(苞)芦等,据咸金山统计有不同名称99种之多。玉米是讨论最多的美洲作物。可以预见,人文社科对玉米倾注的关注会更多,毕竟玉米已经稳坐中国第一大粮食作物的地位,透析玉米的过去,才会更加精准地把握玉米的今天和未来。

咸金山《从方志记载看玉米在我国的引进和传播》(《古今农业》1988年第1期)、韩茂莉《近五百年来玉米在中国境内的传播》(《中国文化研究》2007年第1期)是其中的代表作,仅就玉米的全方位扫射而言已经做到尽善尽美,这些研究对玉米的"进入"(某省)就着墨甚多,但对于"推广"却语焉不详,我们从中可以获悉清代是玉米的"大跃进"时期，但是具体在清代的哪个阶段，很难确定；长时段、区际变化过程和发展的空间特征也没有展现。所以我们把目光投射到具体而微的区域研究上。

早在1993年，龚胜生最先开始了美洲作物的区域微观研究，这固然是从属于龚氏《清代两湖农业地理》研究计划，但能够进行具体而微的玉米、番薯研究在当时也是难能可贵，开类似研究之先河。龚氏《清代两湖地区的玉米和甘薯》(《中国农史》1993年第3期)认为：两湖(湖南、湖北)玉米在乾隆二十年(1755)开始快速推广，道光年间推广完成，已无多少推广潜力，玉米生产集中在湘西、鄂西山地(西部山区)，这些地区州县的共同点就是这些地方多为乾隆以后才规模开发的落后山区(改土归流)，可见移民与玉米推广互为因果。

耿占军《清代玉米在陕西的传播与分布》(《中国农史》1998年第1期)指出：关中地区，有清一代玉米始终未能在各地普遍大面积种植，民国时期也建树不多；陕南山区，乾隆三十年(1765)玉米种植出现了一次飞跃，此后一直占据主导地位；陕北地区，清代普及速度较慢、种植面积不广，民国时期渐有起色。总之，我们可见陕西三大区，唯有乾隆以降陕南玉米值得一提，其实主要因为棚民进驻山区，只有陕西的山原、瘠地玉米种植颇为活跃，直到民国时期陕北有所改变，关中依然变化不大。韩强强《环境史视野与清代陕南山地农垦》(《中国社会经济史研究》2020年第1期)专门分析了玉米在陕南山地农垦中扮演的角色，并指出玉米的引入使适应性利用山地环境更加可能，酿酒、饲猪的对策使建设性治理环境顺利开展，但也带来森林削减、水患频仍、水土流失、社会环境扰动等负效应，根据韩氏所引文献可见，相关记载集中在道光以降，晚清是陕南玉米规模种植、利用的阶段。

李令福《明清山东粮食作物结构的时空特征》(《中国历史地理论丛》1994年第1期)指出清末玉米播种面积较大的县主要集中在山东东部，番薯在整个胶东半岛的种植规模都很大。王保宁、曹树基《清至民国山东东部玉米、番薯的分布》(《中国历史地理论丛》2009年第4期)认为清末民国山东玉米、番薯主要分布在山东东部的登州府、莱州府和青州府，这呼应了李令福的结论。

马雪芹《明清时期玉米、番薯在河南的栽种与推广》(《古今农业》1999年第1期)发现清代中后期玉米种植推广到全省，以豫西伏牛山区最广。郭云奇《玉米在河南的传播种植及其农业经济价值》(《农业考古》2019年第3期)发现玉米自清初传入河南，但推广较为缓慢，直到光绪年间才有广泛的种植。郭的这一研究发现更加客观。李映发《清初移民与玉米甘薯在四川地区的传播》(《中国农史》2003年第2期)虽然认为两者的传入与"湖广填四川"具有莫大关联，但并非展示传播阶段，倒是周邦君《玉米在清代四川的传播及其相关问题》(《古今农业》2007年第4期)将玉米传播进行分区考察：川东乾隆以降栽培日广、川南道光以来记载较多、川北道光年间才种植不久、川中则一直不温不火,可见从嘉道时期开始,四川丘陵与山区的玉米种植比较普遍,平原地区则不太普及。郑伟《玉米在四川的传播及对四川饮食文化的影响》(《农业考古》2017年第3期)的研究大同小异。符必春《民国时期四川玉米物流空间格局研究》(《农业考古》2014年第4期)指出:四川玉米种植集中在盆地北部旱地及沱江、嘉陵江流域上游,盆周山地东部、东南部。

梁四宝等《玉米在山西的传播引种及其经济作用》(《中国农史》2004年第1期)发现在清代各县方志中虽然很少见到对玉米产量的记载,但到光绪以后,玉米成为秋粮之一。郭志炜《清至民国山西玉米种植迟滞的原因探析》(《农业考古》2017年第4期)重点分析了玉米在山西种植迟滞的原因,有作物竞争与人口压力的异常变动,还有农民的心理等方面。

张敏波等《清代玉米推广栽培对湘西种植业的影响》(《湖南农业大学学报(社会科学版)》2007年第2期)认为清代后期,玉米栽培逐渐推及各厅县,成为湘西农作物中的大宗产品。

杨金兰《黑龙江玉米种植小史》(《黑龙江农业科学》2008年第6期)指出:玉米在黑龙江虽然引种推广较晚,但到民国初期已成为当时五大作物之一。

郑维宽《清代玉米和番薯在广西传播问题新探》(《广西民族大学学报(哲学社会科学版)2009年第6期》)认为道光年间是广西玉米种植的大发展时期,奠定了此后广西玉米种植分布的空间基础,生产空间集中在西部地区。

王叶菁《试论玉米在甘肃的引种与传播》(《丝绸之路》2014年第6期)发现从晚清到民国,玉米在甘肃境内有了较大规模的推广和种植。

郗玉松《清代土家族地区的移民与玉米引种》(《农业考古》2014年第4期)认为伴随着"改土归流"移民迁入,在乾隆中期到同治年间,玉米在土家族地区大规模的推广种植。

韩昭庆《清中叶至民国玉米种植与贵州石漠化变迁的关系》(《复旦学报(社会科学版)》2015年第4期)指出:乾隆时期开始,记载玉米的州厅县迅速增多,此时出现玉米种植的州县主要沿湘黔线分布,此后继续扩展,清末玉米种植几乎覆盖整个贵州。笔者以为韩氏论述更为客观,可能玉米在贵州并不像严奇岩《清代玉米的引进与推广对贵州石漠化的影响》(《贵州师范大学学报(社会科学版)》2010年第3期)所说:乾隆时期贵州才普遍推广种植玉米,赵永翔《清中期秦巴山区玉米种植及其影响》(《华中农业大学学报(社会科学版)》2015年第2期)发现:玉米在嘉庆初期,短短数十年就迅速占据了秦巴山区大片田地。

莫代山《清代改土归流后武陵民族地区的玉米种植及其社会影响》(《青海民族研究》2016年第1期)指出玉米于改土归流后传入武陵民族地区,在嘉庆、道光年间得到推广,到同治时期已经成为地区最重要的粮食作物。杨鹏《美洲作物在武陵地区的引种、推广及其影响研究》（华中师范大学硕士学位论文，2020年）以更加细化的研究，附议莫氏的观点。

郭声波等《清代民国玉米在广东山区的种植传播》（《南岭历史地理研究》第二辑，广东人民出版社，2017年）鲜明揭橥玉米晚清以来在广东山区扩展（粤北石灰岩、海南五指山规模最大），并培育出新品种，其他地区可以忽略不计。

李博文《1937年以前玉米在黄河三角洲地区的发展情况研究》（《青岛农业大学学报（社会科学版）》2017年第2期）发现直至清末民初时，玉米主要由两条不同的路径传入黄河三角洲地区，至1937年虽在三角洲地区各县域都有种植。

刘超建等《由外而内：回疆玉米种植问题的再探讨》（《农业考古》2017年第1期）认为至少在16世纪初玉米在回疆应该得到了种植，但是在19世纪中期至20世纪初才得到广泛种植。

梁诸英《清代徽州玉米经济新探》（《安徽大学学报（哲学社会科学版）》2014年第6期）以文书资料为中心可见乾隆以后各个时期均有关于玉米种植的契约，这种苞芦实物租的大量出现反映出徽州民众对玉米的认可，但难以判断种植规模；王保宁等《以新作物为名：乾嘉年间徽州驱逐棚民运动再讨论》（《清史研究》2019年第1期）则认为民国时期徽州玉米重要程度提高，取代粟成为山农的主要粮食作物，此前的种植规模一直不大。

综上，近三十年学界同仁对于玉米的区域研究倾注了大量的心血，已经涉及陕西、山西、广西、甘肃、四川、山东、安徽、黑龙江、贵州、河南、湖北、湖南、秦巴山区、土家族地区、黄河三角洲，这些研究的共同点就是玉米虽然传入较早，明末、清初不一而足，但南方山区直至乾隆中期之后开始推广，在道光年间完成推广。换言之，18世纪中期到19世纪中期这一百年是玉米推广最快的阶段，之后才作为主要粮食作物发挥巨大功用，在南方平原地带，则一直建树不多，最终形成了中西部山区玉米种植带；北方玉米推广更晚，光绪以降的清末民国时期才有较大发展，最终奠定了一般粮食作物的地位，而由于民国时期玉米在北方平原有大发展，总产量、面积得以超越南方。

二、番　　薯

番薯，学名甘薯（Ipomoea batatas L.），管状花目旋花科一生年草本植物。常见别名有红薯、山芋、地瓜、红苕、白薯等，至少在40种以上。其早期（明代）别名主要有番薯、甘薯、金薯、朱薯、朱薁、红山药等。今天大田作物番薯的重要性不言而喻，实际上历史时期番薯也是颇受王朝国家、地方社会与生斗小民青睐的"救荒第一义"。传入中国后，番薯即使在美洲作物中也颇为特殊，有"甘薯十三胜"之说，在美洲作物中最早（万历）发挥了粮食作物等功用,也是弘历亲自三令五申劝种的功勋作物,在短时期内受到如此重视,在帝制社会也是比较罕见的。

由于番薯的学名为甘薯,甘薯也确系目前日常生活的常用名称,所以论述中常见"甘薯"云云,本文叙述统一为"番薯",这其实有充分的学理依据,一是"甘薯"易与中国古已有之的薯蓣科薯蓣属薯蓣(多称山药,Dioscorea oppositifolia L.),的别称"甘薯"混淆;二是"甘薯"在民间不具有方言基础,历史时期很少以"甘薯"指代番薯。由于与主题联系不甚紧密,不再展开。

关于番薯的整体性研究,同样不少,代表性的有周源和《甘薯的历史地理——甘薯的土生、传入、传播与人口》(《中国农史》1983 年第 3 期)、黄福铭《明清时期番薯引进中国研究》(山东师范大学硕士学位论文,2011 年)。

细部研究方面,郭松义早在 1986 年就开展了对番薯的区域性传播的研究,其文《番薯在浙江的引种和推广》(《浙江学刊》1986 年第 3 期)提道:乾隆晚期和嘉庆时期也差不多普遍了,这与棚民"炼山"息息相关。

龚胜生《清代两湖地区的玉米和甘薯》(《中国农史》1993 年第 3 期)认为:两湖(湖南、湖北)番薯在乾隆后期开始快速推广,嘉道年间两湖各地都已经普及,之后开始向纵深发展,番薯在湖北主要分布在鄂西南,在湖南全省均有,总体与玉米分布形成互补。

马雪芹《明清时期玉米、番薯在河南的栽种与推广》(《古今农业》1999 年第 1 期)注意到陈宏谋、弘历、毕沅、陈世元等官方和民间的力量在乾隆中后期对番薯的推广起到极大的作用。但是笔者以为,恐怕乾隆年间河南的番薯同山东一样处于"引而不种、灾后即撤"的局面,根本没有广泛推广,直到清末才规模栽培,正如后来赵圣涛《乾隆后期河南的灾赈与番薯推广》(《兰州学刊》2010 年第 8 期)的研究结论:清末,番薯在河南的种植已经遍布全省。

笔者以为番薯在华北平原的情况应当类似,河南番薯推广可与山东类比。李令福《明清山东粮食作物结构的时空特征》(《中国历史地理论丛》1994 年第 1 期)指出清末玉米播种面积较大的县主要集中在山东东部,番薯在整个胶东半岛的种植规模都很大。王保宁《乾隆年间山东的灾荒与番薯引种》(《中国农史》2013 年第 3 期)认为番薯虽然有救荒之奇效,但长期无法融入当地农作制度,出现长期"引而不种"的局面,这一状况直到清末民国才发生改变,源于王保宁《花生与番薯:民国年间山东低山丘陵区的耕作制度》(《中国农史》2012 年第 3 期)提出的一种新的种植制度——花生与番薯的轮种。所以研究者千万不能被文献记载的官方推广举措所迷惑,毕竟劝农行为与劝农效果是两个完全不同的概念,何况所谓的劝农也不是毫无意义,短期内的印象确实是一片"欣欣向荣",但需要长期观察,洞悉文本后的真实。所以王宝卿等《甘薯的引种传播及其影响研究》(《中国农学通报》2010 年第 11 期)在以中华人民共和国成立前的山东为例的研究中,可能高估了劝农的意义。陈冬生《甘薯在山东传播种植史略》(《农业考古》1991 年第 1 期)认为的乾嘉时期番薯首先在山东的山区丘陵地带获得较快的传播,道光年间又及平原,也值得商榷。王保宁等《清至民国山东东部玉米、番薯的分布》(《中国历史地理论丛》2009年第4期)认为清末民国山东玉米、番薯主要分布在山东东部的登州府、莱州府和青州府,这呼应了李令福的结论。王政军等《清末至民国时期玉米、番薯在青岛地区的传播及对居民主食结构的影响》(《青岛农业大学学报(社会科学版)》2017年第1期)专门论及青岛的情况,认为道光年间,番薯已成为胶州的粮食作物之一。

谢志诚《甘薯在河北的传种》(《中国农史》1992年第1期)的叙述仅仅从源头上肯定了陈世元、方观承、黄可润等典型人物对于河北引种番薯的功绩,未见分布变迁考,但料想与河南、山东应似大同小异。

张敏波等《清代番薯引种栽培对湘西种植业的影响》(《湖南农机》2007年第3期)发现清末湘西番薯种植才见大宗种植记载。

郑维宽《清代玉米和番薯在广西传播问题新探》(《广西民族大学学报(哲学社会科学版)》2009年第6期)认为乾隆年间,广西番薯的传播进入扩散期,此后持续发展,主要集中在广西东部、中部地区。

周邦君《甘薯在清代四川的传播及其相关问题》(《古今农业》2010年第2期)指出:川东直到同治年间种植渐多,川南与川西与川东情况相近,川北咸丰年间已经生产颇多,川中嘉庆以来常见栽培,可见大体上从乾隆年间开始,特别是嘉道时期及以后,四川番薯逐步得到广泛传播,道光年间已普遍种植,盆地内及长江、嘉陵江、岷江、沱江沿岸各县都有分布。张茜《甘薯在四川的传播及对四川饮食文化的影响》(《农业考古》2013年第3期)同样认为道光年间其种植已极为普遍。

欧阳春林《番薯的引种与明清福建沿海社会(1594—1911年)》(福建师范大学硕士学位论文,2012)认为明代番薯经陈振龙引种、金学曾推广,已经传遍了福建各地,到了清代类似金门这样的大陆岛都以番薯为生。这是符合一般认识的,福建应当是番薯的最早登陆地与最早在全省功用的区域。

吴理清《番薯在潮州地区的传播与农业体系变动》(《农业考古》2012年第4期)以广东潮汕地区为中心,发现万历后期番薯在潮州地区已有所种植,明代即使没有完全普及,在清初也已经是重要粮食作物。就全国而言,广东番薯推广之早应当仅次于福建。

李博文《晚清民国时期番薯在黄河三角洲的引种推广》(《农业考古》2018年第3期)发现清末民初,番薯在黄河三角洲已普遍种植。

熊帝兵《陈仪〈艺蓣集证〉考述——兼论清代甘薯在陕西的引种与推广》(《自然科学史研究》2019年第2期)认为虽然早在乾隆十年(1745)陈宏谋已经引种成功,但作用有限,直至道光十五年(1835)《艺蓣集证》刊刻后才对兴安府乃至陕西全省甘薯的进一步推广起到重要作用。

欧阳春林等《土地革命时期番薯在中央苏区的种植》(《农业考古》2019年第1期)指出进入20世纪初叶,番薯在赣南、闽西的传播推广早已完成。

杨鹏《美洲作物在武陵地区的引种、推广及其影响研究》(华中师范大学硕士学位论文,2020年)指出咸丰至光绪年间,番薯在武陵地区普遍种植,成为仅次于玉米的粮食作物。

概言之,近三十年学界同仁对于番薯的区域研究同样取得了大量成绩,已经涉及福建、广东(潮州)、浙江、广西、四川、山东、河南、河北、湖北、湖南、中央苏区、黄河三角洲,然较玉米还有一定的差距,这与番薯在粮食作物中的地位有一定关系,毕竟北方番薯种植无多。研究可见,除了番薯在明末的福建、广东尚有可圈可点之处,基本都不入流,直至乾隆中期之后南方开始推广,在道光年间完成推广,由于番薯自然特性,不仅是南方低海拔山区,在平原也有一定影响,最终形成东南丘陵番薯种植带,与中西部山区玉米种植带形成交汇,分庭抗礼,边界在湖广、广西一带;北方番薯种植则一直不温不火,清代中后期虽有帝王、官绅不断推广,然收效一般,番薯由于未融入北方当地的种植制度,多是昙花一现,灾后即撤,清末民国时期番薯在北方有了一定的发展,最终奠定了一般粮食作物的地位,然在北方其地位则远不如在南方,尤其在春麦区,番薯几无踪迹。

三、研究评述

(一)"两大阵地"

上述综述,基本涵盖了现有专题研究成果,但并不能说一网打尽,盖因如今美洲作物史研究已经内化,除了传统农业史、经济史之外,还有社会史、环境史、历史地理等,特别是食物史、饮食史,基本都会涉及。值得一提是,近年公众史学异军突起,科普领域涉猎渐多。

上文没有提到的如李中清(James Lee)早年的博士论文《中国西南边疆的社会经济:1250—1850》(人民出版社,2012年)其中就有部分篇幅提到了玉米、番薯,虽见识精辟,但毕竟非其主要研究目标,因此所述无多,主干资料也没有穷尽,笔者在2020年10月"第二届新时代史学理论论坛"见到译者之一秦树才,秦氏回忆当年翻译之时也是问题颇多,求助于李氏,李氏表示研究早已转向,加之时过多年,已经无法提供帮助。当然,即使是专题研究,能够取得上述成果,已经是超出预期。这其中起关键作用的人物或者说团体是万国鼎(南京农业大学)与史念海(陕西师范大学)。

中国农业科学院·南京农业大学中国农业遗产研究室(今中华农业文明研究院)作为全国农史研究重镇,美洲作物自然是研究重点,虽不能说研究最早,但确实用力最多、持续性最好,如1961年,万国鼎出版《五谷史话》就单辟两章谈及玉米、番薯,另一领导人胡锡文在1958年在《农业遗产研究集刊(第二册)》上发表《甘薯来源和我们劳动祖先的栽培技术》一文,此后团队研究一直不曾间断,当然主要局限在宏观问题且其他单位关注不多。美洲作物史并不是不重要,出现这样的情况其实有深层次原因。21世纪王思明《美洲作物在中国的传播及其影响研究》(中国三峡出版社,2010年)出版前后,中华农业文明研究院开启了新一轮美洲作物史研究,更加全面、客观、细化、深入,从历时性维度纵向梳理美洲作物在中国空间序列上的动态演化进程,从共时性维度来考索它们对中国横向的、静态的影响,尤其是对中国社会系统内部各因素之间关系结构(如社会经济)的考察。

陕西师范大学历史地理研究所(今西北历史环境与经济社会发展研究院)是历史地理研究中心,史念海在20世纪80年代首次提出历史农业地理一词,并将之作为历史经济地理的一个分支。史氏认为农业生产具有明显的区域差异,因此进行时间、空间视角的整合是一个不错的选择,史氏培养的硕士、博士20余人以历史农业地理作为论文选题,已经出版16部,标志着中国历史农业地理研究理论与实践的成熟。历史农业地理研究的主要内容之一便是农作物的构成及其分布,历史农业地理的特点首先是其区域性,可见历史上美洲作物的区域流变是其重要环节。这些研究只要涉及明代,多数会研究玉米、番薯的引种问题,谈及清代必然会研究玉米、番薯的时空变迁等问题。

本文的研究案例,很多便是万国鼎团队、史念海团队的作品。研究成果中药铺式的全面列举并非本文的旨趣,除了介绍近年典型成果提供一个醒目的目录之外,更多是想提供一种思考问题的方式。因此,不再列举其他书目、学位论文等。

(二) 研究范式

从对玉米、番薯的研究可以发现,玉米占有绝对优势。然而尽管对玉米在各省的推广研究成果斐然,但仍有不少省份尚未进入研究视野,其中不乏历史和今天的玉米种植大省,从而无法贯通省际,形成一部完整的"中国玉米史"。更重要的是,早年研究多倾向于玉米、番薯在省内的引种、推广的线性研究,仅有定性描述,且多是"引种—影响"的单调分析范式,有必要研究再出发,摆脱成式窠臼,才能在玉米史、番薯史领域形成张力。

针对不少省份尚未进入研究视野的问题,我们需要做的就是打通一些关键省份,注意这里是关键省份,而不是所有省份,所有省份的面面俱到似无必要,关键省份则是指:历史时期产量颇丰、面积颇大的生产大省,扮演二次传播意义的关键节点、具有文献学意义的重要单元,这些空白的填补,是打通全国所不可或缺的。

目前研究多是定性的"推广—影响"研究,即先描绘某一作物在某一地区推广的全景全貌,传入时间、路径等基本问题之后,阐释其影响,但多为史料填空式的分析,如改变了饮食结构、生产方式,养活了大量的人口,增加了经济利益,以及文化、医疗等影响不一而足,负面影响则是千篇一律的生态破坏、水土流失等,如此雷同的框架堪称"套路"。虽然大家均是在讨论不同时空,但学术创见其实是非常有限的。我们以为这样的填补空白的工作在较为特殊的省份是值得作全景式表达的,但并无必要全面铺开,且要注重在史料中发现特殊性,如已经有人利用徽州文书发现玉米的种植也有促进林木种植的一面;而番薯引发的生态问题更是极其微小的,并非有人认为的番薯结实在土中便更容易引发水土流失。

(三) 殊途同归

玉米和番薯,同为美洲作物,共同点颇多,在中国的传播却不尽相同,特别是社会应对上完全是不同的命运,乾隆以降,尤推弘历,对番薯大加劝种,嘉庆以来,多见官方禁种玉米,这些虽有效果,但收效不大,番薯由于未融入北方当地的种植制度,多是昙花一现,灾后即撤,玉米暗合了棚民开山的需求,屡禁不止,愈演愈烈。归根到底,这些都是农民的自发选择,不是国家权力所能管控的。已有人研究,玉米之所以被禁,其实是"驱棚"运动的牺牲品,这其中的内在逻辑既有传统社会人民的认知不清,也有一些刻意为之的目的使然,当然随着玉米种植迅猛、价值增大,这些禁种的观念也烟消云散。至于番薯,番薯的传播是国家、社会与小民的共同选择,围绕帝王(弘历)、权力官僚(徐光启、陈宏谋、金学曾、陆燿、方观承、何裕成等)、地方政府(余光璧、黄可润等)、商人团体与一般士人(陈振龙世家、陈仅等)有说不完的故事,他们都是番薯的倡导者。所以出现番薯"引而不种""灾后即撤"的现象,在于番薯很长时期并非粮食作物而仅是救荒作物,这其中的原因有花利代表、种植制度、技术闭锁几大主要因素制约,还有藏种技术、番薯保存、口味生理等次要因素控制。可见,番薯在中华人民共和国成立之前的地位和作用是很有限的,较玉米更加微弱,当然,二者在中华人民共和国成立之后都发生了这样的转变——政府力量为它们的种植提供了良好的政治保障,民间力量为其提供了经济活力,在二者的互动中,玉米、番薯从"逃避作物"加入国家的税收和仓储体系成为"国家作物",最终成为中国仅次于稻米、小麦的主流粮食作物。

Changes in the Economic Geography of New World Food Crops in China: Centered on Maize and Sweet Potato

Abstract: This article aims to clarify the economic geography of maize and sweet potato in China, such as introduction and promotion, distribution change, and yield area. Previous studies have primarily employed an "introduction-impact" model of analysis and relied upon qualitative evidence. Taking the province as the unit of examination, the author traces the history of maize and sweet potato at a micro level.

Keywords: New World Food Crops, Maize, Sweet Potato, Economic Geography

誓为后盾
——上海市档案馆藏中国银行上海分行1937年海外救国汇款档案释注

刘 华*

摘 要：中国银行前身为成立于1905年的户部银行，1928年南京国民政府将中国银行改组为政府特许国际汇兑银行。中行上海分行国外汇兑业务在本文所涉时期的全国来说，都堪称重要。1937年日寇侵华，海外侨胞纷纷汇寄救国捐款，就中行上海分行而言，此方面档案集中于Q54-3-56档卷，本文对此部分档案进行了整理和注释工作，以展示海外侨胞的爱国义举。

关键词：中国银行　日寇侵华　侨汇

中国银行前身为成立于1905年的户部银行，1928年南京国民政府将中国银行改组为政府特许国际汇兑银行。此后，中国银行海外业务的发展明显超出同侪。1941年四联总处曾多次"督促中国、交通两行暨邮汇局秉承政府吸收侨汇之国策，在海外及闽粤两省增设分支机构，力谋便利侨胞汇款"。其时中国银行被委托收集侨汇的各分行处计有：马来亚新加坡中行、缅甸仰光中行、荷属东印度巴达维亚中行、欧洲伦敦中行、美洲纽约中行、印度加尔各答中行、华南香港中行；而同时期交通银行在海外所设分支行处，则不过菲律宾、仰光、西贡及印度加尔各答四个支行；邮政储金汇业局更全系代理机关，没有直属海外机构[1]。

由于上海在近代中国经济史上的独特地位以及中国银行自身发展的历史，中行上海分行对中国银行而言，一向具有特殊地位和重要性。此一特点，同样体现在国外业务上面。1930年7月中国银行正式成立直属总管理处的国外部，即由上海分行经理贝祖诒兼任经理。上海中行原办理的国外汇兑业务，自总处国外部成立之日起，划归国外部办理；而各分支行已办的国外汇兑业务，则划归国外分部办理[2]。

---

* 作者简介：刘华，上海市历史博物馆（上海革命历史博物馆）副研究馆员。
[1] 重庆市档案馆、重庆市人民银行金融研究所合编：《四联总处史料》（下），档案出版社，1993年，第191—192页。
[2] 中国银行行史编辑委员会编著：《中国银行行史（1912—1949年）》，中国金融出版社，1995年，第205页。

综述以上，本文将中国银行上海分行1937年海外救国汇款档案作为考察对象，当不失典型性；对于增进了解1937年海外侨胞救国义举，也当有一定助益。

上海市档案馆收藏的四行二局(四行分别为中央、中国、交通、农民四家银行,二局分别为邮政储金汇业局和中央信托局)"在沪档案多达10 590卷"，中国银行Q54全宗档案在其中占据三分之一强，"共4 084卷,起止时间是1915至1949年"[1]。此全宗包括四个分号：Q54-1有百余卷档案，Q54-2目录不开放,Q54-3有五百余卷档案,Q54-4有三千余卷档案。笔者浏览整理了Q54全宗的全部开放目录，并用约半年时间过目了其1937至1949年期间开放档案的大部。就笔者所见，上海档案馆中行沪行1937年海外救国汇款档案，集中于档卷"中国银行沪行与东亚银行、财政部，关于日寇侵华、抗战发生，海外侨胞纷纷汇寄救国捐款的来往文书(1937)"，档号Q54-3-56。故本文所涉海外救国汇款档案皆出自档卷Q54-3-56，其内容用宋体字，且不再另行标示档号；笔者分别对相关档案所作释解则用楷体，以示区分。

一、美加华侨汇寄救国款情况

1月18日，驻美国芝城中华会馆全体华侨致函中行沪行，谓："兹由邮局挂号付上汇单一张，伸大洋两千三百四十四元四毫五仙并信一张，烦从速转交绥远省省府主席傅作义将军收。"

[一] 绥远抗战为1936年11月至12月间发生于绥远省(今内蒙古自治区中部)抗击日伪军进攻的作战。战争双方分别为傅作义率领的晋绥军和李守信、德穆楚克栋鲁普旗下的"大汉义军"和"蒙古军"。傅作义指挥第三十五军等部约3万人奋起抗击，挫败伪军多次进攻，坚守了红格尔图及兴和城，收复了德王占据的百灵庙和锡拉木伦(即大庙，今红格尔苏木)。

[二] "芝城中华会馆"，即芝加哥中华会馆。1906年成立，馆址初设在范伯伦街的旧华埠内。后因华埠搬迁，馆址迁至22街216号的新华埠内。后又迁到22小街250号，筹建新馆址及华侨学校，建成两层楼宇，上为中华会馆，下为华侨学校教室[2]。

---

[1] 倪红：《上海市档案馆馆藏四行二局在沪档案》，上海市档案馆编著：《上海档案史料研究(第六辑)》，上海三联书店，2009年，第141页。
[2] 杨国标、刘汉标、杨安尧：《美国华侨史》，广东高等教育出版社，1989年，第141页。

1月23日,芝城中华会馆再函沪行,以作确认,"本月18日由飞机中国快艇号付上挂号信,计十日间可到","烦转交绥远省府主席傅作义将军"。

〔一〕中国快艇号(China Clipper,又译作中国快船号或中国飞剪号)是泛美航空公司的水上飞机,由格伦·马丁飞机公司(Glenn L. Martin)生产,以关岛和威客岛为中转飞越太平洋。航线开辟之初,是由旧金山到马尼拉,后延伸至香港和上海。

8月20日,山打允埠华侨拒日救国会致函"中国银行大总理先生":"倭寇肆虐侵我中原,故本埠侨胞遂本救国之责,集众合议组立拒日筹款处,于斯为政府后盾,现付提支票一张值大洋壹仟柒佰元,恳劳先生转致中央财政孔部长收,以资前方将士之需,接到此函恳赐示覆是祷,顺颂杀敌胜利。"

〔一〕信末署名两人:主席司徒位延和司库马绵星。此两人,笔者没有了解,也搜寻不到相关之信息。

〔二〕按信皮,寄信地址为 CRYSTAL BAKERY BOX 414 SHAUNAVON SASK。此地址,若按现时的惯常翻译,即为加拿大萨斯喀彻温省(Saskatchewan)肖纳文(SHAUNAVON)水晶面包店414号信箱。

〔三〕中央财政孔部长,即孔祥熙。1933年任中央银行总裁,同年11月任行政院副院长兼财政部长;1938年1月任行政院长,后改任副院长兼财政部长、中央银行总裁。1945年辞去本兼各职。

9月14日,沪行函财政部,事接前函:"兹接山打允埠华侨拒日救国会函,以本救国之责捐助大洋一千七百元,寄来支票一张","特将原函一件连同C1916号支票一纸"转寄财部。

9月21日,上海中国银行函财政部转中国银行宁行函,函中包括三条美加地区汇款信息,分别为:"China War Relief Association San Francisco"汇寄国币伍拾元整;"New Westminster B. C. Canada 华侨抗日后援会"汇寄国币七千五百三十七元四角;"Montreal p q Canada Chinese Patriotic society"汇寄国币一万八千四百□元(笔者注:□表示档案此处无法辨识,后文同此不赘)。

〔一〕"China War Relief Association San Francisco"按字面可翻译为"中国抗战救济会旧金山分会"。笔者寻到一张标注日期为1937年11月29日的募捐登记卡,正可以帮助理解此组织、此组织之运作以及其时华侨胼手胝足捐助抗战之不易,兹将卡片文字信息照录如下,手写内容标为斜体:

China War Relief Association of America

843 STOCKTON STREET SAN FRANCISCO, CALIF., U.S.A.

付款请照上列地址

No.8149

每次交款请紧记将此咭[1]或照上列号码写明付来以便登记

袁伟先生 认助义捐国币1百元 折合美银 卅元 订定交款办法如下

1. 十一月廿九日交银 六元
2. 正月□日交银 六元
3. 二月廿七日交银 六元
4. 三月廿七日交银 六元
5. 四月廿四日交银 六元

旅美华侨统一义捐救国总会

募捐员 蔡述朝

民国廿 六年 十一月 廿九日

由此,则该组织中文名称应为"旅美华侨统一义捐救国总会"[2],总办事处设在旧金山中华总会馆,具体地址为美国加利福尼亚州旧金山斯托克顿街843号。袁伟先生于1937年11月29日为中国抗战认捐30美元,以每月6元分期5个月交款[3]。笔者没有查到袁伟的个人信息,仅以交款办法来看,当为胼手胝足之旧金山华侨中的一位。募捐员蔡述朝,则因为他两个弟弟的原因而在历史文本中留痕。蔡述朝,14岁只身赴旧金山打工谋生,胞弟为蔡福就(1937年在香港加入中国共产党,曾任香港中旅社副董事长、香港总商会常务理事)、蔡沧溟(在旧金山加入中国共产党,曾为中国共产党美西地区负责人)[4]。

[二] "New Westminster B. C. Canada 华侨抗日后援会"和"Montreal p q Canada Chinese Patriotic society"。前者为加拿大不列颠哥伦比亚省新威斯敏斯特华侨抗日后援会,后者为加拿大魁北克省蒙特利尔的类似华侨组织,p q 为 province of Quebec 的简写。据笔者所见"波兰顿华侨拒日救国会收条","Chinese Patriotic society"的对应

---

[1]粤语中发 ka 音,意为卡。
[2]1937年8月2日、16日,旧金山中华会馆连续开了两次会议,决定成立中华抗日救国后援总会。8月21日,旧金山中华会馆召开全侨大会通过成立旅美华侨统一义捐救国总会,由台山籍著名侨领邝炳舜等领导,其下属有47个分会,遍布全美大、中、小城市。广东省地方史志编纂委员会编:《广东省志·华侨志》,广东人民出版社,1996年,第289页。
[3]1938年该组织有一种月捐形式的义捐,一张"户口证No.4411"月捐证其主要文字信息为:郑祖暖先生认捐美金义捐伍十元订明分期交付由民国廿七年十月 日起每月交款银伍圆。徐云编著:《见证侨史——华侨华人民间文献图文集》,暨南大学出版社,2018年,第177页。
[4]程乃珊:《香港中旅老总蔡福就传奇》,《沪港经济》1999年第6期,第25页。

中文应为"拒日救国会"[1]。

[三]据统计,旅加华侨从1937年到1945年,共为祖国抗战事业捐献500万元(加币),其中绝大部分是华侨义捐,也有一些是华侨认购的公债[2]。1939年加拿大安省驻都城华侨统一抗日救国总会[3]所发《安省都城埠李元先生月捐册》刊有"救济额捐条例":"由民国廿八年元月一日起,在抗敌救国期内,安省侨胞每名每月额捐救济费加金至少壹元以资助中国伤兵难民之用。征收月捐方法:安省华侨每名每月购买救济慈善票至少壹元,贴于月捐册内,以资检查。直属都城总会之侨胞,可随时向都城各华商店或各团体缴纳及领取慈善票。罚则:总会或抗日分会每三个月举行总检查月捐一次,如有抗捐或未捐或别项处分事情者,悉归裁判委员会处理,惟各埠抗日会,则由该会负责审判之。"[4]同样是都城华侨统一抗日救国总会,还曾制订拒购公债处罚条例:华人拒购公债,经三次劝告后,公告其姓名、籍贯、年龄和职业,并函告中国政府[5]。

二、越南华侨汇寄救国款情况

9月2日,上海东亚银行函沪行,谓:"接安南西贡敝支行来电交贵行转南京中央侨务委员会收救国捐款项计开:西贡潮帮入口什货,四千四百五十五元整;西贡木屐同业,四百五十八元四角九分;西贡潮帮绒料什货,两千六百十九元七角;东川瑞山市华侨,四百四十三元七角。"以上四项救国捐款合计国币七千九百七十六元八角九分。

[一]陈春圃[6]1937年9月曾奉中央派赴越南劝募救国公债,其

---

[1]加拿大蒙特利尔华侨在1931年10月就组建了抗日会,"七七事变"后,加拿大各埠先后成立了各种抗日团体,有的是总会分会模式,有的各自独立互不关联,文中所涉仅为其中之一。潮龙起主编:《历史丰碑:海外华侨与抗日战争》,暨南大学出版社,2015年,第67、68页。
[2]沈毅:《抗日战争中的加拿大华侨》,《辽宁大学学报(哲学社会科学版)》1990年第1期,第32页。
[3]1938年2月15日,为了团结一致抗日救国,各华侨社团成立了多伦多华侨统一抗日救国总会,统一领导安大略省华侨的抗日斗争。黄慰慈、许肖生:《华侨对祖国抗战的贡献》,广东人民出版社,1991年,第29页。
[4]徐云编著:《见证侨史——华侨华人民间文献图文集》,第178页。
[5]汤熙勇:《中国抗日时期夏威夷华人的捐献活动》,载黄小坚主编《海峡两岸"华侨与抗日战争"学术研讨会文集》,中国档案出版社,2000年,第181页。
[6]陈春圃,1900年3月8日生于广东省新会县荷塘乡,是陈璧君的远房侄辈。1931年汪精卫出任国民党中央政治会议主席、行政院长后,陈被任命为侨务委员会常务委员兼侨民教育处处长。抗战胜利后,于1945年12月3日被上海市高等法院刑事第一庭判处无期徒刑。1966年3月19日,病死于上海市监狱。中国社会(转下页)

时法国尚在中立国地位,不便公开劝募,以内政部考察卫生名义出国,历时三月,募得四百余万元[1]。

[二] 东亚银行(The Bank of East Asia)为简东浦、周寿臣、李冠春,及冯平山等所组织,在香港政府注册,系有限公司,总行成立于1919年1月4日。总行在香港,于上海、西贡、广州、九龙设有分行[2]。

[三] 南京中央侨务委员会,1924年设大本营内政侨务局,后改为国民政府侨务委员会。1927年,当时政府迁都南京后,侨务委员会隶属外交部,再度改称国民政府外交侨务局。1928年,经中央执行委员会议决,恢复为国民政府侨务委员会。1929年,国民政府改组时,改为侨务委员会,隶属中央执行委员会,称中央侨务委员会。1931年,立法院修改侨务委员会组织法,使该委员会直属于国民政府行政院,称侨务委员会[3]。

[四] 东川,即越南龙川市,当地华人称为东川市,是越南安江省的省莅(省莅是越南58个省的行政中心,即省级行政单位所驻城市)城市;瑞山市,越南安江省下辖的一个县。

9月3日,上海东亚银行函上海中国银行,"接安南西贡敝支行来电交贵行转南京中央侨务委员会收救国捐款项计开:薄寮华侨两万元整;薄寮家来华侨三千七百元整;西堤琼侨肆仟元整",以上三项合计国币两万七千七百元整。

[一] 薄寮,又译"薄辽市",是越南薄寮省省莅。

[二] 西堤,距离今西贡市中心大约10公里的堤岸,在1879年建市,1930年时已扩展到西贡的边缘,二者以现今的阮文渠街与阮善述街为界。1931年4月27日法国殖民当局将两者合并为"堤岸-西贡"地区,并称"西堤"。1951年更名为"西贡-堤岸"地区。1955年南越脱离法国独立后在西贡建都,因此1956年正式将两市合并,将"堤岸"从城市名称中剔除,只称"西贡"。琼侨,即海南籍贯华侨。

[三] 1936年越南华侨合计21.7万人[4]。其分布情况,以1931年为例,聚居堤岸的华侨人数达6.6万,占该市总人口的49%,聚居西贡的华侨人数为3.4万,占总人口的28%,聚居海防的华侨人数为1.9万,占

(接上页) 科学院近代史研究所中华民国史研究室编:《中华民国史资料丛稿·人物传记》(第15辑),中华书局,1982年,第55—57页。

[1] 南京市档案馆编:《审讯汪伪汉奸笔录》(下),凤凰出版社,2004年,第851页。

[2] 中国银行经济研究室:《全国银行年鉴(1937年)》(上、下),《近代中国史料丛刊三编》(第24辑),文海出版社,1987年,第477页。

[3] 孙承译:《日本对南洋华侨调查资料选编(1925—1945)》(第2辑),广东高等教育出版社,2011年,第194页。

[4] 徐善福、林明华:《越南华侨史》,广东高等教育出版社,2016年,第201页。

总人口的 30%，聚居河内和南定的华侨人数分别为 5 000 人和 1 500 人。[1]

9月4日，上海东亚银行函沪行，"接安南西贡敝支行来电交贵行转南京中央侨务委员会收朱笃华侨救济兵灾会捐款五千元"。

[一] 朱笃，现越南安江省下辖的一个省辖市。

9月8日，上海东亚银行函沪行，"接安南西贡敝支行来电交贵行转南京中央侨务委员会收救国捐款项计开：西贡旧货商公会，三千一百九十一元三角七分；西贡玻璃樽公会，一百五十六元五角六分；西贡高棉柴桢华侨两千九百四十三元三角七分"，合计国币六千两百九十一元三角。

[一] 柴桢，现柴桢市位于柬埔寨东南部，是柴桢省的首府。

9月9日，上海东亚银行函沪行，"接安南西贡敝支行来电交贵行转南京中央侨务委员会收救国捐款项列后：西贡穗城会馆捐伍仟元整；西贡华侨运输车工会一千九百二十七元一角四分；西贡瓷器行七百四十元零七角七分；西贡迪石华侨救灾会壹仟元整"，合计国币八千六百六十七元九角一分。

[一] 今迪石市为越南坚江省省莅。

9月10日，上海东亚银行函沪行，"接安南西贡敝支行来电交贵行转南京中央侨务委员会收救国捐款列后计开：西贡槟知华侨一万伍仟元整，西贡华侨制履行伍佰元整；西贡越南南圻总商会壹万元整"，合计国币两万五千五百元。

[一] 今槟枷市是越南槟枷省省莅。
[二] 南圻，即交趾支那，位于今越南南部，占越南南部面积的三分之一。越南人称之为南圻，意为"南方之土"。19世纪后半叶，法国侵占南圻，又将南圻称作cochinchine，而来到南圻谋生的华人又将这个词音译作交趾支那。

9月11日，上海东亚银行函沪行，"接安南西贡敝支行来电交贵行转南京中央侨务委员会收西贡鹤山同义社救国捐款伍佰元整，兹付上敝行划条

---

[1] 华侨志编撰委员会编：《越南华侨志》，1958年，第47页，转引自《越南华侨史》，第200页。

一张计国币伍佰元整,即希察收并祈□给正副收据掷下俾得转付前途勿误"。

〔一〕鹤山同义社为其时广东鹤山人的旅越同乡组织。

9月13日,上海中国银行函复东亚银行前函,"大函承嘱转汇交南京中央侨务委员会收西贡鹤山同义社救国捐款伍佰元整……上项汇款业已电托南京,敝行照介附电汇回条一张,至祈查收,至收款人正式收据容俟取到后换回回条可也"。

〔一〕由此函及前函可知,西贡鹤山同义社捐款先是付给东亚银行西贡支行,西贡支行再以划条形式转托中国银行沪行汇交南京中央侨务委员会;汇讫,中行沪行将电汇回条转交东亚银行,凭此回条可换取收款人正式收据,而此正式收据东亚银行"得转付前途",应即付于捐款方——西贡鹤山同义社。顺便言及,须待1946年12月,中国银行始在西贡设有经理处。

9月13日,上海东亚银行函上海中国银行,"接安南西贡敝支行来电交贵行转南京中央侨务委员会收救国捐款列后计开:永隆茶荣华侨慈善会壹万元整;堤岸广合兴柒佰元整;永隆丐任华侨慈善会一千二百元整;堤岸制皮工商玖佰柒拾元整;西堤广肇汇兑会壹仟元整";"付上敝行划条一张计国币一万三千八百七十元"。

〔一〕永隆茶荣。今越南有永隆省,省莅为永隆市;又有茶荣省,省莅为茶荣市。
〔二〕广合兴,为当时一侨批馆。所谓侨批,指以汇款为主、华侨汇寄成批寄回国内的家庭书信,俗称"番批",闽南语称书信为"批",潮州话的"批"则专指寄款信件,含多件汇集成批之思,相应回信则称"回批"[1]。
〔三〕丐任,未查到具体所指,可能是笔者误读档案文字所致。

9月14日,上海中国银行函复东亚银行前函,"再现在邮件较前已稍迅捷,为节省电费起见,以后此项汇款拟改用信汇"。

〔一〕据1935年《交行通信》第7卷第5期,"总言之,电汇与信汇,

---

[1] 焦建华:《试论近代侨批业与国营邮政的关系嬗变(1896—1937年)——以福建为中心》,载何志毅、王贤斌主编《闽商史研究(第一辑)》,中国工商出版社,2012年,第305页。

原则上相同,方式上有异",所谓"电费"者,"汇款人交来款项栏内(科目栏内),应加印各项开支邮电费户一格,汇款回单上,加印电费一格。"[1]

9月15日,上海东亚银行函上海中国银行,"接安南西贡敝支行来电交贵行转南京中央侨务委员会收救国公债款项列后计开:西贡三水洰善堂捐壹仟元整;米业越南华侨经理经纪联会一千七百六十六元两角五分;西贡机器工商会一千一百七十七元五角;美荻槟知华侨椰商壹仟零四十七元一角五分;西贡兴宁同乡会两千六百五十五元九角;西贡中法学全体两百三十四元整;归仁中华会馆五千两百六十五元整""付上敝行划条一张计国币一万三千一百四十五元八角……代转南京中央侨务委员会。"

[一] 美荻槟,即美湫市,现为越南前江省省莅。
[二] 西贡中法学,即堤岸中法学校。
[三] 归仁市,沿海城市,现为越南平定省省莅。

9月16日,上海中国银行函复东亚银行前函,前述救国公债款项"已由信汇南京"。

[一] 救国公债,抗日战争爆发后,军政各费支出剧增……当时人民群众爱国热情高涨,很多自动捐献,中国银行经收大批救国捐款,包括海外华侨捐款,汇总解交政府。国民党政府乘此形势,发行救国公债5亿元,号召以认购公债代替捐款……。在救国公债的劝募运动中,中、中、交、农四行带头认购5 000万元,其中中国银行2 000万元,海关总税务司为认购救国公债,向中国银行上海分行押借400万元[2]。

三、越南之外其他南洋国家华侨汇寄救国款情况

9月13日收文,财长孔祥熙函中行,"华侨银行交来泗水华侨赈灾委员会捐款,两起共计七万元又戈丕商工会捐款壹万元,兹已照收,特由本部具函三件并附收条送请贵行查收即希代为转寄为荷"。

[一] 泗水,即印尼城市苏腊巴亚的音译。

---

[1] 章义和、杨德钧编:《交通银行史料续编(1907—1949)》(上),复旦大学出版社,2018年,第647、648页。
[2] 中国银行上海国际金融研究所行史编写组编写:《中国银行上海分行史(1929—1949)》,经济科学出版社,1991年,第98页。

［二］戈丕商工会，未查到具体所指，可能是笔者误读档案文字所致。

10月12日，邦加南榜华侨赈济祖国难民委员会函行政院院长，"南京国民政府行政院院长钧鉴：敝会于10日前曾交荷银壹仟叁佰贰拾伍盾五角与文岛李全利号转星洲李福利号向星洲中国银行购足国币两千五百元，用邦加南榜全体华侨名义，径汇贵院充作国难时期内用费，不识收到否？如已收到希即示及为荷。敝会对于国府近所主张万分同情，誓为后盾，以达最后之胜利。敝处虽属地僻民贫之区，此次暴寇所为各节，至深奋恨刻，敝会除努力催收募款以便续寄外，并已进行劝募月捐，俟月底收齐后，按期汇上决不有误，以尽国民天职，昨日奉到巨港寿领事来函，嘱劝销自由公债事，敝会亦在进行中，俟有成数，当即径与巨港寿领事直接商量办理，以利祖国前途"。

［一］邦加南榜，楠榜省是印度尼西亚的一个省，位于苏门答腊南部；首府班达楠榜（Bandar Lampung）是省内最大城市。

［二］李全利号、李福利号，由李冠五分别创办于印尼、新加坡。李冠五（1864—1940），潮阳会馆创始人之一，祖籍广东省潮阳县。早年与兄长由印尼贩运土产至新加坡。1903年创办**李全利号**于印尼，1910年创李捷利号于槟城，1913年创李荣利号于印尼，1916年创**李福利号**于新加坡，1921年创李华利烟丝厂于汕头。1930年复于印尼增设汽水厂。1937年曾捐款支持中国对日抗战[1]。

［三］星洲中国银行，1936年2月26日黄伯权奉时任中行董事长宋子文命与陈长桐"抵新加坡，筹备开分行"，"6月15日，新加坡中国银行正式开张"，黄伯权"为该行经理兼厦门分行经理"[2]。

［四］劝募月捐，1937年8月，侨委会委员萧吉珊奉命赴新加坡、马来亚等地，在华侨中劝募救国公债。当萧吉珊回国至武汉接受《新华日报》记者采访时，有谈到"其间最可注意的，就是常月捐一项，如树胶锡矿以及其他物产，每担抽百分之若干，合十二区计算，每月可得一百五十万元以上，甚有个人每月须负担捐款一元，至战争结束为止。当本人回国时，道经暹罗、安南，暹罗的米商银信业等，也有同样的月捐。安南谷业渔业等亦然。"[3]

［五］巨港寿领事，巨港，音译巴邻旁，是一个位于印尼苏门达腊岛东部的城市，为苏门达腊岛上较大的城市，亦是南苏门达腊省之省会和重要河港。寿领事系何人，笔者遍查无果。

---

[1] 柯木林主编：《新华历史人物列传》，教育出版私营有限公司，1995年，第47页。
[2] 郑海麟、黄延康编撰：《黄伯权传记》，加拿大培福印刷，1997年，第29页。
[3] 任贵祥：《抗日战争时期国民政府侨委会侨务工作述评》，《史学月刊》2016年第1期，第59页。

11月5日,行政院秘书处函中行,"兹接荷属峇厘华侨筹振会等函,为振济难民筹募捐款已交由贵行汇寄本院等语。惟查所汇捐款本院均尚未收到。除先行分别函谢外,相应开列清单,函请贵行逐一查明,依照规定,转送上海救国公债劝募委员会总会核收,掣给收据,径寄原汇款人"。函中所谓"清单"如表1所示:

表1 募捐款清单

汇款团体或人名	汇款日期	汇款数额
荷属峇厘华侨筹振会	来函未载明汇款日期	荷银10 000盾约国币18 000元
暹罗西势宋艾吧哩谷打埠华侨筹振国难会	9月3日	3 850元
淡属华侨筹振祖国难民委员会	9月23日	10 000元
荷属廖辖峇淡华侨筹振祖国难民委员会	10月1日	6 000元
沙罗越民那丹华侨赈灾委员会	10月2日	5 000元
诗巫华侨筹振祖国难民会	10月2日	10 000元
中国国民党先渡船分部执委会	10月8日	235元

[一]函中所涉地名。荷属峇厘,即今巴厘岛。暹罗西势宋艾吧哩谷打埠,其为今泰国何地,遍查无果。淡属由两大城市组成,即淡马鲁(Bandar Temerloh)和文德甲(Bandar Mentakab)。荷属廖辖峇淡,即巴淡岛,或译作巴潭岛,是印尼廖内群岛省最大的城市。沙罗越民那丹,即民丹莪,为马来西亚砂拉越州泗里街省马拉端县的首府,早期称为"民那丹"。诗巫,是东马来西亚砂拉越州的第三大城市,位在拉让江和伊干江的交汇处。先渡船,不识为今之何地,遍查无果。

[二]上海救国公债劝募委员会,1937年8月23日,救国公债劝募委员会成立,总会设在上海,国内外设有分会。会长宋子文,副会长陈立夫,常务委员宋庆龄、孙科等27人[1]。

11月6日,行政院秘书处函上海中国银行,接"荷属邦加文岛华侨捐助祖国慈善事业委员会函,为募得捐款国币三千元已于10月12日交由贵行汇寄本院等语,查所汇捐款,本院尚未收到"。

---

[1]吴景平:《宋子文政治生涯编年》,福建人民出版社,1998年,第326页。

〔一〕邦加文岛,邦加岛是印尼邦加-勿里洞省两座主岛之一,文岛则是邦加岛的主要港口。

11月13日,行政院秘书处函上海中国银行,谓接到山打根华侨筹振祖国难民会函,查所汇捐款,尚未收到云云。

〔一〕山打根(Sandakan),位于马来西亚沙巴东海岸。
〔二〕华侨筹振祖国难民会,1932年1月28日,日本侵略者进攻上海,消息传至南洋,陈嘉庚于2月初即在新加坡成立"华侨筹赈中国难民委员会"。1937年7月7日抗日战争全面爆发后,东南亚的各种抗日救国团体纷纷建立。1938年8月13日,日寇进攻上海后,陈嘉庚等人倡导和组织了南洋地区第一个统一的华侨救亡团体——"马来亚、新加坡华侨筹赈祖国伤兵难民大会委员会";10月10日南洋地区45个救亡组织,聚集在新加坡南洋华侨中学成立"南洋华侨筹赈祖国难民总会"[1]。

四、结　　语

从汇款途径来说,前文所涉有三种。其一为信汇,如1937年8月20日山打允埠华侨拒日救国会大洋1 700元捐款。由加拿大萨斯喀彻温省肖纳文镇挂号函寄上海中国银行,沪行再将原函和支票转寄财政部。其二为电汇,如西贡鹤山同义社500元捐款例。因其时中国银行在西贡没有经理处,鹤山同义社先是付款给东亚银行西贡支行,由后者转托中行沪行汇交南京中央侨务委员会;汇讫,沪行将电汇回条转交东亚银行,凭此回条可换取收款人正式收据,再由东亚银行将此正式收据交付鹤山同义社。其三为混合方式,如印尼邦加南榜华侨赈济祖国难民委员会2 500汇款例。该会先是交"荷银壹仟叁佰贰拾伍盾五角"给印尼文岛李全利号,再由新加坡李福利号(两号同属于李冠五)以此款向新加坡中国银行兑换国币2 500元,并委托中行经汇行政院。

本文中涉及美加、南洋侨胞以组织机构或地区名义的汇款共有34宗。这其中既有较知名的,如美国芝城中华会馆、旅美华侨统一义捐救国总会等;也有不知名的,如美荻槟知华侨椰商、暹罗西势宋艾吧哩谷打埠华侨筹振国难会等。相对于那些知名的组织和地区,文中出现的偏僻侨埠和少为人知的华侨组织,应该得到更多的关注。我们还要注意到这些大小组织名称后面具体的人,如旧金山的袁伟先生。1937年,他为中国抗战认捐30美

---

[1] 林金枝:《福建华侨在祖国抗日战争中的贡献》,《历史教学》1987年第3期,第22页。

元(每月捐6元,连续捐5个月)合法币100元;这100元法币在当时能购买两头牛[1]。

笔者将文中所涉各宗汇款,整理为一表格,附在文后以资扼要。按文后所附表格,本文中所涉美加南洋华侨救国汇款共计271 599.99元。金额少者50元,多者单次汇捐达35 000元。以汇款金额论,南洋地区(占总金额的88.9%),远超美加两地;而南洋区域内,又以越南明显突出(占总金额的39%)。无论美加南洋,这总计27万余元的钱款,其中许多应为如袁伟先生那样胼手胝足的华侨所捐。近代华侨,多由生活所迫而播迁异域,谋生艰难且多遭逢族群矛盾,故对母国的情感更显炙热[2]。

上述271 599.99元汇款中,有一部分属于向华侨劝募的救国公债,如西贡东亚银行交中行沪行代转南京中央侨务委员会的救国公债款13 145.8元。从前文中我们知道1937年8月萧吉珊赴新加坡、马来亚等地劝募救国公债,常月捐一项"每月可得一百五十万元以上";9月陈春圃赴越南劝募3月得款400余万元,足可见海外侨胞响应之热烈,爱国之热忱。但考虑到此后法币不断加速的通胀和战后国民政府金融秩序的彻底崩坏,购买救国公债名为公债而实同捐输。"1948年9月国民党政府于发行金圆券时公布'法币公债处理办法',规定照票面加13 000倍,再按法币300万元对金圆券1元的比率折合偿还;即1937年购买100元救国公债,到期偿还时,仅得金圆券4角3分"[3]。此情还可证之于1938年和1939年举办的"节约建国储蓄"事。抗战期间购储之侨胞,1946年时"当日以一元美金购得国币二十元存储者,现仅值其原值百分之一,即损失百分之九十九。得补助金一倍者,现仅值其原值百分之二,即损失百分之九十八。即得补助金二十四倍者,现仅值其原值百分之二十五,即损失百分之七十五。侨民闻此消息,极为震惊,盖以历年胼手胝足之所得几等于零,故纷纷来行陈述,泪随声下"[4]。

1937年12月15日,国民政府侨委会印发《侨务委员会经收转抗战期中侨胞爱国捐款慈善会第一期报告》内称:"就本会经收捐款言,由8月中旬起至11月下旬国民政府迁到重庆止,三个月间共收款1 002宗,款额共国币326.092 22万元,港币12.672 3万元,美金3.641 7万元,英币3 760.151镑,法郎27.414 2万枚,荷币5 565盾,均已全数转解政府及慈善机关。"[5]广大

---

[1] 张宪文等:《中华民国史》(第4卷),南京大学出版社,2005年,第129页。
[2] 这是笔者阅读《何以为家:全球化时期华人的流散与播迁》一书后的一点感想。[美]胡其瑜:《何以为家:全球化时期华人的流散与播迁》,周琳译,浙江大学出版社,2015年。
[3] 刘鸿儒主编:《经济大辞典·金融卷》,上海辞书出版社,1987年,第579页。
[4] 据1946年6月中行古巴哈瓦那经理处经理余英杰行务会议报告。中国银行总行、中国第二历史档案馆合编:《中国银行行史资料汇编上编(1912—1949年)》(二),档案出版社,1991年,第1133页。
[5] 中国第二历史档案馆馆藏档案,全宗号二,目录号(2),案卷号3307;转引自徐剑雄、杨元华《上海抗战与国际援助》,上海人民出版,2015年,第261页。

海外侨胞确实如邦加南榜华侨赈济祖国难民委员会信中所言"誓为后盾",不懈余力的支持抗战。

最后申明一点。此档案中其实还有香港地区汇款材料,但时移世异,今天再在本文题目下包含此内容,已显不妥。故仅于注释中略作提示,以供关注此问题者参考,并示不忘[1]。

附表:上海市档案馆中国银行沪行 Q54-3-56 档卷 1937 年救国侨汇统计

侨胞机构或所在地	金额 (除特别标注外单位皆法币)
驻美国芝城中华会馆	大洋 2 344 元 4 毫 5 仙[2]
山打允埠华侨拒日救国会	大洋 1 700 元
旅美华侨统一义捐救国总会	50 元
加拿大不列颠哥伦比亚省新威斯敏斯特华侨抗日后援会	7 537.4 元
加拿大魁北克省蒙特利尔拒日救国会	18 400 余元
以上为美国、加拿大华侨	总计约合:30 031 元
西贡潮帮入口什货	4 455 元
西贡木屐同业	458.49 元
西贡潮帮绒料什货	2 619.7 元
东川瑞山市华侨	443.7 元
薄寮华侨	20 000 元
薄寮家来华侨	3 700 元
西堤琼侨	4 000 元
朱笃华侨救济兵灾会	5 000 元
西贡旧货商公会	3 191.37 元
西贡玻璃樽公会	156.56 元

---

[1] 1937 年 9 月 24 日,中行沪行收转东亚银行捐款人名单,内开:《德臣报》同人,83 元;关星卫,309 元;关显芳,109.1 元;黄意,103.1 元;嘉味咕行全体,73.58 元;香港电话号全体职员,5 元;蔡儒培,20.63 元;李士宫,51.54 元;五华公司,12.3 元;国华公司,12.77 元;陕伯坛,50 元;许女士,30.93 元;徐太太,11 元。因笔者拙于识别手书文字,此名单并不完全,金额的小数位也有不准确处,还请注意。

[2] 法币施行初至抗战初期汇价稳定物价微涨,于此按一法币兑大洋一元计算是合适的。

续 表

侨胞机构或所在地	金额 （除特别标注外单位皆法币）
西贡高棉柴桢华侨	2 943.37 元
西贡穗城会馆	5 000 元
西贡廸石华侨救灾会	1 000 元
西贡槟知华侨	15 000 元
西贡华侨制履行	500 元
西贡越南南圻总商会	10 000 元
西贡鹤山同义社	500 元
永隆茶荣华侨慈善会	10 000 元
堤岸广合兴	700 元
永隆丐任华侨慈善会	1 200 元
堤岸制皮工商	970 元
西堤广肇汇兑会	1 000 元
西贡三水涅善堂	1 000 元
米业越南华侨经理经纪联会	1 766.25 元
西贡机器工商会	1 177.5 元
美荻槟知华侨椰商	1 047.15 元
西贡兴宁同乡会	2 655.9 元
西贡中法学全体	234 元
归仁中华会馆	5 265 元
以上为越南华侨	总计：105 983.99 元
泗水华侨赈灾委员会	两起计 70 000 元
戈丕商工会	10 000 元
邦加南榜华侨赈济祖国难民委员会	2 500 元
荷属峇厘华侨筹振会	荷银 10 000 盾约国币 18 000 元
暹罗西势宋艾吧哩谷打埠华侨筹振国难会	3 850 元
淡属华侨筹振祖国难民委员会	10 000 元
荷属廖辖峇淡华侨筹振祖国难民委员会	6 000 元

续 表

侨胞机构或所在地	金额（除特别标注外单位皆法币）
沙罗越民那丹华侨赈灾委员会	5 000 元
诗巫华侨筹振祖国难民会	10 000 元
中国国民党先渡船分部执委会	235 元
以上为越南以外的南洋各国华侨	总计约合：135 585 元
所有捐赠总计	271 599.99 元

Vowing to Be the Backer: Annotation to "the 1937 Overseas National Salvation Remittance File" of Bank of China, Shanghai Branch, in the Shanghai Municipal Archives

Abstract: The predecessor of the Bank of China was the Board of Revenue Bank, established in 1905. In 1928, the Nanjing National Government reorganized the Bank of China into a government-chartered international exchange bank. The foreign exchange business of the Shanghai Branch of the Bank of China is considered as having national importance during the period covered by this article. In 1937, after the Japanese invaded China, overseas Chinese began sending national salvation donations. As far as the Bank of China, Shanghai Branch is concerned, records of their remittances are mostly stored in the Q54 - 3 - 56 file. This article organized and annotated these documents with the intention of commending the patriotic deeds of overseas Chinese during a time of grave danger to our country.

Keywords: Bank of China, Japanese Invasion of China, Overseas Remittances

《万历福建海防图》之吕宋"错觉"

刘义杰[*]

摘　要：本文简单介绍了中国科学院图书馆藏《万历福建海防图》的概况并指出，这是一幅明万历朝中叶以加强福建海防为宗旨绘制的军事地图，但它首次将与福建相对的台湾岛西海岸作为远海对景图绘制在了图的上侧。另外，它还将并不与福建相邻的菲律宾吕宋岛也绘入图中，通过对图中海澄、月港等岛屿、港湾注记文字的分析以及对吕宋岛上17个地名的考证，说明长卷不仅是一幅明代万历时期的福建海防图，还是明隆庆朝开放海禁后反映明代中后期海上丝绸之路的新图画。

关键词：万历　福建　海防图　月港　吕宋岛

中国科学院图书馆藏有一幅纸本彩绘长卷，无图题，无绘制者名。长卷纵约41.5厘米，横约571厘米，通过对图中所描绘的主要内容及注记文字的分析，暂将其称为《万历福建海防图》以便叙述。

一、概　况

《万历福建海防图》自右向左展开，每隔21.5厘米处有一折痕，形成了有27幅面的册页式长卷。从痕迹判断，该图先为长卷，后曾被改为经折装，今所见中科院图书所藏乃经过重新装裱后带有明显折痕的长卷。

明嘉靖末期，郑若曾在绘制《万里海防图》时创立了一种新海图范式[1]：近景在下，远景在上；大陆在下，海洋在上的新图式，且不计里画方，也无左西右东，上北下南，有别于传统舆图格式。《郑开阳杂著》中的《万里海防图》，郑若曾为每一分幅单独标注朝向方位。郑若曾之后绘制的海图如凌云翼初辑、刘尧诲重修之《苍梧总督军门志》中的《全广海图》（1579）、宋应昌的《全海图注》（1591）、邓钟《筹海重编》中的《万里海图》（1592）、谢杰《虔

---

[*] 作者简介：刘义杰，福建师范大学特聘教授。
[1] 有关"海图范式"，见郑若曾《郑开阳杂著》卷八"图式辨"。

台倭纂》中的《万里海图》(1594)、章潢《图书编》中的《万里海防图》(1613)、陈祖绶《皇明职方地图》中的《万里海防图》(1636)等,都遵循郑若曾海图新范式,大陆为近景置于图的下方,海洋为远景置于图的上方。同样,中国科学院图书馆所藏的这幅《万历福建海防图》也受到郑若曾海图新范式的影响,将福建沿海大陆部分作为近景置于图的下方,但与上述各图不同,《万历福建海防图》的海洋部分可分为近海和远海两部分,福建沿海岛屿作为近海,居于图的中部,而远海作为远景居于上部。作为远海对景部分,它绘制有至少三组以上的群岛,使之与福建沿海相对,使得该长卷展开后形成了一幅具有明显海峡形态特征的地图。从它将台湾海峡两岸福建沿海与台湾西海岸完整地绘制出来的情形看,这是中国地图史上首次绘制出的台湾海峡地图。长卷没有分幅,未注明朝向,但根据实际描绘的地形,卷首为闽粤交界处的南澳岛,向左展开即向北,自然形成上东下西,左北右南的方位格局。由于计程不用传统的计里画方方式,图中陆地的府、州、县、驿站等之间的距离径直用"里数"表示,具有军事价值的驿站均注记有详细的间距及四至里程。海中岛屿及与陆地间的距离、四至则用独特的"潮水"方式计程,相距较近的岛屿用半潮水、一潮水、二潮水、三潮水计程[1],远距离的岛屿则引入航海家使用的"更"为计程单位。所以,《万历福建海防图》上有三种计程单位:里、潮水、更,这在中国制图史上也是比较罕见的现象。

长卷展开时,右首起始处为南澳岛,明万历三年(1575),为加强闽粤两省交界处的管辖,设南澳镇并派一副总兵官镇守,故在南澳岛上的"副总兵驻此"的城楼旁,注记的"广营"在城右,城左则为"福营",显示为闽粤两省共管之区(图1)。在南澳岛的右边,也就是卷首处用红线框注记了"闽广交界"四个字。长卷向左一字展开,终于今浙江省的南麂岛,在浙江一侧蒲门墩、流江堡边上,"浙江界"三字用小字加框注记,以示闽浙分界处。但长卷在浙江交界处尚有半幅图向左延延伸,并有"浙江金盘船十□□守于此"的注记,似有未尽之意。

《万历福建海防图》陆地即近景部分仅标绘了福建沿海的府(州)、县一级行政单位,具有军事价值的驿站则有详尽的描述并给出了沿海各驿站间的距离及四至里程。图的主题为福建沿海设置的卫、所、寨、镇、巡司、墩、台、兵营等军事机构,卫、所、寨、镇、巡司这些军事要塞用弧形城楼表示。全图共注记了福建沿海的5个卫、11个所、31处巡检司、7处水寨、3处标游、113座墩台;作为中景的近海岛屿和港湾,则标记有27处标游信地的分界点、21处标游信地辖区。此外,明万历朝后,福建军制中出现浙营兵编制,他们均驻守在福建沿海府州所在地,故在这些地方除注记有土营外,图中共注记有6处旧浙营、前浙营。与郑若曾等人绘制的海防图相似,图中的海中空

---

[1] 关于"潮水"计程及折合里数,可参阅刘义杰《"潮程"试析》,载上海中国航海博物馆编《国家航海(第二十七辑)》,上海古籍出版社,2021年。

图 1 《万历福建海防图》卷首南澳岛局部

白处加注了大量有关福建沿海海防机构沿革、卫所水寨变迁及有关福建重大海防政策言论等,它们均用红线框标注。福建海防要塞、要点及重要港湾、澳口,均注明了何种风向下可驻泊的战船数量以及与周边岛屿的距离。

从图上注记中提供的信息综合分析,此图极有可能系福建巡抚金学曾出于"备倭"的需要命人绘制的。万历二十年(壬辰,1592)发生日本入侵朝鲜事件,史称"壬辰倭乱",战事虽远在朝鲜半岛,但仍引起朝野震动,尤其有日本将入侵小琉球(台湾岛)骚扰中国东南沿海的传闻后,闽浙沿海倭警再起,长卷就是在这样的历史背景下产生的。如图中台山岛旁的注记中就出现了有关"万历二十五年"该岛为防倭升级防卫级别,增加御倭兵力与船只的情况,万历二十五年为绘制此图的上限,另据图中相关注记提供的信息,该图绘制的时间应在万历二十六年前后,此后或经过补绘或添绘,一些于万历朝后期福建沿海卫所水寨进行的调整情况,也有一部分出现在图中,但最晚不会晚于万历三十年,据此,本文叙述该长卷时暂以《万历福建海防图》为名,另外,最早研究此图的曹婉如先生曾将其命名为《福建海防图》[1]。

《万历福建海防图》虽遵循了郑若曾的海图新范式,但在远景的处理上则有不少创新,如其他海图(海防图)中远海部分大多仅以波浪纹示意为海

---

[1] 曹婉如等:《中国古代地图集(明代)》,文物出版社,1995年,"图版说明"第5页。

洋,至多在其上加注一些"番夷"岛国之名,随意性较大,多不可考。但在《万历福建海防图》中,其远景的远海部分即图的上部却被至少三组群岛充满:卷首在"闽广交界"上方描绘了一组群岛,其一大岛上绘有城楼,注"吕宋城"三字,知其为今菲律宾群岛主岛吕宋岛上的马尼拉港。该群岛右侧与南澳岛相对,向左延伸到与福建南部铜山寨(今东山岛、古雷半岛)相对的地方,注一地名曰"谢昆夹山","谢昆夹山"为"谢昆美山"与"射昆米山"的误写,在明代有关文献及海道针经中,此为中国进入菲律宾吕宋岛北端的第一个港湾,以此分界,其右一组岛屿可判定为今菲律宾群岛的吕宋岛。从"谢昆夹山"向左(北)展开,有地名曰"沙马头",此即今中国台湾岛南端的猫鼻头的古称,文献中又称沙马崎头、沙马枝头等,为明代台湾岛南端的标识。由沙马头向左展开的一系列岛屿,依次记有茭丁港、小溪水、加老湾、马浅港、魍港、大线头、北港、小鱼屿、湾头、二林、三林、崩山、新港、芝巴里山、淡水、鸡笼港、鸡笼 18 个地名,鸡笼港即今台湾岛北部的基隆港,为明代台湾岛北端的重要港湾。因此,从沙马头到鸡笼港的这组岛屿乃中国的台湾岛。在"鸡笼"的左(北)边,还有花瓶屿、黄麻屿两座岛屿,为今台湾岛附属岛屿之花瓶屿与黄尾屿。可见,《万历福建海防图》上共有 20 个台湾岛地名,是历史上首个记载如此众多台湾岛地名的地图。长卷再向左展开,描绘了另一组群岛,为琉球国岛群,群岛中注记有城口港(两处)、天使馆、琉球港、木库和米库。明洪武朝后,中国与琉球国建立了宗藩关系,与琉球国的交通限定以福州长乐梅花港为起航港,那霸港即图中的琉球港为终到港,虽今冲绳群岛不与福建相对,但因这层关系,长卷中绘出琉球国当属自然。图中琉球国的相对位置正好位于闽浙交界处,《万历福建海防图》远海部分的岛屿亦到此结束。

《万历福建海防图》虽是以备倭为目的绘制的一幅海防图,但在此图绘制的万历朝(1573—1619),始于洪武朝的海禁政策已于隆庆元年(1567)解除,一种官方主导、民间往来为主流的海外贸易方式已经形成,且这种在 16 世纪后期出现的海外贸易大潮是以福建漳州月港为中心,《万历福建海防图》中,在被称作月港外港的"旧浯屿"注记中有"漳郡之门户,海澄之咽喉。县多番船,奇珍异物,贼素垂涎,盖要地……其贩番之船,每每在此开驾出港"之语,在南澳岛与吕宋岛之间还有"闽广商船在此经过"的注记,证明闽南至闽粤交界的南澳岛这片海域,是从月港起航经南澳岛东侧驶向吕宋马尼拉港的航线的必经之处。因此,《万历福建海防图》不仅是一幅福建海防图,还是一幅 16 世纪后半叶中国海外贸易图。

二、海澄与月港

海禁解除后,万历朝的福建地区呈现出与众不同之处,尤其是闽南地区新兴的海外贸易潮在这幅海防图中有着不一样的体现,如图 2,为《万历福建

图 2　《万历福建海防图》海澄县、月港及旧浯屿局部（框线内）

海防图》中海澄县、月港和旧浯屿（框线内）局部，这是明朝中后期引发中国乃至世界海上贸易大变局的场所。"海澄县本龙溪县八九都地，旧名月港。明正德间，土民私出海货番诱寇，禁之不止。嘉靖九年（1530），巡抚胡琏议移巡海道镇漳州于海沧，置安边馆，岁委通判一员驻守。二十七年，巡海道柯乔议设县治于月港九都，适地方稍宁，暂停止。三十年，建靖海馆，以通判往来巡缉。三十五年，海寇谢老突至，掳掠焚毁。军门阮鹗召居民筑土堡为防御计。未几，倭入寇，奸民乘机为乱，自号二十四将，结巢盘踞，遍掠人民。四十二年，巡抚谭纶始招抚之，仍更靖海馆设海防同知。四十三年，巡海道周贤宣计擒巨寇张维等，正以典刑，地乃大定。时选官李英、陈銮等在京具奏设县，事下复议。四十四年，知府唐九德议割龙溪县自一都至九都及二十八都之五图并漳浦县二十三都九图地方，凑立一县，转呈抚按奏请俞允，锡名海澄县。"[1]可见，海澄之设县，实为便利海外通商而起。"澄，水国也。农贾杂半，走洋如适市。朝夕之皆海供，酬酢之皆夷产。间左儿艰声切而贯译通，罢祓畚而善风占，殊足异也。"[2]此为明人萧基于明万历四十五年（1617）为张燮《东西洋考》即将付梓所作"小引"开篇中的一句话，"澄"即海澄县，此处百姓长期"走洋如适市"，形成海外贸易之风，"我穆庙时除贩夷之

---

[1] 康熙《漳州府志》卷一"建置"。
[2] 张燮：《东西洋考》小引，中华书局，2000 年《西洋朝贡典录校注·东西洋考》合刊本，第 15 页。

律,于是五方之贾,熙熙水国,刳舻舳,分市东西路"[1]。明穆宗"除贩夷之律"始于"隆庆改元(1567,隆庆元年),福建巡抚都御史涂泽民请开海禁,准贩东西二洋"[2]。因税舶收益颇丰,万历三年福建巡抚刘尧诲请以"税舶以充兵饷",贩东西二洋之商船可凭朝廷发放的"船引"从事官方许可的海外贸易活动。万历十七年,福建巡抚周寀对东西洋船引的数量、航行港口和船数做了具体规定,共发放了88张船引,在此88张船引中,驶向东洋一带的船引就占44张,它们分别发给了吕宋、屋同、沙瑶、玳瑁、宿务、文莱、南旺、大港、呐哗啴、磨荖央、笔架山、密雁、中邦、以宁、麻里吕、米六合、高药、武运、福河仑、岸塘、吕篷,其中16张接近一半的船引是发给前往吕宋的商船。福建巡抚金学曾于万历二十五年十一月上奏:"福建漳、泉滨海,人藉贩洋为生。前抚涂泽民议开番船,许其告给文引于东、西诸番贸易,惟日本不许私赴。其商贩规则,勘报保结,则由里邻;置引印簿,则由道、府;督察私通,则责之海防;抽税盘验,则属之委官。至是,法久渐敝;抚、按金学曾等条议:一定船式;一禁私越;一议委官:岁委府佐一员驻扎海澄专管榷税,海防同知不必兼摄;一议引数:东西洋引及鸡笼、淡水、占城、高址州等处共引一百十七张,请再增二十张发该道收贮;引内国道东西听各商填注,毋容猾胥高下其手;一禁需求。部覆,允行。"[3]金学曾一下将许可海外贸易的"船引"数量提高到137张,并建议派官员到海澄专管市舶税务。在得到朝廷许可并经福建地方官员如刘尧诲、涂泽民、许孚远、金学曾等人的不断倡导下,福建漳州的海澄月港成为海外贸易的中心,以致将海澄县的海防馆改为督饷馆,使得海澄成为中外海上贸易的中心。至万历末年,有人形容漳州月港"其捆载珍奇,故异物不足述,而所贸金钱,岁无虑数十万。公私并赖,其殆天子之南库也"[4]。明朝中叶后,漳州海澄成为中国主要的海外贸易港口,"向年闽中通番者,皆从漳州月港帮船"[5]。福建沿海港口众多,但在《万历福建海防图》中,如图2所示,在福建沿海港口中仅标注"月港"一处,实乃万历年间其重要地位的真实写照。但月港作为内港,大型海船无法入港,因此,它还有一外港,即浯屿港。图2中的"旧浯屿"即月港的外港浯屿港。海道针经《顺风相送》中,从福建起航的港口除福州港外即以浯屿为主要始发港。浯屿在明代所有的海防图中均被标注为"旧浯屿",因其在明景泰三年(1452)之前为福建海上三大水寨之一——浯屿寨的所在地,后浯屿寨一迁厦门岛,再迁晋江石湖,但浯屿寨之名不改,故明代文献及海图中均将浯屿注为"旧浯屿",以示区别。《万历福建海防图》中在标注了"旧浯屿"岛的上方有一注记,除记述浯屿在福建中部沿海防倭的重要性外,指出旧浯屿"其贩番之船,

---

[1] 张燮:《东西洋考》周起元序,第17页。
[2] 张燮:《东西洋考》卷七"饷税考",第131页。
[3] 《明神宗显皇帝实录》卷三百六十。
[4] 张燮:《东西洋考》周起元序,第17页。
[5] 董应举:《崇相集》"闽海事宜"。

每每在此开驾出港",与众多文献和海道针经的记载相吻合。漳州海澄、月港、旧浯屿三地实为一港,为明代隆庆、万历两朝(1567—1619)中国海外贸易的主要发生地与贸易中心。

从月港外港浯屿港起航的船舶,主要经南澳岛东侧向东南航行,经澎湖、台湾岛南端的沙马头驶向吕宋岛的马尼拉港,与占据吕宋岛的西班牙殖民者经营的马尼拉港从事商贸活动。《万历福建海防图》在南澳岛东绘有上澎(今顶澎岛)、中澎(今南澎岛)、下澎(芹澎岛)三座小岛,在这三座小岛的东侧,用红线框注记"海外最冲"四字,说明此处是国内商船通向海外东西二洋的交通要道。历史上,南澳岛这三座外岛确实是中国东洋和西洋的海道分界处,经此处的商船向东驶向东洋的菲律宾群岛及加里曼丹岛各处,南下的商船经中国南海驶向东南亚及西洋各地。与之相应,在南澳岛的南侧还注记有"闽广商船在此经过"8字,在董可威摹绘自郑若曾《万里海防图》的《乾坤一统海防全图》上,在南澳岛外侧注有"闽地素通番舶……向喇哈、火头、舵公皆出焉……又其界潮州南澳,番舶货萃"诸语,说明到明万历年间,闽广两省驶向马尼拉港的商船均经过南澳岛东面海域驶向东洋。

月港是16世纪中叶开放海禁后中国东南沿海各港口中最重要的对外贸易港口,《万历福建海防图》虽为海防而绘制,但不经意间也将时代潮流涌现出的海外贸易新景象注记在图中,同时也为卷首远景描绘吕宋岛留下了伏笔。

三、吕宋与马尼拉港

以现代地图比对《万历福建海防图》所描绘的海上"对景"图,福建沿海与台湾岛西岸地理上几乎完整相对,将台湾岛作为远海对景图绘出是建立在当时对台湾岛西海岸的地理及港湾已经有较多认知的基础之上。而琉球国在福建省的东北方向,并未与福建在地理上形成对应关系,但历史的认知中总是将琉球国置于福建的东北方向上,且自明嘉靖朝陈侃出使琉球著《使琉球录》(1534)后,留下了丰富的琉球国资料,故福建地方当局对琉球国了解比较充分,将其绘入图中,当在情理之中。但菲律宾群岛却在福建省的东南方向上,与福建省相去甚远,在以"备倭"为目的的《万历福建海防图》上,绘图者以错觉的方式将吕宋岛的地理位置拉近使之与闽南东山岛处于相对的地理位置上,从而将其"顺利"绘入图中,成为福建省对景图的一部分置于右侧远海上方,如图3(上侧图框内)。

考诸明万历年间绘制的海防图如郑若曾的《万里海防图》、邓钟的《万里海图》、宋应昌的《全海图注》、谢杰的《万里海图》及董可威的《乾坤一统海防全图》等,在相应的福建东南方向上均未绘出吕宋岛等岛屿。万历三十年(1602)利玛窦、李之藻绘制的《坤舆万国全图》中,虽绘制出了吕宋岛,但也

图3 《万历福建海防图》吕宋岛局部

离福建较远,且将"马泥儿讶"(即马尼拉港)绘制在岛的南侧,对吕宋岛的地理认知程度仍显不足。再如推测为明万历末年绘制的、藏于牛津大学鲍德林图书馆中的《明代东西洋航海图》(The Selden Map of China)中虽绘出了较清晰的吕宋岛,但该图显然是引用了西方海图资料的结果。在中国古舆图中,将菲律宾群岛中的主岛吕宋岛绘出,《万历福建海防图》可能是最早的一幅。

中国文献中记载的麻逸(叶)、三屿、流新、麻里芦(噜)、合猫里、冯嘉施兰等均位于今吕宋岛上,历史上与中国有所交往。而吕宋之名,首见于《明实录》:"永乐三年(1405)冬十月……遣使赍诏抚谕番速儿、来囊葛卜、吕宋、麻叶瓮、南巫里、娑罗六国。"[1]明成祖在派遣郑和下西洋的同时,东洋方向的遣使船队到过的港湾中曾出现有吕宋一名。永乐年间,吕宋岛上的古麻喇郎国屡次访华,明初中菲之间的海上往来已经从西线绕道中南半岛到广州改为东线讨巴林塘海峡到福建的航路。明万历三年(1575),明朝官兵追剿海盗林凤至吕宋岛,与占据吕宋岛的西班牙殖民者开始直接接触,吕宋之名因月港与马尼拉港的商贸关系开始广为人知。张燮在万历四十六年刊出的《东西洋考》中对吕宋岛的记载最详:"吕宋在东海中,初为小国,而后寖大。永乐三年,国王遣其臣隔察老来朝,并贡方物。其地去漳为近,故贾舶多往。……今华人之贩吕宋者,乃贩佛郎机者也。"[2]经过近半个世纪的交往,国人尤其是闽人对吕宋岛西海岸沿线的地理情况已经相当了解,充分认识到他们在马尼拉港的交易对象实际上是佛郎机(西班牙)人。正是因为以漳州月港为始发港的商船主要驶往东洋吕宋岛的马尼拉港,虽然航程较远,且经常因错过季风不得不在吕宋岛"压冬"等来年返回,但较其他远洋航线而言,仍有"其地去漳为近"的错觉。《万历福建海防图》将与福建在地理上

---

[1]《明成祖实录》卷四十七。
[2] 张燮:《东西洋考》卷五"东洋列国考",第89页。

并不相对的吕宋岛作为福建的远景绘入图中显然因此"错觉"导致。如图3所示,《万历福建海防图》卷首吕宋岛上的地名从右向左有大徭铳城、网加老、吕宋城、观音屿、圭屿、瓦瑶、□路礼矸、覆山渡、小覆鼎、大陈、平表、小陈、玳瑁港、平表、蜜洋、南旺、谢昆夹山17个地名,此中"大陈""小陈"为福建地名的误植。此外,图中有两处地方标注为"平表",它们都不是地名,而是对一种海洋特殊地貌的注记,这在海道针经中尤其在菲律宾群岛西侧海岸一带多有此种称作"表"的海域。在航海家将近岸多浅滩、沙礁、海流紊乱多变海域称作"表","表"海域附近的大山也往往作为望山,记作"表山","平表"则意味着该处海况不太复杂,在图中不是地名注记。剔除"大陈""小陈"和两处"平表",图上注记的吕宋岛上的地名有13个之多,这在中国古代舆图中为首创。

吕宋岛因一种地理错觉而"乱入"《万历福建海防图》中,与隆庆元年从福建开放海禁后形成的以官方督导,民间自主的新海上丝绸之路日益兴盛息息相关。在《万历福建海防图》绘制年间,经过近半个世纪的通商贸易,月港与吕宋岛马尼拉港的关系极为密切,在金学曾担任福建巡抚期间(万历二十三年至三十年,1595—1602),番薯因从马尼拉引种成功并大获丰收得以救济灾民而有"金薯"之称。此际的福建,上至官府,下至平民百姓,对菲律宾群岛尤其是吕宋岛的认识已经非常清楚。从福建起航前往吕宋马尼拉港的航线就有多条,经过长期的航海交通与商贸往来,从福建沿海起航经澎湖列岛、台湾岛南部,过巴林塘海峡到菲律宾群岛航线上的重要岛屿、港湾及地标(望山)都已被航海家及商人记录下来,如万历十七年(1589)福建巡抚周寀第一次发放的船引中,东洋船引就有吕宋、沙瑶、玳瑁、南旺、大港、呐哔啴、磨荖央、笔架山、密雁、中邦、以宁、麻里吕、米六合等港口,其中大半都在吕宋岛上;张燮《东西洋考》(1618)中,东洋列国则以吕宋为首,记有大港、南旺、玳瑁、中邦、吕蓬、磨荖央、以宁、屋党、朔雾、苏禄、高药、猫里务、网巾樵老、沙瑶、呐哔啴、班隘等19处地名;《明代东西洋航海图》中,吕宋岛局部注记的地名有大港、谢昆美、月投门、香港、南旺、台牛坑、玳瑁、覆鼎安、头巾礁、吕宋、王城。而明代海道针经《顺风相送》中,有《太武往吕宋》《(吕宋回太武)回针》《表上放洋》《吕宋往文莱》《文莱回吕宋》《松浦往吕宋》《吕宋回松浦》《浯屿往麻里吕》《(麻里吕回浯屿)回针》《泉州往勃尼即文莱》《泉州往彭加施兰》等针路,从福建漳州月港、泉州港驶往菲律宾群岛及加里曼丹岛的针路中有关吕宋岛的岛屿、港湾就有笔架山、大港口、射昆美山、白土山、玳瑁港、月投门、麻里荖山、陈公大山、吕蓬山、东楼山、里银大山、里安山、覆鼎安山、头巾礁、鸡屿、佳逸、铳城等;修撰于明末清初的《指南正法》中,于吕宋岛相关的针路有《东洋山形水势》《双口针路》《双口往恶党》《泉州往邦加仔系兰山形水势》《三岳貌山》《浯屿往双口针》《回浯屿针、长崎往双口针》《回长崎针》等,仅吕宋岛上的港湾就有谢昆米屿、播武澜仔、巴踏山门、大明神、猪胜港、刣牛坑、荖沃港、铜鼓屿、南旺、密岸表尾、麻录水、密岸、布楼、午律大山、玳瑁表、房仔系兰、麻里荖、白表仔、双口港、头巾礁、里银、假港、鸡屿、猪母煮、假覆鼎、吕蓬、覆鼎猪膀尾、麻老央、文武楼等。将《万历福建海防图》中吕宋岛上的地名与以上文献及海道针经中记载的吕宋岛地名进行比对,有助于我们了解明朝万历中叶中国对菲律宾吕宋岛的认识程度。

《万历福建海防图》中,过台湾岛南部沙马头(沙马崎头,即猫鼻头)进入菲律宾群岛的第一个望山(地标)记作"谢昆夹山",在《明代东西洋航海图》中记作"谢昆美",在海道针经《顺风相送》中记作"射昆美",在《指南正法》中记作"谢昆米山""谢昆米屿"。其中,"谢""射"字形相近,且闽南方言发音相同,故"谢""射"可通假。而"谢昆夹山"之"夹"当为《顺风相送》"射昆美"中"美"的误写,也可视作《指南正法》中"射昆米山"中"米"的误写,故《万历福建海防图》中的"谢昆夹山"应为"谢昆美山"或"射昆米山"的误写。按《指南正法》,船过巴林塘海峡后,"东高见红荳屿,见谢昆米屿。谢昆米屿有两个相排,又名播武澜仔,南是巴踏山门,流水甚急"[1]。在《明代东西洋航海图》中,在巴林塘海峡东边亦注有"此门流水东甚紧",与此相合,由此可知,"谢昆夹山"("谢昆美山"或"谢昆米山")或为巴林塘海峡巴布延群岛中的加拉鄢岛。《明代东西洋航海图》将"谢昆美"注于"大港""月投门"之间的吕宋岛上,显误。

《万历福建海防图》中的第二个地名为"南旺",该地名第一次出现在万历十七年福建巡抚周寀发放的船引中,在《东西洋考》中,进入吕宋岛后,第一处港口被称作"大港",过大港后,"南旺,在(与)大港相连,再过为密雁,为雁塘,皆小小村落。所产皮角子花"[2]。在《明代东西洋航海图》上,南旺出现在大港、谢昆美、月投门、香港之后,刳牛坑之前。过谢昆米屿后,沿吕宋岛西北海岸南下,岸线曲折,多暗礁、险滩,即海道针经中的"表""平表",按《指南正法》中《东洋山形水势》记载的针路走向,"一屿相生,开,十二托水,内外俱可过。二屿相对,湾内额头港口是南旺。三屿即密岸表尾,生开洋及刳牛坑大山,生落港是刳牛坑"[3]。过南旺后相邻的港湾为密岸,密岸即密雁,在《万历福建海防图》中注为"密洋"。

过密洋,经一处"平表"后到"玳瑁港"。《东西洋考》:"玳瑁港,地势转入,故称玳瑁湾,而表山环其外。凡舟往吕宋必望表而趋,故兹山推望镇焉。湾名玳瑁,然玳瑁非其所出,所出苏木耳。再进为里银中邦,是海中一片高屿。"[4]《明代东西洋航海图》在南旺、台牛坑后有玳瑁港。在中国古代海道针经中,常以"玳瑁"指称一些海洋地形地貌形如玳瑁背壳纹样的港湾,此处亦如此,故张燮说"玳瑁非其所出",是以地貌形态命名的一处港湾,从《指南

---

[1] 佚名:《指南正法》"东洋山形水势",中华书局,2000年《两种海道针经》合刊本,第137页。
[2] 张燮:《东西洋考》卷五"东洋列国考",第94页。
[3] 佚名:《指南正法》"东洋山形水势",第139页。
[4] 张燮:《东西洋考》卷五"东洋列国考",第95页。

正法》中提供的针路走向考察,玳瑁港或为今林加延湾。万历十七年发放的"船引"中之"玳瑁",亦即此处。

再往南行,图中的"小陈""平表"与"大陈"均非吕宋岛上的地名,此后见有"小覆鼎""覆鼎渡"。在《指南正法》中:"正覆鼎巡山使入去是双口,与假覆鼎相连。对双口,鸡屿在门中,南北俱可入港,为妙哉。"[1]则知假覆鼎与正覆鼎均位于马尼拉湾口北侧,小覆鼎或为假覆鼎,覆鼎渡或为正覆鼎。《东西洋考》曰:"覆鼎山,其形似鼎倒覆,故名。上有野夷,巢居树巅,射鸟兽,鲜食之,人迹不到。"[2]这是两座以形状命名且相邻的岛屿,它们都位于马尼拉湾的入海口外。马尼拉湾的入海口处还有两座岛屿将入海口分作南北两个航道,故中国古代海道针经中也将马尼拉港称作双口港,其中一座大的岛屿,被航海家命名为"鸡屿",在《万历福建海防图》中记作"圭屿"。闽南方言中,"鸡""圭"同音,故圭屿即鸡屿。而圭屿之名,则来自月港港口的一座小岛,因岛上峭壁如圭而得名。"圭屿,屹立海中,为漳之镇……商船甫出水,便过此中。"[3]从漳州月港驶往马尼拉港的航海家在马尼拉湾的入海口见到一座与起航港相似的岛屿,故名之"圭屿,为其山与吾澄圭屿相类,因袭今名"[4]。海道针经如《顺风相送》等,又多写作"鸡屿"。今马尼拉湾口北面科雷希多岛(Corregidor)即圭屿(鸡屿)。其旁一小岛为卡瓦略岛(Caballo),在《万历福建海防图》上记作"观音屿"。

过圭屿,即可进入被中国古代航海家称作双口港的马尼拉港,图中绘一城楼,上注"吕宋城",即今马尼拉城。《东西洋考》"东洋针路"中,马尼拉港附近有以宁港,有汉泽山、海山,"海山,用单巳针,五更,取呐哔啴,其内为沙瑶"[5]。前述"船引"中亦有呐哔啴、沙瑶之名,疑《万历福建海防图》图中的"囗路礼奸"或为呐哔啴,而瓦瑶当即沙瑶,均位于马尼拉湾内北侧,然今地不可考。

《万历福建海防图》尚有"大徭铳城"一地,与《明代东西洋航海图》中所注"王城"当同为一地。张燮《东西洋考》中有"加溢城":"初只一山,夷人以其要害地也,虑红毛出没,始筑城,伏铳其内。贼至以铳击之,敌不敢窥。张嶷所称机易山,想即加溢之讹耳。"[6]此处"红毛"指荷兰人,因城中"伏铳",故曰铳城,疑"大徭铳城"即"加溢城"。或以为加溢城即今马尼拉港西南的甲米地(Cavite)[7],恐非是。按《指南正法》"双口往恶党"针路,恶党在马尼拉湾外侧,经马尼拉湾口鸡屿南下,沿吕宋岛西南海岸,有文武楼、以宁山等,则以宁港在吕宋岛西南海岸。又据《东西洋考》"东洋针路"中亦有相关

---

[1] 佚名:《指南正法》"东洋山形水势",第139页。
[2] 张燮:《东西洋考》卷五"东洋列国考",第94页。
[3] 张燮:《东西洋考》卷九"舟师考",第171页。
[4] 张燮:《东西洋考》卷五"东洋列国考",第94页。
[5] 张燮:《东西洋考》卷九"舟师考",第183页。
[6] 张燮:《东西洋考》卷五"东洋列国考",第94页。
[7] 陈佳荣:《古代南海地名汇释》"加溢城",中华书局,1986年,第308页。

针路,"以宁,从文武楼一苇可达。产只苏木。其地有龙隐山最大。屋党,亦名屋同,城郭森峙,夷酋屯聚粮食处所也。其咽喉名汉泽。……又从汉泽山,用丙午针,二十更,取交溢,一名班溢。……交溢,稍下为逐奇马山,用乙辰,七更,取魍根礁老港。"[1]恶党即屋党,交溢或即加溢。《顺风相送》"松浦往吕宋"针路中有"(吕宋)南边是佳逸,抛佛郎机船,取铳城"的记载,显然,按针路,此地当在吕宋岛西南端某地,而非位于马尼拉湾内离马尼拉港较近的甲米地。

《万历福建海防图》中吕宋岛的最后一个地名"网加老",或为《东西洋考》中"魍根礁荖港"的误写,此地与交溢港相近,亦在吕宋岛西南端巴拉延湾一带。

综上,《万历福建海防图》上出现的吕宋岛上的各个地名,均可在明万历时期的针路中得到印证,虽不如海道针经中记载的港湾及地名多,但其相对位置还是比较准确的,并非画工凭想象绘制。"乱入"《万历福建海防图》中的吕宋岛乃当朝福建海外交通的现实写照。频繁的交通往来造成的错觉是吕宋岛成为福建远海对景图的重要原因。

四、结　语

中国科学院图书馆所藏这幅无名氏绘制的纸本彩绘长卷,从图中有关注记中可判定其绘制的时间大约在明万历二十六年(1598)前后,后来可能有所添补,增加了万历朝后期的一些变化,但其主旨显然是为了加强福建海防,"备倭"是其目的,故此图可名为《万历福建海防图》。

该图遵循明嘉靖朝郑若曾创制的海图新范式,将福建大陆沿海置于图下侧,近岸岛屿成为中景,与众多同时期的海防图不同,远海对景绘空白处首次将地理上与福建相对的台湾岛完整地绘制出来。此外,与福建并不构成远海对景的吕宋岛则"乱入"图中,出现在闽粤交界的南澳岛及福建东山岛对应的远海上侧,这是因为自隆庆元年开放海禁后的万历朝年间,福建漳州海澄的月港与吕宋岛的马尼拉港之间"走海如适市"现象,引发吕宋"其地去漳为近"的错觉而导致的结果。《万历福建海防图》不仅将福建沿海"备倭"的各军事要点完整地绘制出来,还通过注记的方式记录了万历时期福建海外交通的新情况。

将吕宋岛绘入福建海防图中并非绘图者的凭空想象,在以万历年间有关文献记载和海道针经中的针路为底本对吕宋岛上的13个地名加以考释后发现,这些港湾与地名注记都相对准确,其顺序与其他记载可以互证,甚至可以纠错。显现出对吕宋岛西海岸地理信息已经有了相当程度的了解。

《万历福建海防图》不仅是一幅明代万历时期的福建海防图,也是明朝隆庆开海后形成的新海上丝绸之路的示意图。

---

[1]张燮:《东西洋考》卷九"舟师考",第183页。

The "Illusion" of Luzon in "the Wanli Fujian Coastal Defense Map"

Abstract: The paper presents an overview of "the Wanli Fujian Coastal Defense Map" held at the library of the Chinese Academy of Sciences. It points out that this was a military map drawn in the sixteenth century, during the Ming Dynasty, with the purpose of strengthening coastal defense in the province. It was the first time that Taiwan's west coast was drawn on the upper side as a distant view opposite of Fujian. Although located at a farther distance, the map also included Luzon Island of the Philippines. Through the analysis of islands like Haicheng and Yuegang, textual notes of harbors, as well as an analysis of seventeen places in Luzon identified on the map, the paper asserts that it not only deals with coastal defense. It also charts out the Maritime Silk Road during the late Ming, after the lifting of the sea ban in 1567.

Keywords: Wanli, Fujian, Coastal Defense Map, Yuegang, Luzon

广东十三行外销漆器之考察
——以英国V&A馆藏广作漆器的分析为中心

吕　静　陈景茵*

摘　要：17世纪末18世纪初开始的广州十三行贸易事实上是广州与伦敦之间的贸易，但"广作漆器"作为贸易中的重要类别却常被忽视。英国V&A博物馆所藏的广作漆器共19件，呈现了各个时期广作漆器的风格变迁。作为外销品的广作漆器，主要产品类型是欧洲的时尚家具。家具风格既符合欧洲上流社会对品质和工艺的追求，又迎合西方社会对东方风情的热烈追捧。伴随着工业革命和中产阶级的兴起，广作漆器的需求变大，需要更快更多的产出，广作漆器也因此经历了工艺技术迭代，并进一步刺激了广州工匠艺人风格化的形成，形成清时期地方漆器生产的一个高峰。

关键词：广作漆器　外销　风格　纹样　工艺

序　言

清时期在广州地区制作的漆器家具，时称"广作漆器"。在木作行业里明清时期流行"苏州样、广州匠"的俗谚，广东地区的硬木家具制作非常有名。广作漆器可以说是一种以广州成熟的硬木家具制作为主体，融入了中国明清的描金和日本的莳绘漆工艺，为对应欧洲的消费需求而制作的外销漆器。广作漆器的类型主要有室内家具和日用品，包括箱盒奁柜、桌椅屏风，还有折扇、剃须盆等小件日用品；器形样式呈现浓厚的欧洲家具设计风格；装饰纹样上以中国风格为主，描绘庭院楼阁、人物仕女、山川波涛、花鸟瑞兽、流传故事，同时也常常绘入订制者的家徽纹章等。

大航海时代，东西方社会在通航渡海之后互相连接，开始了经济贸易、宗教文化的接触和交流。尤其自16、17世纪以来，随着葡萄牙、西班牙、荷兰和英国等海上强国相继崛起，频繁通行在太平洋、印度洋海域，近、远东的阿

---

* 作者简介：吕静，复旦大学文物与博物馆学系教授；陈景茵，复旦大学文物与博物馆学系博士生。

拉伯地区以及中国、日本、印度等，成为西方最主要的贸易对象。东方世界积数千年智慧与技术结晶的物质文化，像漆瓷丝茶、金银器物、书籍绘画、香料药品，受到西方社会的热烈追捧。但是该时期的东西方交流，大多是西方的单方面行为。在东方，不论中国还是日本，担心外来文化宗教的入侵和资源的外流，防范大于开放，中、日都实施了闭关锁国的政策。不过中日在锁国之时，还都留下了一丝缝隙，维持着跟西方世界的联系。乾隆二十二年（1757）颁布了《对欧美一口通商上谕》，限定只留广州一处作为清政府对欧美的通商口岸。日本的德川幕府只允许中国商船和荷兰商船进出长崎港。清政府颁布一口通商上谕以后，广州的粤海关成为对外贸易和管理的唯一机构。作为粤海关下属的中外交易场所——广州十三行，成为清帝国唯一合法的外贸特区，中国与世界的贸易几乎全都聚集于此。直至1842年第一次鸦片战争结束为止，广州十三行独揽中国外贸交易长达85年之久。在清代外销漆器的贸易中，广州十三行主要承担通往欧美的外销贸易。

今日欧洲众多的博物馆、美术馆，以及王室宫殿、贵族城堡等，留存下数量不菲的广作漆器藏品，以英国国立维多利亚与艾尔伯特博物馆最具规模性和代表性。本研究以搜集、整理和研究该馆收藏的广作漆器为基础，对"广器"的制作工艺、装饰手法以及经营活动等展开尝试性探讨，并对以十三行为主的东西方贸易活动、清漆器打开欧洲市场、中日漆作融合等外销漆器的制作和贸易等问题展开初步的探索。

一、维多利亚与艾尔伯特博物馆及其中国漆器收藏

（一）维多利亚与艾尔伯特博物馆

博物馆缘起于1851年的万国博览会，该届万国博览会的幕后推手是艾尔伯特亲王。随后他将万国博览会的收益用于发展文化艺术与科学的公共设施，在伦敦的南肯辛顿区创建了科学博物馆、自然历史博物馆、皇家艺术学院、皇家艾尔伯特音乐厅、皇家音乐学院和南肯辛顿博物馆（South Kensington Museum）。1852年5月，博览会的展品被搬入南肯辛顿博物馆，该博物馆又被称为"制造业博物馆"（Museum of Manufactures）。1899年5月17日，伊丽莎白女王为博物馆的馆址行奠基礼，为纪念她丈夫艾尔伯特亲王，将博物馆正式更名为英国国立维多利亚与艾尔伯特博物馆（Victoria and Albert Museum，以下简称"V&A博物馆"）。V&A博物馆是世界上最大的艺术品以及设计和表演博物馆，是英国仅次于大英博物馆的第二大国立博物馆。

V&A博物馆的永久收藏品超过230万件（套），藏品时代从远古至今，来源遍及欧洲、北美、亚洲和北非等世界各地，跨越人类五千年的文明历史。

藏品几乎涵盖所有有形物质形态与材料：陶、漆、瓷、纺织品、珠宝、玻璃等，以及建筑、家具、雕塑、绘画、摄影作品，还有数量庞大的书籍，这些文物与艺术品均来自英国的官方和私人家族收藏，其中有不少来自私人藏家的捐赠。

中国文物也是该博物馆最具亮点的收藏之一。V&A博物馆在1852年建馆之初就获得一批来自中国的文物，成为那个时代东亚以外最全面、最重要的中国艺术品收藏机构之一。馆里的中国文物藏品大约有1.8万件（套）[1]，囊括了中国艺术品文物的各个分支：陶瓷、玉器、金属制品、漆器、纺织品、家具、雕塑、象牙器、竹器、犀角器、玻璃、绘画、手稿和版画等。藏品的时代自公元前3000年至今，具有5000年悠长历史。其中，14世纪（明朝）以后的中国实用艺术藏品尤为丰富。

（二）V&A博物馆中的中国漆器收藏

V&A博物馆里的中国漆器收藏堪称该馆亚洲艺术品收藏一绝。关于中国漆器的判别和界定，需要做一说明。17世纪的欧洲社会，对亚洲缺乏清晰的了解，他们根本无法区分同处东亚的中华和日本，常常互为混淆。体现在输入到欧洲的东亚漆器，不辨所属，"鲁鱼亥豕"而混淆窜乱。当时的欧洲把"漆""漆器""漆艺"都用Japaning或Japaned来表述，因此进入到欧洲的漆器究竟是中国漆器还是日本漆器，常常发生误判错定。这种现象不仅出现在普通人身上，就连博物馆专业人员也不能幸免。笔者在藏品档案中见到多处对原产地或制作艺术风格不断推翻和修正的记录。在此前提下，目前馆方所统计的中国漆器达451件套之多。结合上述背景，恐怕其中有不少是日产漆器，或者日产漆器中仍有一些中国漆器有待更加深入细化地鉴别。

目前在V&A博物馆中收藏的中华漆器绝大部分是明清时期的雕漆艺术品，约有160件，而与本研究主题相关的明确产地或出口港为广州的漆器藏品有19件，制作时间集中在1680—1868年之间，是目前所知广作漆器收藏最多的欧洲博物馆。虽然很多中国漆器的入藏来源细节缺乏详细资料，但是也有相当部分的藏品还是有迹可循。特别是不少著名藏家在大批量的捐赠过程中，留下了珍贵的记录。有中国漆器品记录的著名捐赠事例，如下文所示：

① 英国著名东方瓷器漆器收藏家哈利·加纳爵士[2]和加纳夫人伉俪（Sir Harry Garner and Lady Garner）捐赠了25件（套）中国文物，其中有15件（套）是漆器，以雕漆为主。

---

[1] 自2015年以来该馆的藏品收录日趋完善。目前的线上公开资料约占整个博物馆藏品的52%，有120万件（套），其中中国（China）相关的藏品有24 694件（套）。
[2] 哈利·加纳爵士（Sir Harry M. Garner，1891—1977），资深的东方艺术品收藏家，历任东方陶瓷协会的荣誉秘书和会长。以陶瓷器、漆器收藏最为精湛，并留下了研究专著和专文。

② 英国著名家具收藏家克拉克陆军准将(Brigadier William Ellis Clark)[1]在1946年至1968年间，通过英国国家艺术收藏基金会向V&A博物馆捐赠了80多件家具，之后持续通过基金会资助博物馆购买更多的藏品。在克拉克准将入藏的家具中，有一批广州制或广州改制的金漆柜、椅，关于这批家具详见后述。

③ 捷克犹太人藏家弗里茨 Fritz Löw-Beer (1906—1976)，世界著名东亚艺术藏家，更是中国漆器专家和收藏家。他将大量的中国漆器藏品捐赠给V&A博物馆、美国波士顿博物馆、德国柏林博物馆等欧美的著名博物馆。

④ 英国学者大维德爵士(Sir David Percival)的中国漆器捐赠给了V&A博物馆。大维德爵士在20世纪初年开始收集中国艺术珍品，所收藏的中国艺术品之丰富在英国乃至欧洲都首屈一指。20世纪50年代他将藏品捐赠给伦敦大学，其中部分漆器藏品转手给了V&A博物馆。而这个博物馆现在是伦敦大学的一部分。

中国的漆器艺术品主要陈列在V&A博物馆的徐展堂艺术馆(The T. T. Tsui Gallery)。早在1988年香港著名商人徐展堂[2]捐资125万英镑援助V&A博物馆建立中国艺术品展馆。于是英国王室便提议以徐展堂的名字命名中国艺术馆，即The T. T. Tsui Gallery。1991年6月欧洲第一座中国人自己援助的艺术博物馆正式开馆，由当时英国王室的查尔斯王子主持开幕仪式。徐展堂艺术馆常设展览陈列了600件中国艺术珍品，陈列藏品中包括一张明宣德年间的宫廷漆桌，详见后述。

(三) V&A博物馆中的广作漆器收藏

V&A博物馆中的广作漆器收藏究竟呈现怎样的现状呢？本小节将对此作详列并叙述。

〔1〕圆形盖盒
一件在中国仿制的日本莳绘风格的漆品，不在V&A博物馆展厅陈列。
藏品号：W.26：1-1953
形制：圆形盖盒。

---

[1] 英国陆军准将威廉·埃利斯·克拉克(Brigadier William Ellis Clark CMG DSO RFA, b.1877)，克拉克少校担任炮兵连的指挥官，为赢得西部战争起到关键性作用并获得勋章(single 1914 star)。作为旅长退休后直至1965年间，他担任英国肯特郡副郡长。他作为资深家具收藏家去世后，成立了同名基金会(Brigadier William Ellis Clark Bequest)，旨在增加和改善V&A博物馆的17和18世纪英国家庭钟表和家具的收藏。

[2] 徐展堂(1941—2010)，江苏宜兴人，香港著名商人、中国政协委员。以乐善好施著称，曾任香港著名的慈善机构东华三院的主席。

尺寸：不明。

来源：不详。

年代：馆藏记录为17世纪晚期至18世纪早期。

工艺：髹漆、莳绘。

纹样：大象礁石图，回首的大象佩戴璎珞，背顶双莲盆花，礁石凌空在飘带云纹中，底部是激浪海水纹，岸上有松树；立面边饰是杂宝纹。

说明：盒子里的标签表示捐赠者于1904年在中国购买。

图影：限于版权，照片从略。

〔2〕异形盖盒

一件在中国仿制的日本莳绘风格的漆品，不在V&A博物馆展厅陈列。

藏品号：W.27：1-1953

形制：桃形盖盒。

尺寸：不明。

来源：不详。

年代：馆藏记录为17世纪晚期至18世纪早期。

工艺：莳绘。

纹样：仙鹤衔灵芝图，立面为桃叶纹。

说明：档案显示此盖盒购于中国。

图影：限于版权，照片从略。

〔3〕人像与盒

一个彩绘人偶全身立像和漆木包装盒，陈列于V&A博物馆欧洲1600—1815年展馆。

藏品号：FE.32～B-1981

形制：彩绘人偶全身立像，侧开门漆木包装盒。

尺寸：人像高33 cm，宽11 cm，厚11.5 cm；盒高42.2 cm，宽26 cm，深25.5 cm。

来源：不详。

年代：1710—1725年。

工艺：人偶为彩绘泥塑工艺，包装盒为髹漆描金工艺。

纹样：欧洲男士全身立像。漆木盒正面为山水图，两侧面为折枝花卉和蝴蝶图。

图影：限于版权，照片从略。

〔4〕异形盖盒

一个提篮型漆盒，不在V&A博物馆展厅陈列。

藏品号：796-1903

形制：器型为篮花型盖盒。
尺寸：高 3.8 cm，宽 9 cm。
来源：库珀(W. H. Cope)遗赠。
年代：1720—1725 年。
工艺：髹漆、描金、彩绘。
纹样：提篮中有鹧鸪(或鹌鹑鸟)、牡丹花(或宝相花)、菊花和稻穗；提篮口沿为双层莲瓣纹；提篮下半部分是冰裂梅花纹，开光处有莲蓬、莲藕、莲花和鹧鸪(或鹌鹑鸟)。
图影：限于版权，照片从略。

〔5〕大堂椅
一把椅子，自 1985 年始陈列于 V&A 博物馆苏珊·韦伯家具厅 135 室。
藏品号：W.16-1962
形制：欧洲客厅高背椅子。
尺寸：高 116 cm，宽 51 cm，深 58 cm。
来源：英国陆军准将克拉克于 1962 年通过国家艺术收藏基金会捐赠给 V&A 博物馆。
年代：约 1725—1730 年制作，1762 年后重绘。
工艺："广器"描金硬木漆板与欧洲椅架和椅脚拼装，纹章为油彩重绘。
纹样：随型边饰和家族纹章。
说明：椅子的最早的主人已无从考证。现纹章是赫伯特·帕金顿男爵(Sir Herbert Pakington, 7th Baronet)。
图影：限于版权，照片从略。

〔6〕大堂椅
一把椅子，长期借展陈列于英国国家信托的北约克郡南宁顿霍尔。
藏品号：W.16A-1962
形制：欧洲客厅高背椅子。
尺寸：高 116 cm，宽 50 cm，深 57 cm。
来源：(同上例〔5〕)
年代：(同上例〔5〕)
工艺：(同上例〔5〕)
纹样：(同上例〔5〕)
说明：(同上例〔5〕)
图影：参见本文图 1。

〔7〕边椅
一把椅子，不在 V&A 博物馆展厅陈列。

藏品号：FE.116&A-1978

形制：英国乔治一世风格的客厅餐椅。

尺寸：高 100 cm。

来源：不详。

年代：约 1730 年制作。

工艺：黑漆描金软木椅和填充马鬃的皮坐垫。

纹样：山水图、缠枝花纹、篮花图。

说明：椅子的拥有者是弗朗西斯·格雷维尔爵士（Sir Francis Greville，1719—1773），他是第八世布鲁克男爵（8th Baron Brooke），随后是华威城堡第一世华威伯爵（1st Earl of Warwick for Warwick Castle, Warwickshire）。这把餐椅是华威城堡一套 8 把椅子的其中一把。

图影：参见本文图 2。

〔8〕办公桌柜

一个桌柜，不在 V&A 博物馆展厅陈列。

藏品号：W.28：1 to 6-1935

形制：法式办公桌柜，洛可可式波浪状卷草纹柜头。柜内为中式神龛内部装饰，中间处反转盖面下来可以成为桌面。

尺寸：高 233.7cm，宽 112 cm，深 66.5 cm。

来源：不详。

年代：约 1730 年制作。

工艺：黑漆描金桌柜，有中式和欧式金属配件，上中下每层均独立配锁。

纹样：山水园林图、菊竹蝴蝶图、祥瑞神兽纹，边饰有竹叶纹和半七宝纹。

图影：参见本文图 3。

〔9〕矮柜

一个柜子，不在 V&A 博物馆展厅陈列。

藏品号：FE.38：1 to 4-1981

来源：不详。

形制：配有底座的双开门矮柜。

尺寸：高 107 cm，宽 120 cm，深 58 cm。

年代：约 1730—1770 年制作。

工艺：黑漆描金。外罩一层黄褐色光油。柜体有欧式金属配件，配锁。

纹样：亭台楼阁山水图，边饰为有圆形和直边椭圆形开光。

说明：购自巴黎 C. T. Loo & Cie.

〔10〕屏风

一架屏风，不在 V&A 博物馆展厅陈列。

藏品号：W.37-1912

形制：六曲屏风。

尺寸：高 218 cm，宽 366 cm。

来源：S. Mavrojani 捐赠。

年代：约 1730—1770 年制作。

工艺：黑漆描金。

纹样：亭台楼阁山水图，边饰为有日式菊丸纹、日式菊花唐草纹和直边椭圆形开光。

〔11〕剃须盘

一件皮质剃须品，不在 V&A 博物馆展厅陈列。

藏品号：FE.99-1982

形制：欧式椭圆形剃须盘。

尺寸：宽 34 cm，高 7.4 cm。

来源：不详。

年代：约 1740 年制作。

工艺：猪皮胎黑褐底描金，局部有红绿色彩绘。

纹样：底部纹样中心主题为荷兰或英国家族纹章。

〔12〕盖盒和底座

一个带底座盒子，不在 V&A 博物馆展厅陈列。

藏品号：W.316B-1921

形制：不规则对称盖盒与随形底座。

尺寸：高 15.7 cm，宽 12.7 cm。

来源：Sage 捐赠。

年代：约 1750 年制作。

工艺：黑漆描金。

纹样：盖盒顶部为山林间塔寺图；盒身一面为岸边松林茅庐图，一面为典型日式重瓣菊丸纹、捻蕊纹等；底座为唐草纹。

〔13〕折扇

一把执扇，不在 V&A 博物馆展厅陈列。

藏品号：345-1894

来源：Rev. William Hunter(1675—1729) 捐赠。

形制和尺寸：25 支木折扇，底部以铜钉做轴，上方以红色扁绸带做辅助串联。展开最大宽度为 38 cm。

年代：18 世纪晚期制作。

工艺：黑褐漆描金。

纹样：整体底纹是日本传统笼目纹[1]，主纹是葡萄纹。漆扇中央有椭圆形纹章，绘有 R.A.G. 字样。

〔14〕茶叶箱
一套茶叶箱，不在 V&A 博物馆展厅陈列。
藏品号：FE.170 to F-1975
形制：正方形翻盖茶叶箱，内有 2 个隔断，两组带盖锡制茶罐。
尺寸：外尺寸高 13.7 cm，宽 21.4 cm，深 12.5 cm。
来源：Mrs Constance Elizabeth Horton Bequest 捐赠。
年代：约 1790—1820 年制作。
工艺：箱体工艺为黑底描金，内胆为雕花锡制带盖茶叶罐。箱体带锁，有钥匙孔。
纹样：箱盖有 WJCCB 花字字样。底纹为日式笼目纹。开光内为梅花飞鸟纹，外为卷草纹和牡丹纹。边饰模仿欧洲加固宝物箱子的五金配件形成多方连续纹样。

〔15〕女红桌
一架女红桌，不在 V&A 博物馆展厅陈列。
藏品号：FE.27：1 to 25-1981
形制：欧式女红桌，共有 36 个组成部分。整体主要分为女红箱、储物筐、桌架三部分。女红箱分为两层，多格，针线配件为镂空象牙。箱体带锁，有钥匙孔。桌架为虎爪足。
尺寸：整体高度为 73 cm。
来源：Miss E. P. Cross 捐赠。
年代：约 1830—1850 年制作。
工艺：桌子整体为黑漆描金，内部配件是镂空雕刻象牙。储物筐的布料是绿色提花光面绸缎。
纹样：桌面内外纹样为亭台楼阁、宝塔、花船游园图。图样内人物众多，有年轻男女、老者和僧侣。桌脚为花叶纹。

〔16〕茶叶箱
一套茶叶箱，不在 V&A 博物馆展厅陈列。
藏品号：35：1 to 7-1852
形制：八边形翻盖茶叶箱，内有 2 个锡制茶叶罐。

---

[1] 笼目纹是以竹或藤编织而成的篾孔图案。因为编织方式看起来犹如驱魔符号的五芒星，或者两个正三角形上下重叠出的辟邪符号，因此被视为具有消灾除厄的含义。

尺寸：整体外尺寸高 14.5 cm，长 25.5 cm，宽 19 cm。
来源：1987 年 Johnson 捐赠。
年代：约 1850 年制作。
工艺：箱体为纸模胎体，黑漆描金。内胆为雕花锡制带盖茶叶罐。箱体带锁，有钥匙孔，箱底有四鹰爪足。
纹样：中心为人物亭台楼阁，外饰以笼目纹为底，蝙蝠、丸型繁花与飘带在上。开光为直线形饰边，圆角处为连续海棠型开光，开光内花蝶宝卷纹，并有点金在留白处作底，开光外为金底梅花纹。箱体有同款开光和人物亭台楼阁。提拉翻盖后可以见盖内为黑底描金，两位仕女坐在亭台树荫一角。箱内饰边为卷草纹，锡纸盖棺为卷草纹刻花刻画。

〔17〕漆扇和盒子
一套执扇，不在 V&A 博物馆展厅陈列。
藏品号：T.674&A-1919
形制：折扇，不规则漆木扇骨，丝绸纸张复合扇面。扇末挂有 2 束白色流苏。配套的盒子是有织物内衬的竹子型漆木盒。
尺寸：展开最大宽度为 44.4 cm。
来源：Miss E. Buckler 捐赠。
年代：约 1850—1860 年制作。
工艺：扇骨和盒子为黑底描金工艺。丝绸纸张复合扇面。
纹样：盒子上有草叶纹。扇面一面为黑底彩绘花鸟图，一面为浅底人物亭台楼阁图。扇骨有不规则开光，内有人物亭台楼阁图，外有花蝶纹。

〔18〕箱
一个箱，不在 V&A 博物馆展厅陈列。
藏品号：177-1898
形制：带有金属铰链和左右把手的扁箱子，盖面为圆角，可提拉式翻开。
尺寸：宽 44.5 cm，深 31 cm，宽 13.5 cm。
来源：1987 年 Johnson 捐赠。
年代：约 1860 年制作。
工艺：黑漆描金。
纹样：盖面呈同心圆方式层次分明，分割相间人物亭台楼阁和纯图案纹样。中心为人物亭台楼阁，外饰以波浪纹为开光，外一圈为卷曲龙纹。开光为直线形饰边，圆角处为长卷式人物亭台楼阁。箱体有连续复杂花型开光，开光内为人物亭台楼阁，开光外为复杂卷叶纹和唐草纹填充。

〔19〕扇和盒子
一套执扇，V&A 博物馆不列颠展馆 125c 室（British Galleries, Room

125c)陈列。

藏品号：622&A-1868

来源：不详。

形制：折扇，漆木扇骨，纸张扇面。扇末挂有3束红绿白流苏。配套的盒子是有织物内衬的带锁漆木盒。

尺寸：不详。

年代：约1850—1868年制作。

工艺：扇骨和盒子为黑底描金工艺。纸张扇面上有象牙人物贴面和丝绸衣服贴面。

纹样：扇面一面为中国刑罚场景，一面为游园，边饰为八宝纹。扇骨为三联不规则形开光，内有人物庭院场景，外有花鸟纹和八宝纹，并有点金填充其间。

上述19件广作漆器是目前整理V&A博物馆公开资料的结果。随着调查工作的进一步深入，或许会有陆续更新。即便材料有限，也呈现了广作漆器的一种基本情况。以上述实物为分析对象，下节中将对广作漆器的制作工艺和装饰设计展开讨论。

二、"广器"的制作工艺和装饰设计

(一)"广器"工艺特点

1. "广器"的胎骨

"广器"的胎体有珍贵的硬木、常用的软木木材以及新材料纸质浆、皮胎等数种。

中国传统家具一般以漆木为主，《周礼·考工记》等传世文献已经有所记录，战国秦汉以来的出土实物更是丰富多彩[1]。中华家具的胎骨一般使用杉木、榉木、楠木、榆木、槐木、核桃木等软木，为了固胎强骨普遍髹刷生漆，以完成华美坚固家具的制作。明代隆庆年间开港后，与东南亚诸国贸易频繁，出现了以紫檀木、乌木、黄花梨、鸡翅木、铁力、酸枝红木等名贵的硬木烫蜡制作的家具。硬木家具受到明朝宫廷的偏爱，自成一派。明人追求名贵的硬木的自然纹理和光泽，表面处理只做染色、抛光和上蜡，极少以漆覆盖纹理。明末清初，东南亚各国的海外贸易先后被葡萄牙、西班牙、荷兰、英

---

[1]例如，河南信阳长台关一号墓出土的战国六足黑漆彩绘床榻、湖北曾侯乙墓出土的战国漆木禁、广州西汉南越王墓出土的漆木屏风、山西大同司马金龙墓出土的北魏红漆彩绘屏风、安徽朱然墓出土的三国宫闱宴乐图漆案等。

国等掌控。到了18世纪主要是被英国和荷兰的东印度公司所垄断。这时期东南亚出产的硬木通过复杂的贸易网络首先进入广州。因此,广州地区得天独厚获得珍稀的硬木材料,具备了"广作"硬木家具生产的有利条件。上文所述的这批V&A博物馆馆藏"广器",工艺在不断发展和迭代,以适应采购方的消费市场。"广器"的大型家具在胎体框架上主要依托的是广州工匠擅长的硬木家具传统。V&A博物馆藏家具里的例〔5〕、例〔6〕大堂椅,背板是平板硬木。硬木质地致密,不易变形,适合做这种整板款式。

V&A馆藏大部分"广器"家具是软木胎体加施髹漆的工艺。经过细致对比观察,制备的漆灰层工艺与传统披麻挂灰的材料和工序有所不同,这常作为判断其是否是"广器"的特征之一。以例〔15〕女红桌的破损处并结合其他传世广器破损处的观察,可略知这些外销漆家具的髹漆工序:首先,在木质胎骨上先上一道底灰层。这一层底灰是浅橙色的,推断其在底灰层中加入了淘洗筛选的广东赤红泥,或其烧制而成的红砖磨粉后使用。红泥或红砖粉与其他浅色泥土或砖灰瓦灰混合制成底灰。然后,在底灰层上敷施纸张,代替了传统披麻挂灰工序[1]。平滑的纸张覆盖在胎骨后,无须增加挂灰步骤就有光滑的表面。之后,在纸张表面上一道细腻的白色面灰层。最后,再在其上髹漆和做其他装饰工艺。此种工序是对传统的革新,省时省功省料,但因为材质的性能不如前稳定,对"广器"造成了不良的后果,常有分层剥落的现象。

从馆藏品中还可见纸质胎。藏品例〔16〕茶叶箱的纸质胎技术被称为Papier Mâché,是从19世纪中叶开始使用的纸制压胚新工艺,在世界范围内流行,经过不断更新迭代,至20世纪20至30年代才被其他新工艺取代。Papier Mâché是法语,意为纸制胎,也叫纸糊法、混凝纸。纸制胎工艺是利用纸条、纸片和糯糊,一片一片、一层一层叠加在模具上,待干透后成型为胎骨。再在其上直接髹漆,制作出成批量造型复杂奇特而又轻巧的产品。这种工艺经过多次技术更迭,发展至后期把纸和黏合剂搅拌做成纸浆混凝物,压铸成桌椅柜等大中型家具。这种工艺省去了耗时漫长、复杂多工的传统胎体制作,价格较前更低廉,可以翻模批量生产,满足中低端市场。

此外,馆藏的小型"广器"例〔11〕剃须盘,使用皮为胎体。虽然缝合处已被漆层遮盖,仍可在椭圆形的长边观察到3个圆点凸起,疑似钉子顶部,推测其使用钉子加强加固。

2. "广器"的装饰工艺

由于欧洲盛行的风格一直都偏向东方风情,颜色的选择上以金色为主,凸显金碧辉煌、富裕奢靡的效果。金、银这样的贵金属被大量运用在家具和器物上。馆藏的19件"广器"基本都使用了金、银材料。金漆工艺,或称描金

---

[1] 挂灰施布工序,即使用麻布、夏布、棉布在包裹胎骨后挂灰覆盖织物的网眼,灰层从粗到细,经数道打磨工序,此后方才髹漆。

工艺是传统漆器的装饰工艺,"广器"常用黑底或红底髹漆,继而描金。对金的使用,大概可以分为贴金、泥金和莳绘,这样制作出来的效果,既庄重又金碧辉煌,恰好与欧洲购买方的潮流匹配。"广器"在大面积的平面上都会配有绘画,画面叙事性强,笔触丰富,可以归纳为"丹青入漆"。画面利用不同纯度的金箔、银箔来代替水墨,冷暖色调的金、银描绘着不同的对象,在一些重要的、结构复杂的地方则用金与银相间的方式描绘。例〔1〕圆形盖盒、例〔7〕边椅、例〔12〕盖盒和底座、例〔15〕女红桌、例〔18〕箱就是以金和银相间的方式来描绘的。其次,"广器"吸收继承了当时流行的日本"莳绘"工艺技法。不少作品使用喷洒金粉的方式。如例〔7〕边椅的局部,例〔1〕圆形盖盒和例〔2〕异形盖盒的盒内壁都使用了喷洒金粉的工艺。两个盖盒与例〔8〕办公桌柜、例〔15〕女红桌的局部运用了日本"肉莳绘"工艺。所谓"肉莳绘"工艺就是将厚涂漆灰雕刻成型后,打磨光滑,达到浅浮雕的效果,然后再在其上髹漆贴金。

在此基础上,"广器"还发展出一种金银相叠的独特的描绘方式。如例〔7〕边椅的树丛,先使用"莳绘"技法,洒金做底,呈现渐变效果,描绘出树丛的体型和外在的轮廓,然后在其上运用"描银"笔触来提亮,用以表示树叶的形状和蓬松的形态。

除了金漆工艺外,"广器"也使用了彩绘工艺。油彩的媒介剂有桐油、紫苏油等材料,加入松香树脂和色粉调制而成。例〔11〕剃须盘为黑褐底描金,局部有红绿色彩绘。传统彩绘有油彩和粉彩,油彩能耐水和耐磨,所以推测剃须盘的彩绘是油彩。例〔3〕人像与盒的泥塑人偶彩绘推测也是油彩。例〔5〕、例〔6〕大堂椅,纹章是在转手后重绘的。重绘时使用欧洲的油性颜料来模仿彩绘。这种材料与欧洲工匠熟悉的油画材料非常相似,油画颜料的成分主要是亚麻仁油或核桃油与达玛树脂(或松香、虫胶)混合色粉调配而成。这情况与当时欧洲兴起的模仿亚洲漆研制而成的"仿漆"材料有关。根据当时的漆艺艺术家手册,配方主要也是色粉、虫胶和亚麻仁油。

3."广器"的表面处理

传统漆器的抛光和推光技巧,使得漆面呈现温润平滑的表面,例〔5〕、例〔6〕大堂椅、例〔8〕办公桌柜、例〔15〕女红桌的漆面,光滑如镜。但是,如例〔15〕女红桌桌面的金层已磨损殆尽,只见红色贴金底漆层,这是由于金层很薄,容易磨损。经过观察发现有部分"广器"在金层之后,会上最后一道透明的罩金漆层。

(二)"广器"的装饰设计

"广器"作为外销定制品,整体风格上受到同时期英国家具设计风格的极大影响。英国18、19世纪的装饰艺术风格庞杂,潮流多变,不同的风格并存,异彩纷呈。由于英国王室来自不同的文化继承者,于是不同的王室其政治意图和审美情趣也各不相同,追求的风格往往特意区别于前朝。以王朝的审美风格而言,可以分为威廉和玛丽共治时期风格[1]、安妮女王风格[2]、乔治亚风格[3]、维多利亚风格等。其中乔治亚时期的家具风格持续了近100年,维多利亚风格持续近70年。而从民族国别的角度来讨论,18世纪的英国家具风格前半期是受到法国的巴洛克-洛可可的影响,而后半期则由英国本土的风格为主导。而到了19世纪,维多利亚女王执政时期,则形成对所有样式的装饰元素进行自由组合的"维多利亚风格"[4],形成了艺术复辟。

1. "广器"的形制风格

英国家具风格的沿革一直伴随着对古典主义、东方风格、中国情调的不同理解。随着贵族阶层和中产阶级对装饰艺术发展的推动,以消费主义为背景的家具市场上,设计风格不断发生剧烈的变化。这些不断变化风格的需求也传递到了广州。18世纪中叶每一种消费需要,都由家具设计方和制作方的通力合作而获得满足。流行的设计师图集得到广泛的传播,像椅子、橱柜、床和桌子,有无数种设计方案,单是洛可可式的椅子就有几百种样式。此时广州的工匠熟练地掌握了家具各种时期风格的制作,而且能够提供如套桌、折叠桌、办公桌柜、女红桌等复杂的大型豪华家具定制。下文就上节所列举的V&A博物馆藏品,展开分析。

1) 乔治亚早期风格椅子

乔治亚早期风格深受意大利巴洛克风格的影响,并逐渐形成了高度装饰的本土英国风格。这与之后兴起的法国洛可可浪漫奢华的风格有所区别。例[5]、例[6]大堂椅具有典型的乔治亚早期风格,设计大方,背板的边缘作成圆滑倭角状,整体造型简练。此款椅子是流行于欧洲的传统城堡府邸大堂家具。通常成对排列在大堂主厅入口两旁,大堂椅的主要功能是展示房子主人的家族纹章。椅子一般为高背直板式和各色椅脚,不配套软坐垫,只是为客人等候迎接或仆人偶尔使用准备的,设计上不考虑舒适度。霍顿庄园也有一套以例[5]、例[6]大堂椅"广器"描金漆椅为基础的变体漆椅。

例[7]边椅是英国华威城堡餐椅八件套之一,也是乔治一世风格。椅子通常配套茶几和餐桌成套使用。这把椅子的上部分别为倒U型印度式椅背、罗马式爱奥尼亚式柱头颈靠、亚洲宝瓶状扁平背板和宝瓶底座式腰板,

---

[1] 大约流行于1695年到1730年,这一风格是以奥兰治国王威廉和皇后玛丽共治命名。威廉和玛丽来自荷兰,他们带来了荷兰的影响。
[2] 流行于18世纪20年代到1750年左右,这一风格是以英格兰的安妮女王命名的。安妮女王风格的家具经常将早期的威廉和玛丽时期的元素与后来的奇彭代尔风格融合在一起,这往往使得安妮女王风格的家具很难准确地确定其年代。
[3] 流行于1714年至1830年,乔治亚风格是以英国国王乔治一世、乔治二世和乔治三世、乔治四世(摄政时期)命名的。
[4] 哥特复兴样式在英国首先备受推崇,经常随机地使用几种风格的元素:文艺复兴式、罗曼式、都铎式、伊丽莎白式或意大利风格。维多利亚时期对这些风格的重新演绎加入了更多现代的元素,从某种意义上说是对原有风格作了完善。

椅架上的牙板有括号状的券口牙子,而椅腿是典型的卡勃罗尔腿,这把椅子集亚欧家具的多种元素于一体。这种广州定制的椅子在中国广州等地区也曾经流行并一直保留至今,俗称"小姐椅"。该类椅子实用性强,通常配有皮坐垫,后期还配有皮背靠,还常常作为餐椅和梳妆椅之用。比如有一对同类边椅现在留存于英国北约克郡本宁堡,椅子陈放在主卧的衣帽间,并配合"广器"梳妆柜一同使用。

2）英式洛可可风格的办公桌柜

"有抽屉的办公桌（或写字台）"的出现始于法国路易十四中期,从宫廷家具演变为具有办公或处理业务的功能。18世纪初这种办公桌柜在英国、爱尔兰和美国变得越来越受欢迎。桌柜通常被陈放在卧室或衣帽间里,而不是书房或会客厅里。它们是新潮流和私密空间的象征。每层抽屉和柜门都带锁,被用来放置书籍和信件等,底部的抽屉则用来储存衣物。例[8]办公桌柜是一件糅合了世界各地风格的豪奢家具。此桌柜拥有波浪状卷草纹柜头,柜顶是个圆雕,一只展翅大鹰单脚站立在贝壳上,把法式洛可可浪漫风情发挥得淋漓尽致。上层立柜柜门为带锁双开门,柜内由复杂的多层抽屉组成。柜内装饰着中国式的立柱和镂空格花的房檐,正中央上方挂有一幅巴掌大小的立轴山水画,柜背板描绘的是盆花清供。整体配合如同一座小型两进式的中式老宅。立柜底层有两层四个抽屉,配有倒挂的吉祥如意云五金把手。桌柜下层是波浪形三层带锁抽屉,每层装有2个较大的同款把手。在立柜和抽屉柜中间是一个翻盖式的写字台,翻开可以作为写字台面板,闭合时可作为配有锁的盖板,写字台内中央有带锁暗格和平板抽屉,两旁立柱是罗马柱变体的竖形抽屉,左右上层为信封隔间和2排4个波浪形小抽屉。柜脚为兽爪状。就其结构而言,桌柜是欧洲橱柜工艺最为复杂豪华的产品之一。

3）维多利亚风格女红桌

欧式女红桌是缝纫机的前身,早期没有桌脚,是一个箱体,也叫女红箱、工作箱,是女性的日常家具。18世纪70年代开始在英国流行可移动的女红桌。它跟随女性一天的活动轨迹,客厅、阳光房、书房或闺房,还可以根据需要挪移到光源或暖炉旁。典型的女红桌分为箱体、储物收纳、桌脚架三部分。箱体上方的面板为翻盖设计,闭合的时候可以作为画桌、书桌、咖啡桌、茶几和游戏牌桌,所以一般面板磨损最为严重。打开箱体后,里面一般分为上下两层,奢华的女红桌箱内还配有昂贵的象牙镂空雕花的小配件,如线圈、线板等针线工具和隔断。储物空间有2种类型,分别为储物抽屉和可收纳的织物筐体。例[15]女红桌是19世纪中叶维多利亚风格的产品,此时的女红桌是女性社交型的奢华家具。这架女红桌有明显的使用痕迹,桌面磨损严重,箱体内的象牙配件尚存几片线圈的隔板。女红箱下面有风琴式设计的储物筐可以从箱体底部抽拉出来。亮绿色的提花丝质袋储物筐可以收拢、打褶或垂下与桌子齐平。桌脚和箱体可以轻松分离组合,满足轻松搬动放置在不同场合的需要。

2."广器"的纹样图案

早期"广器"的纹样图案是根据客户的需求而定制的,风格工艺逐渐成熟后,形成了十三行"广器"纹样的独特风格,比较突出的现象是日本风格的纹样融入到设计中,换言之,"广器"漆器上的纹样融合了中、日、欧的传统图案,形成了杂糅东西方文化的艺术风格。仅从 V&A 博物馆所收藏的"广器",便可观察到这种风格纹样的频繁运用。

① 日式七宝纹与卷草纹变体边饰

例〔5〕、例〔6〕大堂椅的背板边饰为多方连续的半个七宝纹与卷草纹融合变体,组合成富有曲线韵律的纹样。参见本文图 4。这款边饰纹样还在例〔8〕办公桌柜立柜里的上中下隔断边饰、例〔14〕茶叶箱翻盖后的内边饰上重复出现。

② 日式菊丸纹、唐草纹、捻蕊纹、笼目纹、葡萄纹

例〔10〕屏风框架边饰上有日式菊丸纹、日式菊花唐草纹。参见本文图 5。例〔7〕边椅的倒 U 型背靠装饰为缠枝扁菊唐草纹。参见本文图 6。例〔12〕盖盒和底座盒身一面为典型重瓣菊丸纹、捻蕊纹等,底座为唐草纹。参见本文图 7。例〔13〕折扇整体底纹是笼目纹,主纹是葡萄纹。例〔14〕茶叶箱的底纹为笼目纹。参见本文图 8。

③ 金地镂空卷草纹

例〔9〕矮柜的边饰开光内、例〔13〕折扇的顶部纹饰和〔18〕箱体外壁底纹的纹样基本一致,都为金地镂空卷草纹。参见本文图 9。

④ 围绕开光的杂宝纹饰

主要有单层或多层五瓣花纹、书卷纹、佛手柑纹、折扇纹排列组合而成,纹样之间以花叶、蝴蝶、丝带等连成一体,底纹为密集的点状描金,围绕着开光内的主题纹样。参见本文图 10。如例〔16〕茶叶箱箱体外壁、例〔17〕漆扇和盒子的扇骨、例〔19〕扇和盒子的扇骨均有出现。

"广器"漆器纹饰中的开光方式与传统迥异,表现出中欧艺术风格的融合现象。"广器"的图案开光并非传统的扇形、菱形、方形、椭圆形,而是以枝蔓、凤凰、龙,甚至不规则图案围合成为"开光"边界,这应是借鉴了欧洲洛可可风格的画框而来的。如例〔17〕漆扇和盒子的扇骨、例〔18〕箱、例〔19〕扇和盒子的开光。参见本文图 11。

"广器"纹样除了具有创新性和多元丰富以外,还大量运用单幅绘画作为主题,构思在每个开光内和平面结构上。19 件藏品内,有 13 件都运用这个方法,是为"丹青入漆"的现象。"广器"在竖板上采用传统中国立轴式的山水和亭台楼阁为多,运用透视三远法构图,如例〔3〕人像与盒、例〔8〕办公桌柜、例〔9〕矮柜的门、例〔10〕屏风、例〔7〕边椅椅背等竖板,描绘的都是竖构图的立轴式漆画。

"广器"在箱体外壁、抽屉、开光内主要是横构图,运用散点透视的长卷

形式为主,主题内容是叙述性的生活场景和神仙鬼怪的故事。如例〔8〕办公桌柜的抽屉、例〔15〕女红桌的女红箱体、例〔16〕茶叶箱开光处、例〔17〕漆扇和盒子的扇骨开光处、例〔18〕箱外壁开光处都是横构图的长卷式漆画。

日本画浮世绘的绘画语言也进入"丹青"内绘制,如例〔7〕边椅的宝瓶背靠中的山水图里,融入了工字形的霞取纹和干阑式建筑等浮世绘元素。

除了传统山水、花鸟、亭台楼阁等画面外,由于是定制市场,以客户喜好为主的元素也进入画面,如舢板花艇、尖塔、木构楼阁、和尚、长辫子男人、头发高耸的女人等。例〔19〕扇和盒子的纸质扇面,描绘的是刑罚场景,也是欧洲人喜欢的一个题材,常见于纸质外销画,如水彩画、通草画。

三、"广器"的采购、订制流程及其特点

明朝嘉靖年间开始,葡萄牙人最先从中国订货购得定制商品,而这些商品的形制款式、纹样装饰都是按葡人的要求量身定制,符合欧洲人的审美习惯,从而满足了当时的贸易中心里斯本市场的需求。

清顺治年间颁行海禁政策,导致清代初年的对外贸易一直处在停滞状态,其间只与少数几个国家维持着朝贡贸易。康熙二十三年(1684)清政府解除海禁,开放粤海关、闽海关、浙海关和江海关。虽然开海令仍然附加着诸多限制,但是西方国家的商船仍然纷纷开往中国。由于地理、军事、气候等种种因素,来华贸易的西方商船逐渐集中于广州。1757年清政府将西洋来华商船集中到广州一港,实施粤海关"一口通商"的政策。直到第一次鸦片战争前广州是清代官方认定的对外贸易中心,实行一整套特殊的贸易模式:即在粤海关监督下,通过引水人、通事、行商、买办等各级工作人员,对来华外商及其贸易活动实行严格的限制和管理。行商作为外商在华贸易的垄断性中介,这些行商今天通常被称为"广州十三行"。广州十三行运行机制诸如承商制、保商制、总商制、揽商制、公行等,在本质上是清政府确保能够实现以商制夷、确保税收的方式。

另一方面,欧洲各皇室支持和授权给各自的商队,派遣船只前往中国并享有商品的销售权。1715年英国东印度公司在广州首设商馆,法国于1728年、荷兰于1729年、丹麦于1731年、瑞典于1732年相继设商馆。1757年"一口通商"颁布后,外国在粤商馆激增。1788年美国也在广州开设行馆。虽然英国东印度公司在1858年被英国政府取消,但英美商来粤数量仍然最多[1]。"广器"长期被十三行和英国东印度公司垄断,以英国V&A博物馆

---

[1] [清]魏源《海国图志》(岳麓书社,2011年)卷八十三徐继畬《夷情备采三》:每年中国与各国贸易,并中国出口与外国贸易者约直银八千万员。以英吉利、米利坚为最大。

馆藏的"广器"作为重要的考察对象,即具有典型性意义。

通常来自各国的商船,每年五、六月间泊靠广州港,带来异地的工艺品、土特产和工业品,在十三行商馆卸货交易后,带着中国货物,于九、十月间乘风回归故土。换言之,"广器"为适应季节性出口贸易,在一系列的收订单、粉本底稿确认、"广器"制作、验收出货上的时间一般只有5个月,这迫使制作上需要压缩每道工序,包括制胎、髹漆、阴漆、打磨抛光。所以在胎体上,从繁复传统的披麻挂灰髹漆逐步以混凝纸胎代替。从漆工艺上,选择时效上最优的"描金"漆工艺。

早期属于奢侈品的"广器"家具,以其昂贵的价格和购进渠道稀少,基本上是私人贸易的专利。从货主和收藏机构推断"广器"的不同采购特点:最为豪奢的产品订购一般来自欧洲的皇族、高级贵族以及东印度公司的船长等,他们会得到一部分超级仓位来存放他们购买或被委托的货物。采购者以身居皇宫、城堡的皇族、宠臣等为代表的欧洲顶层贵族们,以定制成品家具为主。以例〔7〕边椅和例〔8〕办公桌柜为例。这种商品整体体积庞大,不能叠加存放,需要占据大量货船吨位,必须是贵重的奢侈品才能如此浪费珍贵的仓储空间。其次是以庄园主为代表的欧洲各级贵族,他们通常定制半成品的椅子如例〔5〕、例〔6〕大堂椅的背板,例〔9〕矮柜,例〔10〕屏风。将中国制的漆板材运到欧洲,在当地组装成立体的家具。这种板材只需要运输平板就可以了,体积小,占据货船吨位少。到了19世纪,商品化的轻奢品"广器"更多的是制作小型器物,以满足下沉市场的需求。

在广州十三行贸易制度下,中国商人和工匠在与订购方多年的交往中,越来越熟悉西方的款式和制作要求。因为定制的外销家具基本都是英国款式,所以需要提前准备好设计图纸、粉本或模型,甚至又可能需要提前运至广州,提供样式给工坊,以确保工匠对三维结构、空间结构的理解。以例〔5〕、例〔6〕大堂椅背板的残损为例,背板整体工艺成熟,圆边倭角的整板平整,而与之形成对比的是与椅座架的接合处有不成直线的裁板痕迹以及与之呈垂直方向的长裂纹,可以推断此操作为漆板到达欧洲后,由当地工匠裁切漆板所致的损伤。而且,可以看到,由于是用榫卯拼装当地的椅架和椅腿,在应力作用下,沿着漆板的底端,有长裂纹延展开来。这种半成品采购再加工的方式是跨国贸易和工业革命的产物。海外工坊提供半成品,大大推动了英国本土的家具产业从原来传统手工艺向专业化和规模化转变,自由企业纷纷成立,销售渠道迅速重新改组。企业家在组织生产和销售方面起到重要作用。"广器"参与18世纪的英国家具的黄金时代,是推动英国工业革命劳动专业化的因素之一。

四、结　语

中国的漆器,至少有八千年的制作使用历史,经过春秋战国宋元明清的三大高潮，18—19世纪的中国漆器仍然居于世界顶峰。特别是明清以来，大量的宫廷制漆资源向民间溢出，推动了地方制漆事业的发展，漆器再一次走向民间使用，特别在家具这方面。

17—19世纪欧洲对东方漆器的需求是欧洲工业革命之后在全球化的背景下关注东方世界的体现。欧洲接触到以日本为主的东方漆器，也把漆器称为Japan。由于当时的幕府实行闭关锁国政策，堵住了欧洲跟日本之间的交往通道，迫使欧洲主要通过中国（广州）一口连通西方社会。在这个过程中，欧洲也渐渐了解到漆器的源头在中国。而明清中国漆器精湛的工艺也深深地吸引了欧洲。

另一方面，乔治时期的英国正在努力建设其帝国，成为世界上最富有的国家之一。农业和工业革命及其蓬勃发展为全球贸易催生了一个新兴的、越来越富有的资本家阶层。乔治亚风格的历史是由企业家、投机者等阶层所塑造，他们对装饰设计尤为热衷，推动着奢侈品消费市场。广州作为清廷的主要贸易输出地，"广器"见证了这个疯狂的时代，并注入了自己的特色。

精工的"广器"家具价值不菲，经常作王公贵族间的婚礼、乔迁礼物。潮流设计师也选择"广器"家具，彰显业主的富裕和地位。设计师通常为新宅设计一处或几处有异国风情的"中国房间"或"东方空间"，这作为一种新的时尚为上流社会所追捧。代表广作漆器工艺水平的大型成套家具基本上反映了欧洲的前沿潮流，迎合欧洲人的生活习惯，比如女红桌、椅子、办公桌柜、茶叶箱等。"广器"家具主要摆放在两种重要空间，一为会客空间，另外则是女性社交空间。会客空间有主厅门廊、门厅、餐厅等，一般是成套的漆木桌椅、柜子，配合摆放古董雕漆盖盒、青花瓷器、广彩瓷器。屏风甚至会作为墙绘的一部分剖开展示，或作为隔断放在壁炉、餐桌旁。另外一个重要场景是女性空间，"广器"家具使用场景多在闺房、新婚卧室、女性长者卧室、下午茶室、书房、衣帽间等，这类是女性喝茶、游戏玩乐、阅读写字的空间，多有摆放纤细的独脚茶几、茶叶箱、棋牌游戏盒、三重或四重套桌、小漆柜、女红桌、写字桌柜等，配合典雅的广州产水彩墙纸、通草画、纺织品，营造异域风情的奇幻世界。

广州十三行外销"广器"，为全球化视野提供了一个鲜活标本，影响至今。

图1 大堂椅(藏品号 W.16A-1962)[1]　　图2 边椅(藏品号 FE.116&A-1978)

图3 办公桌柜(藏品号 W.28：1 to 6-1935)

---

[1] 图1~11图片版权均来自 V&A 博物馆(Victoria and Albert Museum, London)

图 4　日式七宝纹与卷草纹变体边饰

大堂椅(藏品号 W.16A-1962)

图 5　日式菊花纹与菊花唐草纹边饰

屏风(藏品号 W.37-1912)

图 6　缠枝扁菊唐草纹装饰　　　　**图 7　重瓣菊丸纹、捻蕊纹及唐草纹**

边椅(藏品号 FE.116&A-1978)　　　　盖盒和底座(藏品号 W.316B-1921)

图 8　笼目纹

茶叶箱(藏品号 FE.170 to F-1975)

图9　金地镂空卷草纹

折扇（藏品号 345-1894）

图10　围绕开光的杂宝纹饰

扇和盒子（藏品号 622&A-1868）

图11　以枝蔓等图案围合成的开光

箱（藏品号 177-1898）

An Investigation into the Exported Lacquerware of the Thirteen Hongs of Canton: Centered on the Case of the Canton Lacquerware from the V&A Museum Collection

Abstract: The trade of the Thirteen Hongs in Canton, which began in the late seventeenth and early eighteenth centuries, was, in fact, the trade between Canton and London. The nineteen pieces of Canton lacquerware stored in the V&A Museum bear witness to the changes in style, the iterations of craftsmanship, and the evolution of motifs across different periods. As an export product, the main type of lacquerware produced was fashion furniture. At first, it catered to the quest for quality and craftsmanship from the European royalty and high society. It employed Baroque-Rococo and Orientalist styles. In its techniques and ornamental patterns, the furniture combined the traditional Chinese way with Japanese ukiyo-e and maki-e. However, the industrial revolution and the rise of the middle class in Europe stimulated the ever-greater demand for Canton lacquer ware, requiring faster and mass production. At the same time, these developments facilitated the standardization of Canton lacquerware and increased the productivity of Canton's artisans.

Keywords: Canton Lacquerware, Export Products, Style, Ornament, Technique

一艘沉船讲述的"海丝"故事
——关于中小型博物馆融入"一带一路"建设的思考与实践

孟 玲*

摘 要：以葫芦岛市博物馆挖掘、提炼、盘活绥中三道岗沉船出水文物资源为例，从积极策划与参与主题展览、完善社会教育功能、借助平台优势提升城市形象、带动基层博物馆群对海洋文化资源的保护与研究等方面，介绍葫芦岛市博物馆在营造良好文化氛围、宣传丝路精神工作中的一些思考与经验，以期为同类型藏品资源有限，人员、经费不足的中小型博物馆提供一些融入"一带一路"建设的新思路和新方法。

关键词："一带一路"建设 中小型博物馆 博物馆资源

2013年习近平总书记提出共建"丝绸之路经济带"和"21世纪海上丝绸之路"重大构想，这是构建人类命运共同体的伟大实践。"一带一路"倡议，得到了国际社会的广泛关注和沿线地区的积极响应。随着社会服务职能的不断强化和社会公众之间距离的不断拉近，博物馆以潜移默化、润物无声的传播方式和独特资源优势，日益成为传承中华优秀传统文化、弘扬社会主义核心价值观的主要渠道和重要课堂[1]。在"一带一路"建设推进中，作为文化传播阵地的博物馆，思考和探索如何利用好自身的文化资源，阐释以"和平合作、开放包容、互学互鉴、互利共赢"为核心的丝路精神，促进"一带一路"沿线地区文明交融和民心相通，为多边合作奠定良好的文化氛围，意义重大。全国博物馆总数占比超过三分之二的中小型博物馆如何在文物资源、策展能力、专业人员及资金支持相对匮乏的情况下，积极参与"一带一路"文化建设呢？葫芦岛市博物馆通过对绥中三道岗沉船出水文物资源的挖掘、提炼、盘活，在展示古代"海上丝绸之路"精神和内涵、引发社会对"21世纪海上丝绸之路"的关注和思考方面，取得了较好的社会反响，希望可为同类型中小型博物馆提供一些经验和启示。

---

* 作者简介：孟玲，葫芦岛市博物馆副研究馆员。
[1] 郭长虹：《发挥博物馆传承中华优秀传统文化、弘扬社会主义核心价值观的作用》，《中国文物报》2015年3月10日第3版。

一、让文物"活起来",积极参与、策划主题鲜明的展览

葫芦岛市博物馆是以服务社会发展,满足人民幸福生活文化需求为宗旨,以保护、研究和展示地域历史文化遗存,增进人们对辽西地区传统文化的了解和认知,激发观众民族认同感和文化自信为目标的市级综合性历史博物馆。目前拥有文物1 136件(套),藏品大多数为本地区考古成果,其中以白釉褐彩云雁纹瓷罐、兔毫斑纹碗为代表的绥中三道岗元代沉船出水瓷器,在馆藏品中占有重要地位。绥中三道岗沉船是北方沿海地区为数不多的水下遗址之一,当属环渤海西岸航线上从事贸易的航船,沿岸驶向东北途中,在三道岗海域搁浅沉没。葫芦岛市博物馆收藏的这批出水瓷器均为磁州窑瓷器,以白釉黑花为主,亦有少量的黑釉、蓝釉、白釉和白釉棕色花;器型有大罐、大盆、深腹盆、碗、盘、碟、器盖、梅瓶。辽宁绥中三道岗元代沉船的发现,不仅标志着中国水下考古进入了独立开展工作的新阶段,而且为研究磁州窑产品的内外销售情况,以及研究中国陶瓷史、造船与航海史、河北辽宁一带与朝鲜及日本的海上丝路贸易等都提供了重要的实物资料。

文物是为社会发展服务的,文物的核心价值是文化。文物与社会公众的联系主要是通过展览来实现的,展览是博物馆挖掘与利用自身文物资源最直接、最有效的方式。葫芦岛市博物馆通过展览形式揭示三道岗元代沉船瓷器的文化内涵,讲述"海丝"故事,弘扬"海丝"精神,大致经历了三个阶段。

(一)踊跃参与主题联展,精品文物"高调亮相"

与大部分区县级"中小馆"情况相近,葫芦岛市博物馆在藏品研究、策展能力、展出条件、策划宣传和社会公共文化服务水平等各方面都与国家级、省级馆等"大馆"存在巨大的差距。在没有能力举办主题展览的情况下,我们选择让文物"走出去",到更大的平台上去发挥作用。绥中三道岗元代沉船出水瓷器的首次亮相是在当时刚刚开馆的上海中国航海博物馆。中国航海博物馆是经国务院批准设立的中国第一家国家级航海博物馆,致力于弘扬航海文化、传播华夏文明。数以百万计的观众在航海博物馆的展厅里看到了北方最大民窑生产的瓷器,看到了元代环渤海的海上贸易。随后,葫芦岛市博物馆不断加强与"一带一路"沿线地区博物馆的馆际交流与合作,努力实现文物资源共享。2018年,三道岗元代沉船出水瓷器赴南京、宁波、上海等地参加"CHINA与世界:海上丝绸之路沉船与贸易瓷器大展"巡展。此次"CHINA与世界"展览集中展示了唐、宋、元、明、清时期共计11艘沉船,不仅将国内著名沉船"一网打尽",而且还涉及多艘来自境外的沉船,可以说是"海上丝绸之路"沉船史无前例的大集结。这些沉船上所发现的贸易瓷

器,正通过"海上丝绸之路"运往目的地,它们同样是"海上丝绸之路"的直接见证[1]。观众可以在这个展览中一窥"海丝"的繁盛气象。同年,另一批三道岗沉船出水瓷器精品又参加了广东省博物馆与韩国国立海洋文化遗产研究所共同举办的"亚洲内海——13至14世纪亚洲东部的陶瓷贸易"展览,依托东亚海域发现的沉船资料以及中韩两国文博单位的藏品,展示了元代海上交通贸易的空前繁荣与兴盛,不同文明、各种族群间形成的多元融合、和谐共处的历史格局。文物的展览频率越高、周期越长,文物的价值就越高,在葫芦岛市博物馆自身不具备展陈条件时,三道岗出水瓷器的频繁高调亮相,实现了它走进社会,贴近百姓,讲述"海丝故事"的文物价值。

(二) 精心举办专题展览,"小"文物讲"大"故事

2016年葫芦岛市博物馆新馆对外开放,突出三道岗元代沉船出水藏品文化内涵的专题展览"海上丝路"是省域内第一个以海上丝绸之路为主题的常设展览,"中国水下考古第一捞"迅速引起了社会广泛关注,使本地观众产生共鸣,使外地游客产生兴趣,营造了良好的"海丝"文化氛围。

"海上丝路"专题展览由"丝路贸易""绥中沉船""水下考古"三个单元组成。第一单元的全景画、高清投影、码头复原场景让观众沉浸在繁华的海上丝绸之路贸易中。翔实的图表和文字资料丰富了观众对于中国古代海上丝绸之路的认知,形成于汉武帝之时向西航行的南海航线,是海上丝绸之路的主线,与此同时,还有一条由中国向东到达朝鲜半岛和日本列岛的东海航线。第二单元是展览的重点,360度的柱状幕屏里"老沉船"诉说着自己的故事,深藏海底700年的出水瓷器与其他磁州窑藏品在展厅里相遇。第三单元介绍了中国水下考古的发展历程。绥中元代沉船的考古调查发掘工作拉开了中国水下考古的序幕,被称作"中国水下考古第一捞"的三道岗沉船发掘活动有着重要的考古意义,被评为1993年中国十大考古新发现之一。这个部分得到了兄弟单位的大力支持,"南澳一号"的漳州窑、"小白礁一号"的青花瓷,与三道岗沉船的磁州窑在这里超时空相聚,集中展示了中国水下考古元代、明代、清代沉船考古发掘工作的重要成果。1991年绥中沉船调查挖掘时水下考古队的设备和装备更是揭开了水下考古工作神秘的面纱,满足了观众对水下考古工作的好奇。整个展览内容穿越古今,由磁州窑到海上瓷器贸易,从三道岗沉船到中国水下考古,绥中元代沉船的故事娓娓道来,海洋文化内涵一眼千年。

"成功的展览不在摆出多少物件或展现了多少资料和知识信息,而在于展览有没有使观众完成一个理解过程。"[2]中小型博物馆藏品资源有限,例

---

[1] 毛敏:《博物馆展示"海上丝绸之路"的思考与探索:以"CHINA与世界"展览为例》,《长江丛刊》2019年第4期。
[2] 唐贞全:《多元智能理论与博物馆展示信息传播手段的反思与重建》,《理论与实践月刊》2011年第8期。

如三道岗元代沉船出水瓷器就存在着品相普遍不高,重复器形较多的问题。利用有限的藏品做展览、讲故事,必须挖掘文物蕴含的丰富内涵和价值,把单纯器物形式的呈现转化成历史文化的讲述,集多方之力烘托展览主题,利用多种科技手段营造立体氛围,提升观展体验,展览要做到透物见史、见人、见生活、见精神。

(三)积极促成合作办展,文化影响力"由点到线"

对于大量资源和影响力有限的中小型博物馆来说,通过地域相近或者内涵相通的博物馆之间的合作,联合开展博物馆展览和活动,可以形成合力,弥补某些环节的裂隙,这也是国家文物局2005年启动的"中小博物馆振兴计划"的重要内容[1]。

博物馆馆际合作办展的优势十分明显,既可以提高藏品的利用效率,又可以促进博物馆提升社会公共文化服务水平,从而提高博物馆的社会地位与影响。2020年葫芦岛市博物馆与旅顺博物馆一拍即合,共同推出了"辽海云帆——元代黄渤海海域贸易瓷器展"。旅顺博物馆是国家文物局首批公布的"国家一级博物馆",是大连市的文化地标,具备较强的展览、研究、宣传能力,近年来在积极通过藏品研究与陈列展览对"海上丝绸之路"进行文博诠释与展示,得到了广泛的认可和好评。"辽海云帆"是第一个以黄渤海海域为背景,三道岗沉船作为主角的临时展览,弥补了之前这些文物只能参加联展和巡展惊鸿一瞥的遗憾。展览中绥中沉船出水瓷器与辽东湾出土文物共同展出,将元代黄、渤海海域古代航线生动地展现在观众面前,从"一条船——绥中三道岗沉船""一个窑——河北磁州窑""一条路——海上丝绸之路"三个单元,探讨元代黄渤海海域的瓷器贸易问题,从而揭示元代海上丝绸之路对国内外经济贸易的促进和影响。葫芦岛市博物馆在与旅顺博物馆的合作办展过程中,实现了策划、组织、举办临时展览的新突破。两馆的合作,不仅将葫芦岛与大连两地的历史文化联接在一起,更把博物馆文化服务影响力由点连成线,获得了良好的社会声誉。

二、让博物馆社会教育服务"动起来",激活文物的时代价值

习近平总书记多次强调文物"见证历史、以史鉴今、启迪后人"的重要作用。在利用文物资源融入"一带一路"建设中,葫芦岛市博物馆重展也重教。2018年与本市5所小学建立合作关系,创立"博学汇"馆校教育合作项目,以三道岗沉船出水文物为依托,共同挖掘、凝练博物馆青少年教育资源,带着

---

[1] 曹兵武:《中小博物馆的振兴》,《中国文物报》2005年9月9日。

"海丝扬帆"系列课程走进学校。积极响应"一带一路"倡议,丰富小学生对海上丝绸之路历史知识储备,激发学生们探究历史的热忱之心,从而引发未来一代对"21世纪海上丝绸之路"的关注和思考。

"博学汇"——馆校教育合作项目相继开发了"丝路扬帆"博物馆教育系列课程,创编儿童舞台剧"使闯天下",印制《海丝扬帆——博学汇课程指导手册》(2018)、《博学汇——馆校教育实践课程手册》(2019)和动手做材料包——"博物馆盒子"。累计开展校园授课96课时,直接参与师生近万人次,家长开放日4场次,同学们亲手制作的成果汇报展在博物馆展出一个月,教育局社会实践课程展演1次,舞台剧公演2场,间接影响几万人次。一时间,课后感、写给博物馆的信纷至沓来,"海上丝绸之路"成了孩子们最为感兴趣的话题。引领学生们体会古代丝绸之路历经千年所凝结的"丝路精神",引发孩子们对21世纪海上丝绸之路关注和思考的教育内容以及新颖的体验式教育模式也得到了教育同行的认可,本地知名校长将"博学汇"项目在校长培训班上作了介绍和推广,本市多所小学表达申请加入该项目的意愿。总体来说,"博学汇"——馆校教育合作项目在开发、实践过程中有三个比较突出的亮点。

(一)课程内容突出传播中国智慧、中国精神和中国价值的核心导向

"海丝扬帆"系列课程包括"丝路海洋""信风吹五两""深海探秘""青花瓷与海盗"四个子课程,涵盖了以中国古代海上丝绸之路为背景,大航海时代、中国古代航海科技、水下考古、海丝瓷器贸易等四方面内容。学科目的是弘扬中国传统"以和为贵""亲仁善邻"的和平思想,展现中国古代造船技术和航海的伟大成就,挖掘国人踏实肯干、努力开拓、自强不息的传统美德,展示风靡世界的东方之美。通过解读中国古代海上丝路波澜壮阔的历史,引导学生们体会"一带一路"倡议的时代意义,建立学生们的中国自信,培养孩子们的家国情怀。博物馆课程的选题从对文物的本身的花纹、材质、工艺的讲解和演示,转变成以物见史、见精神、见生活的诠释和体验,更能受到学校的欢迎,是学校全面提高学生综合素质的有效补充。

(二)学习形式突出博物馆教育优势,让孩子"爱上博物馆"

馆校教育合作教育课程形式设计要以符合青少年的年龄、兴趣特征为出发点,将不同形式、不同场地的教学资源优化整合,为学生提供多元化教育体验。"海丝扬帆"系列课程,每节课均由两个课时组成,通过背景知识趣味讲、创意手工动手做、戏剧游戏一起玩等环节,完成授课内容。"丝路海洋"课程将海洋大富翁游戏带进课堂,孩子们在"郑和"的带领下,利用学习到的大航海时代历史和地理知识进行冒险闯关。"信风吹五两"是将中国古代航海科技中的用于测风的五两与现代测风器联系起来,讲述了测风器的

前世今生,学生们用多彩的羽毛亲手复制了五两,并通过现代科技知识对其进行改良。"深海探秘"普及了水下考古相关常识,给孩子们开启了新的知识领域,做艘世界上最先进的考古船成了他们的愿望,看着自己做的电动小船真正动起来的时候,也是孩子们科技强国梦想开始的时刻。"青花瓷与海盗"展示了青花瓷无与伦比的东方之美,学生们通过流向海外的中国瓷器,了解中国优秀传统文化及中国文化对西方的影响,设计绘制青花瓷盘,在分享环节用吉祥纹饰的寓意祝福自己、祝福集体、祝福祖国。形式多样的强调情境式、参与式、互动式的授课模式让老师和学生耳目一新,教育效果显著。不拘泥于学校传统课堂学习模式,实物教学、情境带入、自由探索、启发创新的多元化教育形式,让学生们在玩中学、学中乐、乐中思、思中悟。

(三)教育合作突出"馆、校、家"三方联动,"海丝"教育效果加倍

"家长开放日"是"海丝扬帆"系列课程的又一亮点,家长们走进校园、博物馆和剧场,倾听孩子们的讲解,参观孩子们制作的展板,欣赏孩子们表演的舞台剧,在展板后面留下对孩子的寄语和体会。家长们通过开放日了解了孩子正在学什么,学得怎么样,孩子的学习感受。周末带孩子来"海上丝路"展厅的家长明显多了起来,许多家长表示,孩子带动让家长了参与"海丝"学习,让他们有了共同的话题,增进了亲子关系。

"海丝扬帆"课程从博物馆走进了校园,又从校园走进了家庭生活,博物馆教育+学校教育+家庭教育的"博物馆+"的教育尝试,有利于探索小学生利用博物馆开展学习的长效机制,有利于博物馆儿童教育开发、阐释与传播,有利于营造良好的"海丝"文化氛围,积极实现博物馆社会教育功能。

三、平台"借力",多方"牵手",深挖文物内涵,扩大文化影响力

智者,当借力而行。中小型博物馆可以集学术平台、高校、研究机构、兄弟单位等多方之力,交流切磋、互通有无、弥补不足、合作共赢。2014年葫芦岛市博物馆加入中国博物馆协会航海博物馆专业委员会,作为国内唯一的涉海博物馆联盟,海专委始终致力于提升中国涉海类博物馆影响力,努力搭建馆际交流,以及博物馆与社会相关机构、媒体合作的业务平台。在学术交流合作平台的支撑下,全国30余家涉海类博物馆在海上丝绸之路主题的文物、科研、展览、教育活动等方面开展了更深入的交流合作,成功带动了馆际交流的积极性,激发了中小型博物馆的活力。2018年承办"海专委"年会期间,70余名代表来到葫芦岛市,"一带一路"背景下"海丝"主题的进一步阐发与博物馆合作在这里得到交流与探讨,葫芦岛市博物馆与其他成员单位形成合力,发挥团体组织功能,助力"一带一路"建设。学术活动的承办也让葫

芦岛市在社会关注中提高了知名度,提升了渤海小城的城市形象。借助平台效应,葫芦岛市博物馆又联合区域内多家中小型博物馆,共同组建小博物馆生态运营系统,通过文物资源合作与研究共享实现对自有藏品资源的补充。在与高校和考古研究所的合作中,拓宽了对文物资源内涵的挖掘阐释。从文物研究转变成展品信息研究,物与史的结合将散落的线索串连起来,绥中三道岗沉船不再是汪洋大海中孤立的一艘沉船,借由它的出现,我们的视野逐渐排开,先秦时期著名的碣石港、辽代繁荣至今的辽西走廊、明代海防、清代针路让这片海鲜活起来,历史画卷徐徐展开,丰富的海洋文化遗存见证了东北地区各民族人民之间文化交流与友好交往。

四、结　　语

博物馆融入"一带一路"建设既是历史积淀的必然结果,也是时代发展的客观需要,葫芦岛市博物馆挖掘、凝练、揭示绥中三道岗元代沉船出水文物的历史价值与当代意义服务"一带一路"文化建设的过程,同样是基层中小型博物馆寻求自我生存和发展的探索过程。今天保护和利用文物,绝不只是为了研究、审美或经济价值,更重要的是为了发挥文物"见证历史、以史鉴今、启迪后人"的作用。透过文物蕴含的中国智慧、中国精神、中国价值和中国力量,把历史智慧告诉人们,为人们提供精神指引和强大的精神动力,起到教化和启示作用;为治国理政和促进文明交流互鉴服务;为丰富人民群众精神文化生活服务[1]。尽管面临种种困境,我们也应看到自己独特的区位优势和培养基层社会形成良好大众修养的社会责任。中小型博物馆应明确目标,主动打破困局;把准方向,挖掘文物内涵;开拓前行,深化馆际交流。不断加强与社会各界的合作,创新工作思路和方法,真正让文物"活起来",让基层博物馆"活起来",成为所在地区的知识和文化中心,实现博物馆"以文化人"的教育功能,"活"得有声有色,"活"得精彩。

---

[1] 陆建松:《如何让文物真正"活起来":问题与建议》,《博物馆学管理》2020年第1期。

A Story of the Maritime Silk Road (MSR) as Told by a Shipwreck: A Reflection and Practice on How Small and Medium-Sized Museums Can Contribute to the Belt and Road Initiative

Abstract: This article intends to provide some new ideas and methods for how small and medium-sized museums with limited collections and a shortage of staff and funds can contribute to the Belt and Road Initiative. It uses the example of the Huludao Museum in Liaoning, which places emphasis on key activities, such as the excavation of the shipwreck from Sandaogang. It also aims at fostering the Silk Road spirit by promoting exhibits widely, allowing them to serve the function of social education and the enhancement of the city's image. The museum can concentrate on grassroots initiatives to protect and promote further research on marine cultural resources.

Keywords: Belt and Road Initiative, Small and Medium-Sized Museums, Museum Resources

从中国航海博物馆藏捕鲸枪看 19 世纪的商业捕鲸

任志宏*

摘　要：海洋是人类获取生存资源的重要场所，鲸类作为海洋中体型最大的哺乳动物，很早就被人类列入捕猎清单。早期捕猎鲸鱼的活动主要是为了维持生存，而后捕鲸活动逐渐向商业化发展。随着商业需求的扩大和捕鲸技术的发展，在 19 世纪，商业捕鲸活动迎来了高峰。捕鲸枪作为捕猎鲸鱼最重要的环节和工具，其发展和演进可以反映出整个捕鲸活动的历史轨迹。中国航海博物馆收藏的这 4 件捕鲸枪，代表了当时捕鲸活动的不同阶段，从中可以一窥 19 世纪商业捕鲸活动。

关键词：捕鲸枪　商业捕鲸　武器

广阔的海洋蕴藏着丰富的资源，人类在新石器时代就开始通过捕鱼等活动从海洋中获取食物资源来维持生存。鲸类作为海洋中体型最大的哺乳动物，也很早就被人类列入捕猎清单。关于人类捕鲸最早的记载是 4 000 多年前古代挪威人（Norsemen）使用石器进行捕鲸[1]。中国早在东汉时期就有关于捕猎鲸鱼的记载[2]。世界各地很多国家和地区也都有捕猎鲸鱼的记载，一些地区和国家甚至还形成了传统。但就性质而言，这些人类早期捕猎鲸鱼的活动主要还是为了获取珍贵的肉食等物质资源，以维持生存。而后出于获取鲸油和鲸骨的需求，11 世纪比斯开湾（Bay of Biscay）附近的巴斯克人将捕鲸活动商业化[3]。16、17 世纪，从事商业捕鲸的国家开始增多，商业捕鲸活动范围迅速扩大，并在 19 世纪迎来高潮。

---

* 作者简介：任志宏，上海中国航海博物馆副研究馆员。

[1] Wendy Watanabe, "Commercial Whaling and Ocean Resource Management", Loyola of Los Angeles International and Comparative Law Review, Vol.67, 1980, p.67.

[2] 钱剑夫：《以䱜捕鲸源于我国考》，《寻根》2000 年第 4 期，第 103 页。

[3] Anthony D'Amato & Sudhir K. Chopra, "Whales: Their Emerging Right to Life", American Journal of International Law, Vol.85, 1991, p.28.

一、关于捕鲸枪的研究

捕鲸活动在人类历史中开始得很早,对于捕鲸活动的研究,则是到了20世纪前后才开始兴起。当时国外陆续有一些学者开始从事关于捕鲸活动方面的研究。

在20世纪40年代之前,关于捕鲸活动的研究内容主要以记录捕鲸活动的发展为主,间或有一些对于捕鲸装备、相关疾病以及鲸鱼资源等的研究,但数量较少。20世纪40年代后,国际上关于商业捕鲸活动的态度开始发生转变,特别是1946年《国际捕鲸管制条约》签署以后,关于国际捕鲸机制等方面的研究开始多起来。1982年,"商业捕鲸禁令"在国际上获得通过,商业捕鲸活动基本结束。与此相连,关于捕鲸业的衰败、对于捕鲸业历史的回顾和研究,以及保护鲸鱼资源等方面的研究开始逐渐多了起来。同样在1982年,挪威学者约翰·托尼森(Johan N. Tonnessen)和安妮·乔纳森(Anne O. Johnsen)合作出版了《现代捕鲸史》,对19世纪后半叶以来的捕鲸活动作了详尽的记录,这是国际上较早对捕鲸活动进行系统研究的著作。虽然存在视角狭窄等缺憾,但依然是捕鲸史上重要的著作之一,但书中对于捕鲸工具并没有详细的论述。

国内关于捕鲸活动的研究始于1949年以后[1],当时国内对于捕鲸活动的看法是将鲸鱼视作渔业资源的一部分,也在沿海地区进行过少量捕鲸活动,1981年之后完全停止捕鲸活动。这一时期内也并未对捕鲸活动进行系统的科学研究,更多的是一些情况介绍和新闻报道。

进入80年代,关于捕鲸活动的研究开始多样化,概括起来可以大致分为以下几个方面:

一是关于鲸类的保护和鲸鱼资源的科学性研究等。这方面的研究承接1949年以来的传统,研究人员多以各地水产领域学者为主,多发表于水产类期刊。辽宁省海洋水产科学研究院的王丕烈发表的《黄渤海产中小型齿鲸类的调查》《中国近海鲸类的分布》《灰鲸在中国近海的分布》等文章都是其中的代表。

二是关于捕鲸活动的文学意象和文化属性。从文化角度对捕鲸活动进行研究,最初主要是一些关于《白鲸》等文学作品的文章,后来研究范围逐渐扩大。2015年吉林大学雷阳的硕士论文《浅析日本捕鲸活动的文化属性》围绕捕鲸活动的文化属性,从日本的政治、经济和国民性三个方面对日本捕鲸活动作了分析。2019年南京航空航天大学肖书阳的硕士论文《以鲸为

---

[1] 目前可查最早有关捕鲸内容的文章是1947年宾符撰写并发表于《世界知识》的《日本在美国卵翼下——论日本的赔偿、对外贸易开放及南极捕鲸事》一文,因其文章着重论述和批评的是战后日本的赔偿和美国对日采取的扶持政策,只在文末部分因美国允许日本二度赴南极捕鲸,而对捕鲸活动做了一些介绍,算不得对于捕鲸活动的研究。

镜——21世纪美国捕鲸叙事中的鲸鱼意象研究》以鲸鱼意象为切入点,探讨作品中鲸鱼在呈现不同关系中的作用。

三是关于现代捕鲸活动的合法性及国际法相关内容。这是目前对于国际捕鲸活动关注比较多的一个研究方向,比如2012年南京大学孙凯的博士论文《国际捕鲸机制变迁的动力和有效性研究》,较为详细地介绍和阐述了现行国际捕鲸机制的形成以及变迁,文中对捕鲸历史做了回顾,在论及19世纪捕鲸工具时,仅提到了福伊发明的捕鲸炮,对于在18、19世纪曾经出现并大量使用的以火药发射鱼叉的捕鲸枪并未提及。2016年外交学院章为的硕士论文《日本政府非法捕鲸的动因分析》中,在回顾捕鲸历史时提到了现代捕鲸使用的福伊捕鲸炮,对于捕鲸枪没有提及。

四是关于捕鲸史的研究。清华大学人文学院历史系张宏宇2019年发表的《世界经济体系下美国捕鲸业的兴衰》一文,从经济角度对美国的捕鲸史作了细致的研究,并将之纳入当时的世界经济体系当中,从而得以用宏观的视角对美国捕鲸业的兴衰作评述。文中少有地对捕鲸工具的发展做了一番介绍,但介绍的是比较传统的手持投射式捕鲸鱼叉,对于以火药动力发射鱼叉的捕鲸枪并没有提及。山东师范大学袁泉在2012年发表的《人类捕鲸历史简述》一文,论及捕鲸工具时,同样只提到了传统的投掷式和挪威人福伊发明的捕鲸炮,对捕鲸枪也是只字不提。

目前可以看到的关于捕鲸枪的研究仅有笔名东戎的作者发表在《轻兵器》上的《血海鲸波——捕鲸枪发展史》(上、中、下)三篇文章,是难得的关于捕鲸枪的研究文章。文中较为详细地论述了从18世纪到20世纪捕鲸枪的发展历史,从武器发展的角度对各时期最具代表性的捕鲸枪进行了分析,为读者呈现出清晰的发展脉络。其论述的重点在于捕鲸枪的技术发展演变,是一篇比较偏重枪械技术的文章,对于捕鲸活动只是作为捕鲸枪的背景而提及,并没有对捕鲸枪在各历史时期对捕鲸活动产生的影响和其中映射出的国际捕鲸活动重心的变迁展开论述。

总体而言,国内外对于近代以来捕鲸活动的研究,或许是因为历史上没有形成捕鲸的传统,研究重心更多地集中在文学艺术、自然科普、资源保护等方面。近些年来对于国际法律以及国际捕鲸机制等的研究也开始逐渐加重。对于捕鲸活动本身的关注和研究其实是相对较少的,至于对捕鲸枪的研究就更少。即便是在一些研究论著中涉及捕鲸工具,也往往只是提及传统的投掷式鱼叉和现代的福伊捕鲸炮,而在19世纪捕鲸活动高峰期发挥了重要作用的捕鲸枪,却往往被忽视掉。另一方面,捕鲸枪作为近代商业捕鲸活动中最重要的工具,在整个捕猎行为中占据最重要的地位,可以说,捕猎鲸鱼的成功与否几乎取决于捕鲸枪的性能。而且18、19世纪正是火药武器飞速发展的时期,捕鲸枪作为民用武器的一种,同样也在飞速发展。这一时期的国际捕鲸活动也经历了捕猎范围的扩大、区域活动重心转移等对于国际商业捕鲸活动具有重要意义的事件。作为捕鲸活动核心之一的捕鲸枪,其身上无疑携带着时代的烙印,反映着当时的信息。通过对于4把馆藏捕鲸枪的研究,我们可以从一个比较客观和新颖的角度对19世纪的商业捕鲸活动有一个全新的认识。

二、馆藏19世纪捕鲸枪

中国航海博物馆收藏有4把捕鲸枪,其中两把回旋式捕鲸枪,两把捕鲸肩枪,均制造于19世纪。

两把回旋式捕鲸枪同属格林纳捕鲸枪,形式大体相同,尺寸类似,1号[1]枪身长136 cm,宽9 cm,高度50 cm(含底座),口径4.2 cm,重48 kg(含底座)。该捕鲸枪含木制长方形底座、一根鱼叉,可通过铁质半圆环固定在底座上。2号枪身长度同样是136 cm,宽10 cm,高36 cm(含底座),口径4.2 cm,重46 kg(含底座)。这把捕鲸枪配立方体木块。这两把捕鲸枪各配有一根被称为"格林纳熨斗"[2]的大型铁制鱼叉,长度分别为117.5 cm和122 cm。两把鱼叉样式基本相同,尖头双刃,枪身开槽穿有铁环,铁环可以连接绳索。不同之处在于1号捕鲸枪的鱼叉尖头两侧有可折叠倒刺,在射中鲸鱼后可以张开防止鱼叉脱落。

两把格林纳捕鲸枪枪脊上都有倾斜的铜条作为瞄准装置,前端有立式小圆柱作为准星。后部枪机上都有铜制防护盖,主要用于防止大风、海浪对火帽击发产生影响。但两者防护盖打开及固定方式却不相同。1号捕鲸枪的防护盖可以通过铰链向上打开,还可以通过侧面链条链接的插销加以闭锁。2号捕鲸枪的防护盖则是向下打开,通过盖在防护盖上部的金属板加以固定。两者均采用火帽击发,枪机内有一个击锤,两个火嘴,这样的双击发机构与最早的捕鲸枪一脉相承,如沃利斯捕鲸枪和弗林特洛克捕鲸枪。格林纳捕鲸枪并没有设置扳机,而是通过拉火绳来击发。这种设计应当是考虑到海上的风浪和设计环境较为恶劣,采用拉火绳击发能够保证击发的成功率。在材料上,两把捕鲸枪均采用铁质枪管,其余外露金属部件则用黄铜制作。铜性质较为稳定,即使在海洋高湿度和高盐度的环境下,也不易生锈,内部的枪机击锤、火嘴等仍然使用铁制。

与上述两把回旋式捕鲸枪不同,另外两把馆藏捕鲸枪尺寸较小,可以手持使用抵肩射击,因此被称作捕鲸肩枪。3号捕鲸枪被称作康宁汉&科根捕鲸枪[3],枪长86 cm,宽11 cm,高7 cm,口径2.54 cm,整枪重10.84 kg。

---

[1] 为行文方便,文中暂时将此4件藏品以1—4号命名,并非藏品正式编号,特此说明。
[2] 东戎:《血海鲸波——捕鲸枪发展史(上)》,《轻兵器》2019年第4期,第49页。
[3] 这种捕鲸枪的发明者是来自新贝德福德的帕特里克·康宁汉,后来他在纽瓦克结识了查普曼,并由查普曼于1877年申请该枪专利。尽管专利权人是查普曼,然而这种捕鲸枪通常还是习惯以发明者康宁汉和另一个共同专利权人的名字称为康宁汉&科根捕鲸枪。

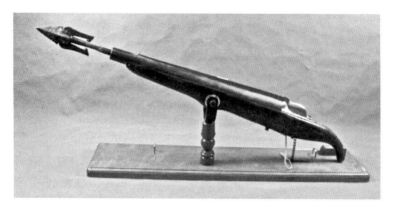

图 1　1 号捕鲸枪整体侧视图[1]

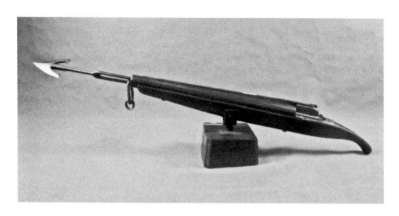

图 2　2 号捕鲸枪整体侧视图

该枪使用圆形枪管,枪管前部有准星,枪管接入方形机匣,向后延伸出握柄及枪托。整枪全部使用铸铁制造,机匣部分及枪机等部件铸造得格外厚重,应当是为了抵御大口径弹药发射时的巨大后坐力。为了减重,枪托中间镂空。这把捕鲸枪最大的特点是实现了后膛装弹。首先将击锤轻轻向后扳动,然后将枪机向左旋转打开,再将击锤向下扳至最低,完全收纳于握柄凹槽内,露出枪膛,此时可从后部装填弹药。康宁汉 & 科根捕鲸枪使用的不再是格林纳捕鲸枪那种连接绳索的鱼叉式弹药,而是与捕鲸肩枪配套新发明的可爆炸捕鲸镖。将捕鲸镖塞入枪膛,闭锁枪机之后便可以瞄准射击。

4 号捕鲸肩枪叫作皮尔斯 & 艾格斯捕鲸枪[2],该枪全长 92.7 cm,口径 2.38 cm,整枪质量 10.9 kg(含捕鲸镖)。该枪为黄铜铸造,易于在海洋环境下保存。枪管呈两段状,最前部略细,上有准星,后部略粗,与机匣相连。机匣为方形,击锤位于机匣正上方凹槽内,是其显著特点之一。该枪机匣和枪

---

[1] 若无其他说明,文中图片均来自上海中国航海博物馆。
[2] 这款捕鲸枪由枪匠塞尔玛·艾格斯和埃比尼泽·皮尔斯共同开发,并于 1878 年申请获得了美国专利,所以被称为皮尔斯 & 艾格斯捕鲸枪。

托为一体铸造成型，枪托同样为了减重作了镂空，只保留框架结构。发射方式同样采用后膛装填，但是枪机打开方式别具特色，扳动枪托框内的金属杆，下握把及扳机护圈、扳机、枪机等作为一个整体可以向下打开，铰链在机匣与枪管的交接处下方。打开后露出弹膛，可以装填弹药。但与前述康宁汉 & 科根捕鲸枪不同的是，皮尔斯 & 艾格斯的捕鲸枪使用的爆炸式捕鲸镖无发射药，需要在装填好之后另外塞入一发空包弹作为发射药，才能正常射击。它所使用的爆炸镖结构比较复杂，标尖、尾翼都可拆卸，中间弹体内是引信和炸药。该枪枪托上还系有一卷麻绳，从捆绑连接位置来看，是用于捆绑在船体防止捕鲸枪掉落。

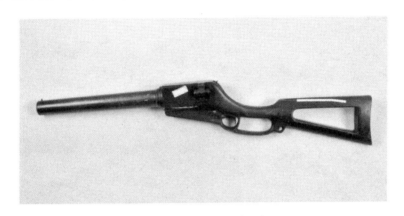

图3　3号捕鲸肩枪整体侧视图

图4　4号捕鲸肩枪整体侧视图

三、枪支铭文释读

这四把捕鲸枪枪身都有铭文，但铭刻位置各有不同。就现代枪械而言，枪身铭文作为枪支本身携带的文字信息，是鉴别枪支的重要依据。这些信息中一般会包含枪支的口径、型号、产地、制造商、专利及生产年份等信息。

但是关于枪支铭文并无统一标准,不同国家、不同生产商生产的枪支,铭文内容、位置、方式等都不相同。即使是同一家生产商生产的同一型号枪支,因生产批次、年代不同,铭文也有可能不一样。从四把捕鲸枪的铭文来看,两把格林纳捕鲸枪上的铭文应当是枪支相关信息,而两把捕鲸肩枪的铭文则是枪支专利信息。

1号捕鲸枪除枪身铭文外,在底座左下角还有铜质铭牌,上面刻印铭文为"GREENER WHALING CANNON by William Bruce circa 1860",意为"格林纳捕鲸炮,威廉布鲁斯约1860年制"。枪身中脊铜条上也有一句铭文,"W^M B$_{RUCE}$ M$_{AKER}$ V$_{ICTORIA}$ D$_{OCK}$ D$_{UNDEE}$"。"Victoria Dock Dundee"意为邓迪维多利亚码头,一个位于苏格兰东部的港口城市。"W^M B$_{RUCE}$"推测应当就是铭牌中提到的威廉布鲁斯的名字缩写。所以枪脊铭文应是来自邓迪的威廉布鲁斯制造了这把捕鲸枪。结合两句铭文我们可以明确得知捕鲸枪的制造时间、制造者的准确信息。

图5、6　1号捕鲸枪底座铭牌及枪身中脊铭文

图7　2号捕鲸枪铭文

2号捕鲸枪的铭文刻在枪机防护盖下方——"A. RUSSELL & SON KIRKCALDY",鱼叉叉头上一面刻有"A.R.1858",另一面刻有"EOLUS"字样。KIRKCALDY即苏格兰法夫郡的港口城市——柯科迪。枪身及鱼叉铭文显示,这把捕鲸枪是由柯科迪的A. Russell的和他的儿子Eolus共同制造。

3号捕鲸枪在将枪机打开之后可见到上面刻着的铭文,"No.166 H. W. CHAPMAN PAT/D. MAY 15. 1877 NEWARK. N. J."。推测应当是捕鲸枪的生产编号和专利信息,即"新泽西州纽瓦克市的赫伯特·查普曼于1877年5月15日申请获得美国专利"[1]并生产制作的第166号捕鲸枪。

---

[1] 东戎:《血海鲸波——捕鲸枪发展史(中)》,第48页。

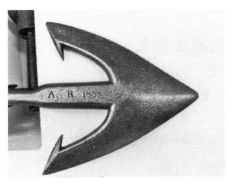 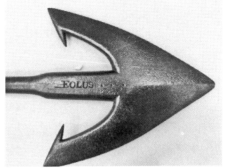

图 8、9　2 号捕鲸枪鱼叉铭文

图 10　3 号捕鲸肩枪枪机铭文及编号

4 号捕鲸枪在该枪的枪管上方有三行铭文——"S. EGGERS N. BEDFORD MASS PAT.FEB.12.1878"。"S. EGGERS"应当就是这把枪名字中的艾格斯，明显为专利信息，即"来自马萨诸塞州新贝德福德的塞尔玛·艾格斯于 1878 年 2 月 12 日申请获得美国专利"。枪身中部还刻有数字"198"，推测可能是生产数量或编号。

 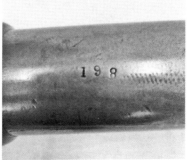

图 11、12　4 号捕鲸枪枪身铭文及数字

四、19 世纪火器的发展

　　火药武器自 11 世纪问世以来,对整个人类的历史产生了深刻的影响。虽然火器的诞生是源自战争,但同时也很快就成为人们狩猎和保护自身的工具。可以说,火炮和之后出现的火枪等火器,深刻地影响了人类社会的发展,改写了之后的武器发展历史。

　　火器出现后,其发展就呈现出蓬勃的趋势,各式各样的新式火器层出不穷。以击发方式而言,可以分为火门、火绳、燧发、火帽、定装弹药等几个阶段。就历史时期分段,17 世纪 60 年代燧发枪机出现以前,都可以称为前燧发枪时代。这一时期的火枪主要使用火绳击发和簧轮擦火击发。从 17 世纪中叶开始,世界火器发展进入燧发枪时代,一直持续到 19 世纪。这段时期内各国主流的枪械击发方式都是燧发,即通过燧石与钢片的撞击产生火花引燃火药,完成击发。19 世纪,是整个世界火器发展史中最重要的一个时期,被称为变革的时代。在这一时期,火器的研发和生产取得了极大的进步,膛线的出现、后膛装填方式的改变、无烟火药的发明,而火帽的发明更是让火器得以在雨中实现可靠射击,也为金属定装弹的出现拼上了最后一块拼图。进入 20 世纪,弹仓步枪、自动枪械开始广泛装备使用,世界火器进入现代。

　　捕鲸枪虽然是用于捕猎鲸鱼的工具,但其本质上仍然是一件武器,只是应用的方向和领域比较特殊。因此,也有将捕鲸枪归入民用武器范畴的说法。格林纳捕鲸枪的特殊之处在于,它兼具火枪和火炮的特点。首先其击发方式跟随时代的发展,在燧发枪时代使用燧发枪机,火帽出现后开始使用火帽击发。中国航海博物馆藏的 1 号和 2 号两把格林纳捕鲸枪采用与同时代火枪相同的火帽击发方式。通过两把格林纳捕鲸枪的铭文我们可以得知其铸造时间均在 19 世纪 60 年代前后(1858 年和 1860 年),这一时期正是火帽大行其道,各国主力步枪均采用火帽击发。对于长期航行海上进行捕猎活动的捕鲸船而言,如何把握稍纵即逝的发射机会是非常重要的。因此,这两把捕鲸枪均采用这一时期最成熟可靠的火帽击发方式,而且还在枪机中采用双火嘴配置,应当是为了提高击发成功率,进一步保证发射的可靠性。其实与燧发枪机不同,火帽的发火成功率是很高的,通常不会出现哑火,因此采用双火嘴并非十分必要。早期捕鲸枪在使用燧发枪机时,为保证能顺利击发,便采用了两个燧发机同时发火来提高成功率。这两把格林纳捕鲸枪应当是延续了这样的传统。其次,两把格林纳捕鲸枪的固定及使用方式则明显与早期船上使用的回旋炮一脉相承。从口径看,两把捕鲸枪的口径都超过 4 cm,明显超过正常枪械的范畴,却正好与一些早期小口径舰炮类似。这类用于舰载使用的轻型炮,通常采用枢轴的方式安装于舰船两侧的底座上,通过枢轴调节射角和转向,可以实现稳定射击和减小后坐力,因此也被称为回旋炮。很明显,这类舰炮很适合作为捕猎鲸鱼的工具安装在捕鲸船上使用。虽然前膛装填的方式在这种情况下会显得很不方便,但是考虑到捕鲸枪发射的并不是普通炮弹而是连接绳索的大型鱼叉,这样的前膛装填方式倒反而并不能成为缺点了。

中海博馆藏的 3 号和 4 号捕鲸枪,即康宁汉 & 科根捕鲸枪和皮尔斯 & 艾格斯捕鲸枪,制作时间分别是 1877 年和 1878 年。与两把格里纳捕鲸枪相比,时代仅仅晚了 20 年。但在火药武器不停变革的 19 世纪,发展的差距已经拉得相当之大。此时随着火器技术的发展,金属定装弹药在 19 世纪 70 年代出现,与现代枪弹已极为相似,并迅速成为各国主流弹药。很显然,两把捕鲸肩枪应用了当时最新的弹药技术,并采用后膛装填发射。这一时期的枪械后膛装填方式处于百花齐放的时代,活门、侧装、杠杆等各种装填方式都有很多枪械应用。两把捕鲸肩枪虽然制作年代相近,采用不同的后膛装填方式也实属正常。

我们可以看到,在火药武器快速发展的 19 世纪,四把不同时期的捕鲸枪都应用了当时最成熟先进的技术,紧跟时代发展步伐。这反映出当时捕鲸枪制造对于新技术的开放态度和大胆应用,这背后是源于商业捕鲸活动对利润的渴望和对提高捕猎效率迫切需求。同时也可以看出,这四把捕鲸枪代表了两个不同的时代和不同的捕鲸方式,反映出不同捕鲸国家捕猎风格的差异以及捕猎鲸鱼的品种差异。

五、19 世纪的商业捕鲸活动

通过这四把 19 世纪的捕鲸枪,我们可以看出当时商业捕鲸活动无论与之前早期的捕鲸活动,还是与之后 20 世纪进入高峰的商业捕鲸活动相比,都具有这一时期所独有的时代特征。同时,从这些捕鲸枪上也可以看出这一时期内商业捕鲸活动所发生的一些变化。

(一)捕鲸活动重心的转移

16 世纪末,英国开始加入商业捕鲸活动中,凭借更加先进的捕鲸技术,迅速取代巴斯克人,成为商业捕鲸的主力军。从格陵兰岛海域到北美东北部海岸的新英格兰地区,宽广的大西洋海域上捕鲸活动愈发频繁,从英格兰和苏格兰港口出发的捕鲸船队纵横北极海和大西洋,四处捕猎各种鲸类。位于苏格兰东部的邓迪和同样位于苏格兰法夫郡的柯科迪,一个紧靠泰河出海口,一个位于福斯湾河口,都处在波罗的海和北欧港口之间的理想航线上,是英国著名的港口。在当时作为重要的海洋渔业基地,都曾经以捕鲸和鲸油提炼为主要业务,是捕鲸活动的主要活动区域和出发港口。可以说,这两座繁忙的港口城市就是这一时期英国在商业捕鲸活动上地位的象征。

随着鲸鱼捕获量的增大,传统北大西洋猎场内的鲸类资源迅速枯竭,捕鲸范围开始扩大到北美海域,美国开始加入商业捕鲸活动。1835年,在美国东北海岸海域,来自马萨诸塞州南塔克岛(Nantucket)的一支捕鲸船队捕猎到一头露脊鲸,揭开了美国商业捕鲸进入辉煌时期的序幕。此后,美国的捕鲸业发展迅速,仅仅五年之后的1840年,美国从事捕鲸活动的船只数量已经超过700艘,人员更是多达7万余人。19世纪中叶,美国捕鲸业达到顶峰,年捕获量在1万头左右。此时的欧洲由于近代工业发展对于各类润滑油、照明油以及鲸骨等资源的旺盛需求,刺激了北美捕鲸活动的迅速发展壮大,美国逐渐成为当时最大捕鲸国家,全球捕鲸活动的重心开始转移。

在美国捕鲸业迅速发展的过程中,新兴了一批从事与捕鲸相关业务的港口城市,马萨诸塞州新贝德福德和新泽西的纽瓦克就是在其中。在欧洲捕鲸业发展的影响和大量农业移民涌入的因素下,新贝德福德当地"大量的男性青壮年不得不转向海上通过参加捕鲸活动寻求生计"[1]。而纽瓦克拥有皮革处理能力和优越的航运条件,可以从事鲸鱼皮的加工处理等。当时,美国已经成为头号商业捕鲸国家,而新贝德福德则是美国商业捕鲸活动的代表。作为美国捕鲸船出海捕鲸的主要港口之一,大部分捕鲸船都从此地起锚,开向大海。成桶的鲸油和流淌的血水成就了美国捕鲸业的辉煌,也推动了美国在19世纪近代工业的巨大发展,新贝德福德依靠商业捕鲸从一个小镇成为当时美国乃至全世界捕鲸业的中心,在捕鲸业鼎盛时期更是成为美国人均收入最高的城镇[2]。因为捕鲸业在美国早期的重要地位,所以有人说捕鲸业塑造了美国的国家精神。那么同样可以说是捕鲸业塑造了新贝德福德这座城市,捕鲸史就是它的城市发展史。当地还设有捕鲸博物馆,用以纪念这段历史[3]。

根据四把捕鲸枪上的铭文,我们可以知道四个城市,分别是1号捕鲸枪的邓迪和2号捕鲸枪的柯科迪,以及3号捕鲸枪的新泽西州纽瓦克和4号捕鲸枪的马萨诸塞州新贝德福德。两个位于苏格兰地区的港口城市和两个位于美国的新兴港口城市,前者是19世纪以前商业捕鲸活动主要国家英国的象征,后者则代表着19世纪中期达到顶峰的美国捕鲸业,各自代表着不同的国家和时代,也表明19世纪商业捕鲸活动的重心已经从欧洲转移到北美地区。

(二)捕鲸方式的改变

传统的捕鲸方式中,当捕鲸船发现捕猎目标后,会放下灵活快速的捕鲸

---

[1] 袁泉:《人类捕鲸历史简述》,《科技视界》2013年第35期,第221页。
[2] Lance E. Davis, Robert E. Gallman, and Karin Gleiter, *In Pursuit of Leviathan: Technology, Institutions, Productivity and Profits in American Whaling*, 1816-1906, Chicago: The University of Chicago Press, 2006, p.4.
[3] 孙凯:《国际捕鲸机制变迁的动力和有效性研究》,南京大学博士学位论文,2012年,第48页。

小艇去追赶鲸鱼。接近鲸鱼后,由捕鲸叉手向鲸鱼投掷捕鲸鱼叉。这种捕鲸鱼叉通常由一根较长的铁质叉头和木柄组成,上面栓有绳索,可以连接浮标。当鱼叉射入鲸体内后,捕鲸小艇尾随鲸鱼,待鲸鱼力竭上浮后将其杀死,然后拖回捕鲸船进行分割加工。这种捕猎方式非常依赖捕鲸叉手的投射水平,成功率不高,且危险系数较大。

回旋式捕鲸枪出现后,这一环节发生改变,不再使用人力投射,转而使用捕鲸枪以火药动力发射同样连接绳索、浮标的大型铁质鱼叉。凭借更远的射程和更高的准确度,捕鲸效率得以大大提升。但回旋式捕鲸枪本身依然有一些无法克服的缺点,随着捕鲸活动的变化,捕猎范围的扩大,捕猎鲸鱼种类的变化,这些缺点开始逐渐显现。回旋式捕鲸枪通常都是大口径枪械,体积大、重量重、整体显得较为笨重,因此只能安装在捕鲸小艇上使用。捕鲸小艇为了追踪鲸鱼,讲究轻便快捷,安装笨重的捕鲸枪后小艇的平衡性和速度容易受到影响。回旋式捕鲸枪是通过金属中枢轴固定在艇身,属于刚性连接,没有缓冲装置,大口径枪械发射时的巨大后坐力会对艇身造成破坏,而且前膛发射的方式使得回旋式捕鲸枪的再装填十分不便。在应用之初,捕猎的对象主要是一些近岸活动、游速较慢的鲸鱼,比如北大西洋海域的露脊鲸、座头鲸等,回旋捕鲸枪的表现尚算不错。但是随着捕猎范围开始向远洋深处扩大,回旋式捕鲸枪笨重、装填慢的缺点就逐渐暴露出来。为了适应这种变化,迫切需要一种比回旋式捕鲸枪重量更轻、效率更高、使用更加方便的捕鲸工具。

1846年,第一支实用化的前装捕鲸肩枪问世,之后,各类新式的捕鲸肩枪层出不穷。1876年《捕鲸人装运单和商人清单》上刊登了关于一款新式捕鲸枪的广告,广告上将这种捕鲸枪称为"cunningham & cogan's celebrated patent breech-loading bomb guns(康宁汉 & 科根的著名后膛装填炸弹枪)"。中国航海博物馆收藏的3号捕鲸枪,即是这款捕鲸枪,是第一款后膛装填发射的捕鲸肩枪[1]。它与格林纳捕鲸枪最大不同之处在于发射方式和发射弹药。原先固定在船体的捕鲸枪现在改为手持,相应的枪械体积、重量、口径等都进行了缩减。这一时期捕鲸活动的重心已经转移到北美海域,美国成为世界最大的捕鲸国家。在捕鲸活动需求的带动下,新式的捕鲸枪在新时代新地区诞生。

3号捕鲸枪装填方式从前膛装填改为后膛装填,这种改进对于枪械再装填的便利性和发射速度的提高都是巨大的。而随着发射方式的改变,也应用了新式的发射弹药,发射的弹药被称作"bomb lances and cartridges combined",意为即"爆炸矛和弹药筒的结合"。这种新式爆炸捕鲸镖,射速可以达到一分钟十发。相对于原先的大型鱼叉,这种新式捕鲸镖虽然结构复杂,但是性能先进、杀伤力强,能有效提高捕猎鲸鱼的效率。而且新式的

---

[1] 东戎:《血海鲸波——捕鲸枪发展史(上)》,第47页。

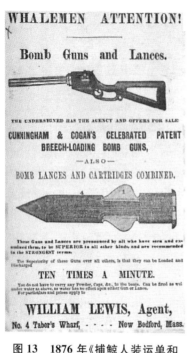

图13　1876年《捕鲸人装运单和商人清单》上刊登的捕鲸枪广告

(摘自《利维坦：美国捕鲸史》)

捕鲸镖体积小、重量轻，与前装发射鱼叉同重量或者同体积的情况下，可以携带更多的爆炸捕鲸镖。对于长期在大洋深处进行商业捕鲸活动的捕鲸船而言，更多的弹药携带量，意味着更多的发射机会，也就意味着更多的捕获成果，更意味着丰厚的利益。

从四把馆藏捕鲸枪的发射方式上看，两把格林纳捕鲸枪是前膛装填发射，而两把捕鲸肩枪则是后膛装填抵肩发射，很明显后装发射的具有更强的技术优势，且更符合当时商业捕鲸活动的变化和需求。正如最早的回旋式捕鲸枪是由当时在捕鲸业占据统治地位的英国首先发明使用一样。随着捕鲸活动重心的转移，19世纪后期新型捕鲸枪的发明和制造地，也几乎都来自北美地区及附近城市，这四把捕鲸枪及枪身上的铭文有力地证明了这一点。

（三）近代工业的需求

鲸鱼作为海洋中体型最为庞大的生物，可谓周身是宝。人类最初捕猎鲸鱼，主要是为了获取可以食用的部分，维持生存。后来随着社会的发展，鲸鱼的鲸须、皮肤、骨骼等资源也开始逐渐被人类所利用。鲸须可以用来制作刷子、伞骨等日用品，当时近代欧洲女性服饰中的裙撑也需要使用大量细长而又富有弹性的鲸须制作。鲸鱼的内脏、皮肤等捕鲸产品还被用于肥皂、皮革、颜料、清漆等各类产品的生产制造。龙涎香等珍贵香料也受到世界范围的广泛喜爱，抹香鲸也因此成为商业捕鲸的主要捕猎对象之一。在当时鲸肉反而成为鲸鱼身上经济价值相对最低的部分，除了提供部分肉食，只好作为动物饲料。毫不夸张地说，鲸鱼支撑起了当时半个旧大陆的经济社会发展[1]。

进入17世纪后，随着资本主义的兴起，近代工业也开始蓬勃发展，对各种工业润滑油、照明油等油料资源的需求迅速增长。而此时，石油虽然已经被发现，但是并没有成熟的炼油技术，无法满足工业所需的庞大用油量。如何获取稳定、量大、且质量高的各类工业用油，成为当时横亘在近代工业加速发展前方最大的问题。最终人们在鲸鱼身上找到了答案。捕鲸人从鲸鱼

---

[1] 东戎：《血海鲸波——捕鲸枪发展史（上）》，第48页。

身上获取丰厚的脂肪,提炼出大量的鲸油,鲸油燃烧时不会产生烟雾,因此早期鲸油比较多地作为燃料和照明使用[1]。后来鲸油的使用范围扩大到机器润滑、冶炼、化工等近代工业的各个领域,甚至可以用来制作奶油和食用油。可以说,是鲸油照亮了整个近代的欧洲和北美的夜晚,推动了近代工业的发展。在这种情况下,获取更多的鲸油就成为商业捕鲸活动最重要的目的。为此,捕鲸人始终致力于提高捕鲸船的续航时间和捕鲸效率。18世纪捕鲸船上鲸油提炼炉的安装,提高了捕鲸船随船处理鲸鱼的能力,摆脱了此前只能近岸作业的桎梏,商业捕鲸活动走向远洋。捕鲸船一次远洋捕鲸活动可以长达数月之久,延长的作业时间提高了获取鲸油的数量,但同时也增大了成本,放大了风险,因此每一艘捕鲸船都需要捕获更多的鲸鱼,提炼更多的鲸油。于是,对于捕猎方式和捕猎工具的改进越发的迫切起来。当原始的人力投射标枪的捕鲸方式难以满足捕鲸活动的需求后,以格林纳捕鲸枪为代表的前装回旋式捕鲸枪被发明出来并广泛使用。而当前装回旋式捕鲸枪也逐渐难以满足商业捕鲸活动需求的时候,捕鲸船上迫切需要一种能进一步提高捕鲸效率的新式捕鲸工具。中海博馆藏的3号和4号捕鲸肩枪就诞生于这样的背景下。

在近代工业和商业双重需求的驱动下,商业捕鲸活动在19世纪中叶达到顶峰。北美地区成为世界主要的鲸油产地,向欧洲输送了大批鲸油。可以说,欧洲的近代化是在北美地区鲸油的润滑和照明下完成的。进入19世纪末期后,随着石油提炼技术发展成熟,石油化工业迅速崛起,鲸油在工业上的作用受到巨大冲击。另一方面钢铁冶炼技术的发展也使得廉价的弹簧钢取代了鲸鱼骨骼在服饰中的使用地位,世界范围内的商业捕鲸活动开始衰落。

结　　语

19世纪是一个变革的时代,从社会到国家、从陆地到海洋、从近代工业到海洋贸易,变化和发展是这一个世纪的主旋律。中国航海博物馆收藏的这四把捕鲸枪,代表着近代商业捕鲸活动的两个时代,它们身上可以反映出19世纪商业捕鲸活动重心从欧洲旧大陆向北美新大陆的转移,而商业捕鲸又是当时世界经济的重要组成部分,从中可以一窥近代世界经济的发展变化。同时,从这四把捕鲸枪还可以看到19世纪捕鲸方式和技术的革新,还可以看到19世纪火器技术的进步发展和应用,也为这些方向的研究提供了重

---

[1] 除鲸油外,当时欧洲主要城市使用的照明用油还有松节油、鳕鱼油、猪油、牛油等,但鲸油的燃烧照明效果最佳,且清洁无异味,所以成为主要照明用油。近代工业方面,机器润滑一开始使用的是鲸油和菜籽油,后来由于菜籽油价格上涨,鲸油成为唯一选择,主要应用于大型机械设备。

要的实物资料。通过对这四把中国航海博物馆藏捕鲸枪的分析解读,对 19 世纪商业捕鲸活动有了一定的了解,但还有不少疑问需要解决,比如对枪身铭文的进一步考证、制作枪匠的考证、使用的范围和捕猎效果等。总之,对于这四把捕鲸枪和近代商业捕鲸活动的研究,还有待更深入的发掘和探索。

捕鲸枪是人类智慧和工业发展的产品,是获取生存资源的工具,但同样也是杀戮鲸鱼的凶器。或许这些捕鲸枪作为博物馆的展品静静躺在展柜中,向人们诉说着这段历史,才是它们最好的归宿。

A Look into the Nineteenth-Century Commercial Whaling from the China Maritime Museum's Collection of Whaling Cannons

Abstract: As the largest marine mammals, whales were hunted from very early on. At first, humans mainly engaged in whaling for their own survival. However, with the expansion of industrial demand and improvement in technology, whaling for commercial purposes became the norm and reached a peak in the nineteenth century. Whaling cannons are crucial tools used in the industry. The four pieces stored at the China Maritime Museum reflect the different stages of whaling activities through time.

Keywords: Whaling Cannon, Commercial Whaling, Modern Industry, Weapons

略论明清时期中国贸易瓷器中的外来文化因素

——以沉船出水瓷器为主*

杨天源**

摘　要：明清时期中国贸易瓷器不仅继承了传统的器物造型,并且融合了伊斯兰文化因素、欧洲文化因素等,创造出体现多元文化因素的器型和纹饰。通过介绍和分析这一时期沉船出水瓷器,可以发现以下几点:其一,青花瓷成为此时期沉船出水瓷器的主要品种;其二,贸易瓷器窑口受外来文化因素影响;其三,瓷器质量不一,体现了面向不同地区及不同消费群体有针对性的制作;其四,出现成套订制瓷、广彩瓷。本文同时分析了明清时期所见外来文化因素的时代背景与考古发现。

关键词：水下考古　陶瓷器　外来文化因素

一、引　言

中国瓷器是古代中国的伟大发明之一,不仅受到国人的喜爱,而且受到外国人的欢迎,成为古代海上丝绸之路十分重要的输出商品。古代中国瓷器的输出,往往与中国同海外地区的商贸交流有着密切关系。在当时文献中已有记载,如宋代朱彧《萍洲可谈》卷二记之曰"舶船深阔各数十丈,商人分占贮货……货多陶器,大小相套,无少隙地"[1];赵汝适《诸蕃志》中多次提到"番商兴贩"用"瓷器""青白瓷器"等博易[2];元人汪大渊《岛夷志略》记贸易之货用"青器""粗碗""青瓷器""处器"等[3],可见宋元时期中国陶瓷器

---

* 本文为 2021 年度国家文物保护专项资金"2021 年度长江口二号沉船遗址水下考古调查发掘"(项目批准号:415213100003)项目成果之一。
** 作者简介:杨天源,上海市文物保护研究中心馆员。
[1](宋)朱彧：《萍洲可谈》卷二,李伟国点校,中华书局,2007 年,第 133 页。
[2](宋)赵汝适：《诸蕃志》,杨博文校释,中华书局,2000 年。
[3](元)汪大渊：《岛夷志略》,苏继庼校释,中华书局,1981 年。

已在海外不少地区使用。明初太祖诏令"仍禁濒海民不得私出海"[1],至永乐时期郑和下西洋,开展大规模的官方朝贡贸易,瓷器成为郑和船队对海外各国交易的物品之一,如马欢《瀛涯胜览》记载换易或买卖交易使用"中国青磁盘碗"等[2],费信《星槎胜览》所记货用"青白花磁器""青花白磁器""青白磁器"等[3],巩珍《西洋番国志》则记有"中国青磁盘碗""青花磁器""磁器"[4],这些记载是明代早期中国瓷器销往海外地区的重要资料。明代中期以后,特别是明末清初,欧洲商船相继来华贸易,物美价廉的中国瓷器是其竞相采购的商品之一,中国瓷器的对外输出进入了一个新的发展阶段[5]。

在古代中国瓷器对外输出的过程中,为了适应国外市场的需求,不少瓷器吸收了一些外来文化因素,包括瓷器的类别、造型、纹饰、原料,甚至生产技术和管理制度等。此处的外来文化因素,指非传统的汉族文化的一切因素,既包括古代中国境内的非汉族文化,也包括外国文化。本文其余各处所称外来文化因素,如无特别说明,则专门指外国文化因素。为了方便区分各个外来文化因素,结合《中国印度见闻录》《道理邦国志》[6]及国外文献记载,大致划分为东南亚及南亚文化、中亚萨珊及粟特文化、伊斯兰文化和欧洲文化。需要说明的是,这几个外来文化不一定都具有共存性,应是根据时代环境、航海技术及市场等诸多因素的变化而各有侧重,如唐青花受伊斯兰文化因素影响较大,而明清时期青花、五彩瓷受欧洲文化因素影响较大。

二、明清时期沉船中的贸易陶瓷

明清时期是中国瓷器贸易又一高峰时期,海上的陶瓷贸易已经形成了较大规模。相比在考古窑址、城址、墓葬甚至窖藏等遗迹中的发现,沉船出水的大量瓷器成为诠释陶瓷器生产规模的最有力证据。沉船就是一颗"时间胶囊"[7],遗留下来的船体、船载货物等具有较强的共时性,成为研究不同时期所呈现的不同文化特征的绝佳材料。我们可以选择这一时期典型的沉船遗址,从沉船出水瓷器中探究外来文化因素。

---

[1]《明太祖实录》卷七〇,《钞本明实录》第一册,线装书局,2005年,第349页。
[2](明)马欢著、万明校注:《明钞本〈瀛涯胜览〉校注》,海洋出版社,2005年。
[3](明)费信著、冯承校注:《星槎胜览校注》,中华书局,1954年。
[4](明)费信著、冯承校注:《星槎胜览校注》。
[5] T. Volker. *Porcelain and the Dutch East India Company* (1602 - 1682). Leiden, Holland: Rijksmuseum voor Volkenkunde, 1954.
[6]《道里邦国志》,中华书局,1991年。马文宽、孟凡人:《中国古瓷在非洲的发现》,紫禁城出版社,1987年。
[7] 宋建忠:《历史、考古与水下考古——由致远舰发现谈起》,载国家文物局水下文化遗产保护中心主办《水下考古(第一辑)》,上海古籍出版社,2017年,第8页。

1. 明早期永宣瓷器受伊斯兰文化影响

明初洪武年间,朝廷实施严格的海禁政策,规定"禁滨海民不得私出海""片板不许入海"[1]。明永乐初改行"朝贡贸易"而严禁民间海洋商贸,郑和七下西洋宣扬国威,而民间海商贸易萎缩,海禁背景下东南沿海民间海商被迫到航路远端[2]。这种官方垄断贸易摧毁了宋元海商在印度洋开辟的自由市场经济型贸易网,除了印度、波斯王宫珍藏的明帝"赏赉瓷",印度洋沿岸港口几乎不见永乐、宣德民窑瓷器[3]。与沉船出水瓷器相比,故宫博物院所藏明早期景德镇官窑瓷器更能反映出受外来文化因素的影响。

20世纪80年代冯先铭先生指出,在永乐、宣德时期有9种青花瓷在器形上受到西亚地区的影响,并指出对这种现象进行"系统地研究将是很重要的"[4];耿宝昌先生也指出,永宣时期"瓷器在造型和纹饰上,也受到西亚地区文化的影响"[5];马文宽先生指出明瓷仿伊斯兰金属器、陶器、玻璃器等至少有19种,这种现象不仅在青花瓷,而且在白瓷、彩瓷和龙泉青瓷中亦有所表现,并且其影响也不限于器形,并涉及某些纹饰和生产技法,其时代亦不限于永乐、宣德两朝[6]。

造型

明永乐、宣德时期,瓷器在造型或纹饰方面模仿陶器、金银器、黄铜器,以模仿伊斯兰黄铜器居多。例如青花如意耳葫芦扁瓶,为模仿伊斯兰地区的同式陶瓶;青花器座,筒身中空,上口折沿以承重,下口折沿以稳立,系模仿伊斯兰地区13—14世纪盛行的黄铜盘座。伊斯兰地区风格制品的出现,反映永乐、宣德时期中外文化交流的发展[7]。随郑和下西洋的马欢说:他们"用盘满盛其饭,浇酥油汤汁,以手撮入口中而食……一般国人最喜中国青花磁器……"[8]为此,永乐和宣德帝赐予中东西亚地区君主许多景德镇御窑厂特制的青花大盘,在伊朗阿尔德比勒灵庙和土耳其托普卡比宫皆有收藏。

青料

永宣青花瓷所用钴、铁含量高的"苏麻离青"来源于波斯地区。青花发

---

[1]《明史》卷二百五《列传第九十三·朱纨传》,中华书局,1974年,第5403页。
[2] 庄国土:《论郑和下西洋对中国海外开拓事业的破坏——兼论朝贡制度的虚假性》,《历史教学》2006年第1期。
[3] 林梅村:《大航海时代东西文明的交流与冲突——15—16世纪景德镇青花瓷外销调查之一》,《文物》2010年第3期。
[4] 冯先铭:《明永乐宣德青花瓷器与外来影响》,载《中国古陶瓷研究(第二辑)》,紫禁城出版社,1988年,第79—83页。
[5] 耿宝昌:《明清瓷器鉴定》,紫禁城出版社,1993年,第20—39页。
[6] 马文宽:《明代瓷器中伊斯兰因素的考察》,《考古学报》1999年第4期。
[7] 王莉英:《明代青花、釉里红概述》,载中国陶瓷全集编辑委员会编《中国陶瓷全集12 明(上)》,上海人民美术出版社,2000年,第12页。
[8](明)马欢著、冯承钧校注:《瀛涯胜览校注》,上海商务印书馆,1935年,第11—15页。

色浓艳,蓝中带有黑蓝色或藏蓝色结晶斑点,微闪金属锡光。

纹饰

明代关于瓷器烧造的文献上出现"回回花"的记载,"回回花"具体可以归纳为三个特点:一、简单装饰素材组合、叠加形成繁密图案;二、装饰整体布局规整的几何纹样;三、几何线条构成的纹饰再加以植物化的点缀[1]。"回回花"在同时期或稍早的中东西亚地区可以找到相关线索,如12、13世纪伊朗地区兴起了一种称为米纳伊的釉上彩陶;13世纪从北非到中亚的众多伊斯兰建筑上出现的十角星装饰。可见,中东西亚装饰风格对明代青花瓷的影响毋庸置疑。

图1　青花缠枝莲纹藏草壶　　　　图2　青花折枝花卉纹水注

采自《故宫博物院藏文物珍品大系:青花釉里红(上)》第40、51页

2. 明晚期瓷器受欧洲文化影响

15世纪末以来,在地理大发现后,葡萄牙、西班牙等欧洲海洋势力通过"发现美洲""绕过好望角""横渡太平洋",将人类古老的三大海洋文化圈连接起来,开辟了以西方经济文化为主体的海洋全球化时代[2]。隆庆元年,

---

[1] 翟毅:《明代青花瓷上的回回花》,《故宫博物院院刊》2016年第11期。
[2] 罗荣渠:《十五世纪中西航海取向的对比与思索》,《历史研究》1992年第1期;[美]斯塔夫里阿诺斯:《全球通史:从史前史到21世纪》(第7修订版),吴象婴、梁赤民、董书慧、王昶译,北京大学出版社,2016年,第455页;[英]菲利普德索萨:《极简海洋文明史:航海与世界历史5000年》,施诚、张珉璐译,中信出版集团,2016年,第203页;吴春明:《从沉船考古看海洋全球化在环中国海的兴起》,《故宫博物院院刊》2020年第5期。

为了抑制走私和增加税收,明朝政府开发福建漳州的月港作为对外通商的港口,允许民间与国外进行贸易,史称"隆庆开关"。据统计,隆庆元年便有50艘船只出航贸易,在万历时期,出航的船舶数量更胜[1]。随着隆庆开海,商贸逐渐繁荣,这一时期及其后发现的沉船数量大增,景德镇窑民窑瓷器输出范围不断扩大。

里纳礁沉船[2]

里纳礁沉船出水3 000多件景德镇产的青花瓷和龙泉窑青瓷、300多件泰国宋加洛窑的瓷器,以及一些越南的瓷器。器类除日用器,如碗、盘、碟杯、圆盒瓶罐外,还出现了专为东南亚定制的器形如槟榔盒、小罐、鸳鸯水注、鸭形水注、军持,仿伊斯兰铜器的笔盒、椭圆形盖盒、球形瓶等。根据瓷器的特征,发掘者判断沉船的年代应该是1480—1490年,即明弘治年间。15世纪后半叶,伊斯兰教在东南亚地区迅速传播,先后出现马六甲王国、苏禄苏丹王国、渤泥王国等重要的伊斯兰教国家[3]。仿金属器的瓷器很可能是为这些地区的消费者定烧的,表明东南亚地区作为交通枢纽,成为中国外销瓷重要的消费地。

平顺号沉船[4]

平顺号沉船出水瓷器约10万件,几乎全为漳州窑瓷器,而且绝大部分为青花瓷,还有五彩、青瓷、灰白釉、酱色釉等瓷器品种。盘、碟普遍采用克拉克瓷的装饰布局,主题纹样绘于中间。根据瓷器特征,推测应为明代万历年间。这是首次在南海地区发现的满载漳州窑瓷器的沉船,说明该时期海外地区对漳州窑瓷器的需求量是非常大的。

万历号沉船[5]

万历号沉船出水青花瓷以所谓"克拉克"类型数量最多、器类最丰富。克拉克瓷以盘为主,内、外壁开光的绘制与布局方式多样,有不带轮廓或带轮廓的长条形宽、窄相间开光,椭圆形开光及桃形开光[6],克拉克瓷器繁密

---

[1] [日]松浦章:《十七世纪初欧洲人看到的中国船南海交易》,载《东方学》第八十五辑,1994年。

[2] Franck Goddio, Sunken Treasures. 15*th Century Chinese Ceramics from the Lena Cargo*. London: Periplus Publishing, 2000.

[3] 梁志明等:《东南亚古代史》第三编《东南亚中央集权王国的兴起与更迭(10世纪前后至16世纪初)》,北京大学出版社,2013年。

[4] 刘朝晖:《越南平顺沉船出土的漳州窑青花瓷器》,载章宏伟、王莉英《中国古陶瓷研究》第13辑,紫禁城出版社,2007年,第247—259页;[越]阮庭战:《越南海域沉船出水的中国古陶瓷》,容常胜、钟珅译,载王亚民,王莉英主编《中国古陶瓷研究》第14辑,紫禁城出版社,2008年,第60—83页;中国广西壮族自治区博物馆、中国广西文物考古研究所、越南国家历史博物馆编著:《海上丝绸之路遗珍:越南出水陶瓷》,科学出版社,2009年;焦天龙:《南海南部地区沉船与中国古代海洋贸易的变迁》,《海交史研究》2014年第2期。

[5] 刘越:《曾经沉睡海底的瓷珍——"万历号"和它的"克拉克瓷"》,《紫禁城》2007年第4期。

[6] 陈冲:《沉船所见景德镇明代民窑青花瓷》,《考古与文物》2017年第2期。

而连续开光的装饰风格(图3),在16世纪中期以前西亚伊斯兰陶器中已经比较盛行,在16世纪中期葡萄牙商人、西亚商人与中国商人所进行的贸易过程中[1]。此类型盘还见于圣迭戈号与白狮号沉船。此外,方瓶、军持、象形军持等均受欧洲文化因素影响。

图3　万历号沉船出水青花开光松鹿纹盘

采自《明代景德镇民窑纪年青花瓷》第309页

哈彻号沉船[2]

哈彻号沉船出水约25 000件中国瓷器,其中景德镇青花瓷占绝大多数,包括2 600件明末万历、天启时期的克拉克瓷器,少量德化白釉瓷和品质较差的浙江青瓷,少量漳州窑瓷器及单色釉瓷器。根据船上出水器物风格及瓷器上的"癸未"年款,可以推测沉船时间为1643—1646年。

3. 清代早期瓷器受欧洲文化影响逐步加深

清初,清朝政府为了政局稳定,效仿明初实施更为严格的海禁。康熙二十三年(1684),明郑归降清朝,清政府解除海禁,允许民间进行海洋贸易,中国和东南亚的通商更加活跃,发现数量众多的沉船,出现瓷器外销的又一高峰。这一时期,景德镇窑瓷器占多数,以青花瓷为主,兼有五彩、单色釉等。

碗礁一号沉船[3]

碗礁一号上的特有器型为葫芦瓶、盖缸、高足杯等,具有浓郁的异域风格。葫芦瓶是模仿葫芦外形而制作的一种瓷器样式,康熙时期成为外销品种之一。青花缠枝花卉纹盖缸,通高18.5厘米,明显高于其他盖缸,其盖上为一葫芦形纽,纽顶青花伞骨纹,束腰处一圈花边纹。与13世纪西亚地区银

---

[1] 曹建文:《中葡早期贸易与克拉克瓷器装饰风格的起源》,《陶瓷学报》2014年第1期。
[2] Colin Sheaf & Richard Kilburn. *The Hatcher Porcelain Cargoes*. Phaidon Christie's, Oxford, 1988.
[3] 碗礁Ⅰ号水下考古队:《东海平潭碗礁Ⅰ号出水瓷器》,科学出版社,2006年。

器的造型风格相似,可能是仿制而来,具有鲜明的异域风格。

从纹饰上看,雏菊纹最具外销风格。雏菊纹,又称"翠菊纹",出现在一件青花雏菊纹菱花盘上(图4),盘心为卷叶地五缠枝菊;外腹亦为青花雏菊纹十六开光图案;腹部十六开光内绘雏菊、外底青花单圈弦纹内绘折枝菊。有学者认为雏菊纹描绘的是地中海沿海的一种花卉,在当时的中东和欧洲被视为天堂的花卉,幸福之花。从风格上看,一些盘多开光布局,被称为清康熙时期的克拉克瓷,多见于碗、盘。外壁一般为6个或8个莲瓣形或扇形开光,个别为10、12或16偶数开光不等,开光内以花卉为主[1]。

图 4 青花雏菊纹菱花盘

采自《碗礁一号出水瓷器》第 139 页

九梁Ⅰ号沉船[2]

九梁Ⅰ号沉船出水瓷器以青花瓷为主,器形以碗、盘等日常生活用具为主,与以往发现者基本一致。其中就有典型的外销风格的瓷器,如青花花卉开光大盘,菱花口,斜折腹,内壁8个花瓣形开光,开光内绘青花花果图,外壁8个开光内绘简体花叶纹。青花大罐,外壁开光内绘牡丹花卉,开光之间绘璎珞纹。

头顿号沉船[3]

头顿号沉船出水实物 60 000 余件,其中绝大多数是清康熙时期生产的瓷器,胎质坚致,青花发色鲜亮,深浅不一,层次分明。但也有部分福建德化窑和漳州窑的器物。其中景德镇青花瓷相当一部分的造型风格都是为了欧洲的市场而专门制作的,包括杯、罐、瓶等,有些还装饰有西洋宫苑等题材,甚至采用不规则开光、扭瓜棱开光、多边形开光等装饰技法,其外销的特征非常明显。盖罐相对高瘦挺拔,盖罐和花觚等成套或成对出现,纹饰一致,具有欧洲的装饰风格,一般摆放在墙壁或壁炉座上。还有一些瓷器,造型虽

---

[1] 杨天源:《从清康熙时期景德镇外销瓷看中欧外销瓷贸易——以碗礁Ⅰ号沉船出水瓷器为例》,《福建文博》2020 年第 3 期,第 32—41 页。

[2] 福建沿海水下考古调查队:《福建平潭九梁Ⅰ号沉船遗址水下考古调查简报》,《福建文博》2010 年第 1 期;福建沿海水下考古调查队:《福建沿海水下考古调查》,《文物》2014 年第 2 期;国家文物局水下文化遗产保护中心等编著:《福建沿海水下考古调查报告(1989—2010)》,文物出版社,2017 年;国家文物局水下文化遗产保护中心:《水下考古(第一辑)》,上海古籍出版社,2017 年。

[3] [越]阮庭战:《越南海域沉船出水的中国古陶瓷》,荣常胜、钟珒译,载《中国古陶瓷研究辑丛——古代外销瓷器研究》,故宫出版社,2013 年,第 63—66 页;焦天龙:《南海南部地区沉船与中国古代海洋贸易的变迁》,《海交史研究》2014 年第 2 期,第 17 页。

有差别,但纹饰及风格很相似。多在盘、碗等上绘等分的若干个菱形或花瓣形格子,在格子内描绘花卉等纹饰,器物中心绘上主题纹饰。(图5、图6)

图5　青花折枝花卉纹莲蓬盖罐

图6　青花缠枝番莲纹军持

采自《海上丝绸之路遗珍:越南出水陶瓷》第17、12页

金瓯号沉船[1]

金瓯号沉船出水瓷器约60 000余件,其中大部分是清代雍正年间产于景德镇的青花瓷,也有一部分产于福建、广东地区的瓷器。金瓯号出水的青花瓷造型多样,如不同尺寸的碗、盘、瓷瓶、茶壶、香炉、罐、军持、盒等17个种类,个别造型与纹样的瓷器形成一定的组合关系。大部分瓷器的装饰纹样是中国传统纹饰,但也有荷兰水坝等欧洲图景,显然是专门订做的外销瓷器。如成套的六角形、菱形的碗碟、军持、带把执壶等,具有典型的外销风格(图7、图8)。根据部分青花瓷器署有"大清雍正年制"年款,瓷器特征与年代吻合。

4. 清代中晚期出现的欧洲订制瓷

清代中晚期从船上打捞出水的中国瓷器,在样式、色彩及多种装饰布局等方面都不同于中国传统风格,很多种瓷器式样是仿照欧洲人熟悉的金银器或者是玻璃制品制作的,带有巴洛克艺术风格,应该是根据西方客户的订货要求生产的。

哥德马尔森号沉船[2]

1984年曾打捞上来15万件瓷器,主要包括青花瓷、中式伊万里瓷,器型除中国传统式样的茶杯、茶壶、碗、盘等,还出现了欧洲式样的牛奶罐、牛奶

---

[1] 韩槐准:《谈我国明清时代的外销瓷器》,《文物》1965年第9期。
[2] C. J. A. Jog. *The Geldermalsen History and Porcelain*. Kemper Publishers Groningen, 1986.

图 7　青花盆景花卉纹奶杯　　　图 8　青花开光折枝梅纹奶壶

采自《海上丝绸之路遗珍：越南出水陶瓷》第 128、133 页

碗以及成套的餐具。还发现一种外酱釉内青花、外酱釉内粉彩风格的瓷器"巴达维亚瓷"。这种瓷器从 17 世纪末到 18 世纪中叶开始流行，瓷身覆以一层或淡或浓的铁棕色珐琅釉，其特点是在棕釉上有开光树叶形图案，内画青花或粉彩图案，也有外棕釉内青花、外棕釉内粉彩或外棕釉内中式伊万里等风格。

格里芬号沉船[1]

格里芬号沉船共出水瓷器 7 000 余件，以青花瓷为主，也有中式伊万里瓷，粉彩及墨彩瓷器开始出现。器型包括各式碗、茶壶、咖啡壶等。粉彩装饰中开始较多地出现人物装饰。还发现有中国风格的人物和动物瓷塑。

哥德堡号沉船[2]

1986 年至 1991 年，打捞出 6 吨的瓷器碎片和将近 300 件完整瓷器，这批瓷器属于典型的欧洲文化因素的器物。其中一些是为欧洲的餐饮、生活习惯而制作的器型。另外，还有一些纹章瓷，比较有代表性的如一套咖啡杯碟，杯身和盘心分别绘有蓝地金彩字母 G 和月桂树围绕的文字"D.19AUG.1772"，这是为纪念瑞典国王古斯塔夫三世发动的"荣誉革命"事件而特别订制的[3]（图 9、图 10）。

---

[1] 王平：《试论 18 世纪中期的中国外销瓷——以三艘沉船为例》，载中国古陶瓷学会编《外销瓷器与颜色釉瓷器研究》，故宫出版社，2012 年，第 52—54 页。
[2] 故宫博物院编：《瑞典藏中国瓷器》，紫禁城出版社，2005 年 9 月。
[3] 孙悦：《故宫博物院明清外销瓷收藏及影响》，《紫禁城》2020 年第 9 期，第 101 页。

图 9　粉彩描金徽章纹碟　　　　　图 10　粉彩描金徽章纹杯

采自《紫禁城》2021 年第 4 期,第 101 页

三、明清时期中国贸易瓷器的特点

结合前文对典型沉船遗址的中国贸易瓷器的梳理,可以对其特点进行总结,包括以下几个方面。

1. 青花瓷成为最主要的贸易瓷器品种

明初,随着景德镇的崛起,生产规模日益扩大,明早期贸易瓷器以龙泉青瓷为主,到明中期之后逐渐被景德镇青花瓷取代。明晚期漳州窑、清中晚德化窑贸易瓷器同样以青花瓷为主。结合前文所列沉船出水瓷器和国外遗址出土瓷器(如琉球中山王国首里城遗址出土 15 世纪中后期到 16 世纪初青花瓷占大多数[1];东南亚地区发现明中期后,陆上遗址及沉船中很少见龙泉青瓷[2]),表明无论是景德镇窑,还是漳州窑,贸易瓷器几乎都以青花瓷为主。由此可知,明清时期龙泉青瓷在外销市场的衰落和景德镇青花瓷的兴盛并不是出现在单个区域,而是普遍现象。

青花瓷成为最主要的贸易瓷器品种,是由当时窑业生产格局变化决定的。宣德末年至正统时期,景德镇民窑开始生产青花瓷,正统、景泰、天顺三朝确立了青花瓷生产的主要地位,逐渐形成以"陶阳十三里"为代表的规模化手工业生产中心。景德镇民窑青花瓷的兴起直接导致了龙泉窑的衰落[3]。

2. 贸易瓷器窑口受外来文化因素影响

随着海洋全球化背景下欧洲洋船的东进,葡、西、荷、英、法等相继在这

---

[1] 张荣蓉:《首里城出土龙泉青瓷和青花瓷研究》,北京大学博士学位论文,2020 年。
[2] 项坤鹏:《浅析东南亚地区出土(水)的龙泉青瓷——遗址概况、分期及相关问题分析》,《东南文化》2012 年第 2 期。
[3] 秦大树、高宪平:《景德镇明代正统、景泰、天顺三朝瓷窑遗址考古发现综论》,载上海博物馆编《十五世纪的亚洲和景德镇瓷器》,上海古籍出版社,2020 年。

一航路沿岸建立一系列贸易据点,其特征之一是贸易网络的连通性以及产品的互通交换。明末清初,贸易模式发生了重大变化,参与贸易瓷器输出的窑口明显增加。景德镇民窑、福建漳州窑和德化窑、广东石湾窑、江苏宜兴窑等诸多窑场陶瓷器行销海外。在海外市场的推动下,景德镇制瓷业还出现了专门负责满足生产海外市场需求瓷器的作坊——洋器作、订单器作。景德镇窑生产出"式多奇巧"的洋器正是受当时外来文化因素的直接影响,如没有把手的瓷杯、多边形或贝壳形的瓷盘等。明末清初正处于郑成功驱荷战争、明清改朝换代及清初海禁政策实施的节点,国内制瓷业还是受到了冲击,哈彻沉船上虽有克拉克瓷,但在质量和装饰上有所下降,在一定程度上反映了当时瓷业状况。与此同时,新兴的日本制瓷业得到发展契机,在吸收景德镇,甚至漳州、德化等烧造技法和产品工艺特点后,日本伊万里瓷器取代了景德镇瓷器而大受欢迎,荷兰东印度公司的贸易转向了日本。以景德镇窑瓷器为代表的中国贸易瓷器,为争夺曾属于自己的市场,模仿日本伊万里瓷器的装饰风格,生产出中国伊万里风格的瓷器。因烧造工艺、价格成本等优势,在欧洲市场上重新取代了日本伊万里瓷器,再次取得了垄断地位。"碗礁Ⅰ号"沉船出水的典型康熙中期景德镇窑生产的带有克拉克风格的瓷器可以说明这一点。

3. 消费群体的分化

明清时期中国贸易瓷器具有明显的等级差异,应是面向不同的消费群体。具体体现为两点:

(1) 不同沉船出水瓷器质量存在优劣之分。不同沉船由于时代不同、生产窑口不同,可能针对的消费群体亦有不同,出水瓷器质量亦有差别。头顿号沉船、金瓯号沉船上的出水瓷器总体质量高。

(2) 同一沉船出水瓷器质量同样存在优劣之分。碗礁一号沉船出水瓷器根据青花纹样的画法,可分为精细和粗放两类。青花纹样精细的多见于将军罐、筒瓶、花觚、凤尾尊等较大件的陈设器。其画工笔触细腻、规整,线条匀称、流畅,图案的布局与结构较繁密、严谨,此类青花瓷皆器形规整,多数的釉面青花呈色俱佳,堪称青花瓷器中的精品。青花纹样粗放的多是碗、盏、碟等生活日用器。其画工较粗率、随意,纹样略显呆板、滞涩,图案的布局与结构较疏朗、简单。

4. 成套订制瓷、广彩瓷的出现

清康熙开禁以来,对欧洲贸易瓷器销量逐步增加,贸易瓷器出现了几个变化:(1) 贸易瓷器开始向符合西方人生活习惯的造型转变,不少器形在中国传统式样的基础上,加入西方所喜爱的因素,创烧出具有新意的造型,如把瓶改作水器、灯具,或在口、流、柄等部位加饰金属双柄、链子等饰件。随后成套的定制餐具、茶具及咖啡具等欧式造型瓷器和纹章瓷的烧制开始出现,在哥德堡号、哥德马尔森号等沉船均有发现。(2) 贸易瓷器可能开始向成规模来样烧制及定制转变。1678年荷兰东印度公司请求中国瓷器工匠模仿荷兰代尔夫特陶器,包括盘、碟、烛台等[1]。作为瓷器主要用途之一的餐具,经荷兰人重新设计后,逐步走进欧洲人的日常生活[2]。18世纪下半叶,饮茶成为英国人的时尚,使得对中国瓷器的需求不断上升,进一步催生出瓷茶具的创新,茶具成为瓷器中的一大门类,中国贸易瓷器也影响了欧洲人的生活和社交方式。(3)明中期虽然已经出现了订制瓷,如葡萄牙国王唐曼努埃尔一世盾牌和浑天仪徽章的青花瓷,但主要为宫廷皇族订制,属于当时上层社会的奢侈品。到了清中晚期,随着欧洲商业文明的发现,新兴资产阶级同样可以订制购买中国瓷器。由于订烧瓷成本较高,不可能成为当时贸易瓷器的主流,大多数还是用作纪念品或礼物等。纹章瓷作为订烧瓷中特殊的一类,更是如此。(4)广彩瓷应运而生。在景德镇烧好素瓷胎后运到广州或欧洲后再加彩即所谓广彩。销往欧洲的贸易瓷中,有些造型是国内罕见的,如船形或头盔形调味瓶、剃须盘、式样多变的汤盆等。

四、明清时期所见外来文化因素的时代背景与考古发现

1. 明代所见外来文化因素的时代背景

明代是伊斯兰教在中国迅速发展的时期。自唐宋以来信仰伊斯兰教的阿拉伯、波斯、中亚等地的商人来华经商,部分商人甚至在华定居。元代在广州、泉州、福州、杭州等地,均设有伊斯兰教的礼拜寺。到明代,采取更加宽松的民族宗教政策,表现为:(1)设立众多的礼拜寺,使伊斯兰教徒的宗教信仰得到尊重,对其独特的生活方式和文化心理素质的形成起到重要作用;(2)实行同化政策,允许回汉通婚;(3)注重吸收外来文化,明太祖对伊斯兰天文、历法等方面的著作特别重视,还设置"回回司天监",加强交流[3]。由此可知,明代的民族宗教政策为外来文化因素的进入创造了客观条件。

明代前期,海禁政策与朝贡政策并存,海禁政策是打击私人海外贸易,朝贡政策是发展官方贸易[4]。郑和下西洋便是朝贡政策的最重要体现,其远航地区大部分是在伊斯兰势力范围,被访问国家和地区有一半以上信仰伊斯兰教。郑和还吸收了国内伊斯兰教徒参与航海,如马欢、费信、哈三等,马欢所著《瀛涯胜览》和费信所著《星槎胜览》成为研究这一历史事件极珍贵

---

[1] 朱培初:《明清陶瓷和世界文化的交流》,轻工业出版社,1984年,第52页。
[2] 林琳:《17—18世纪荷兰东印度公司瓷器贸易研究》,浙江师范大学硕士论文,2007年,第7—8页。
[3] 马文宽:《明代瓷器中伊斯兰因素的考察》,《考古学报》1999年第4期,第449—450页。
[4] 刘淼:《明代前期海禁政策下的瓷器输出》,《考古》2012年第4期,第85页。

的文献[1]。郑和船队带有大量瓷器作为外交礼品和外贸商品，用瓷器等换取国外奇珍异宝，其中必然包括一些伊斯兰金属、玻璃等器物。在郑和下西洋期间，有30余个使团来自撒马尔罕、哈烈和中亚等国，《西域行程记》《西域番国志》等作成为记录15世纪中国与中亚、伊斯兰地区关系及文化交流的重要文献。在这样的时代背景下，明初永宣时期瓷器在器形、纹饰和生产工艺上吸收了外来文化，特别是伊斯兰文化因素是不足为奇的。波斯湾、东非沿岸遗址均发现有明初龙泉官器残片，应是郑和下西洋曾经到达这些地区的有力证明[2]。

到明中期，随着隆庆开海，欧洲人的到来开创了世界性的联络体系[3]。欧洲文化因素在中国陶瓷器中逐渐突显，具体体现在景德镇外销瓷上：第一类是具有中国传统器型，但绘有外来纹饰风格制品，如绘有青花阿拉伯文的碗；第二类则是外国器型、中国纹饰的器物，如专为东南亚定制的军持，仿伊斯兰铜器的弯月形军持等；第三类是外国器形融合中外纹饰的器物，这类是指葡萄牙人定制的青花执壶，采用摩羯鱼尾造型，但颈部饰水草纹，口沿饰云雷纹，腹部绘葡萄牙王盾牌和浑天仪徽章。明中期景德镇外销瓷将伊斯兰文化因素、欧洲文化因素与本土文化融合，更加丰富了中国瓷器文化的内涵，生动展现多元文化的交流与融合。同时，这一时期中国外销瓷的品种发生了变化，景德镇民窑青花瓷打破了明早期以龙泉窑青瓷为主的局面，景德镇民窑青花瓷的兴起导致了龙泉窑的衰落，这种变化不但与当时中国窑业生产格局变化相符合，而且在国外的一些遗址得到认证[4]。如葡萄牙的博物馆及私人收藏中有多件绘葡萄牙国王唐曼努埃尔一世盾牌和浑天仪徽章的青花瓷，器类有蒜头瓶、执壶、摩羯鱼尾造型的花浇。

明代晚期，主要以景德镇民窑瓷器和漳州青花瓷为主。随着商品经济的发展，资本主义因素在制瓷业中萌芽，出现了分工细致的民营制瓷场，景德镇民窑得到相当大的发展，有"万杵之声殷地，火光烛天，夜令人不寝"的景象。无独有偶，明代晚期漳州月港逐渐成为民间海外贸易活动的中心，月港附近以平和、南靖、广东饶平为生产中心的制瓷业兴起。漳州窑的兴起与葡萄牙、西班牙、荷兰等西方殖民势力的到达和海外市场需求的增大有关。到万历十一年，因景德镇民窑原料匮乏，漳州窑暂时代替景德镇民窑，成为贸易瓷器的主要参与者，在"南澳Ⅰ号""圣迭戈号""平顺号"沉船中都发现有漳州窑类型的瓷器，且还未大规模出现绘有典型开光装饰的克拉克瓷器。

---

[1] (宋)朱彧：《萍洲可谈》卷二，第133页。
[2] 秦大树：《肯尼亚出土龙泉瓷器的初步观察及相关问题讨论》，载沈琼华主编《2012海上丝绸之路——中国古代瓷器输出及文化影响国际学术研讨会论文集》，浙江人民美术出版社，2013年，第267—278页。
[3] [法]费尔南·布罗代尔：《十五至十八世纪的物质文明、经济和资本主义》第一卷，顾良、施康强译，商务印书馆，2017年，第505页。
[4] 钟燕娣、秦大树等：《明中期景德镇窑瓷器的外销与特点》，《文物》2020年第11期，第58页。

2. 清代所见外来文化因素的时代背景

清初,清政府为了打击浙江、福建和广东等地抗清势力实行海禁政策,限制了瓷器的海外贸易。康熙二十三年(1684),明郑归降清朝,清政府解除海禁,允许民间进行海洋贸易,中国和东南亚的通商更加活跃。康熙二十四年,清政府设广州、厦门、福州和上海4个海关成立通商口岸,允许欧洲商船来华贸易,来华的欧洲商船随之增多。不过,需要明确的是,"海禁"局面虽有改善,但出于国家安全方面考虑(康熙帝曾说:"海外如西洋等国,千百年后,中国恐受其累。此朕逆料之……国家承平日久,务须安不忘危。"[1]),清朝对西方商人入华贸易总体上维持限口通商的消极海洋政策,如西班牙在雍正五年(1727)获准进入厦门前,一直未获合法贸易地位[2]。

而最具外来文化因素影响的便是关于珐琅彩的传入及创烧粉彩瓷器,在洪若翰写往威尼斯的信中提道:"我请求你们立刻从我们优秀的玻璃工厂选派一至两名优秀的工匠给我们……同时选派一名精良的画珐琅工匠来。"[3]从中可知,西方人直接介入到清宫廷画珐琅的工作中,并明确提到"用珐琅料来彩绘",珐琅彩技术已经传入并得到运用。从单纯珐琅彩原料的引进,到创烧出珐琅彩瓷器,从借鉴珐琅彩瓷器的工艺,到进一步创烧出了粉彩;在这种互动交流中,最终实现了珐琅彩技术从引进到消化,再到本土化的进程。

清代中晚期,17世纪,荷兰、英国接踵而至,再后来法国、美国、德国等国也都来到中国,开辟了更广泛更复杂的亚欧航路。从全球角度看,欧洲人已经成为亚欧航路贸易的主导者。他们通过东印度公司,建立各个贸易据点,不断加强对这个大航路的控制,从中获取更多的利润。欧洲国家所拥有的海上霸权,以欧洲模式塑造了随之而来的"全球化"世界,在一定程度上,中国瓷器外销进一步卷入这个贸易网络中,成为中国贸易瓷器对外输出最后的荣光。到了19世纪,欧洲各国已建立瓷厂生产瓷器,英国为了保护本国瓷厂的利益,不再从中国进口瓷器。

由于欧洲社会对装饰有精美绘画的中国瓷器的热衷,加之特别器形和纹饰也可以定制,因此中国瓷器在欧洲供不应求。在英国伦敦有一种专门为私人订制特殊纹样的瓷器商人,中国外销瓷输出进入了按样加工时代,即根据外商提供的瓷器画样、种类和数量进行生产。1750年后,荷兰东印度公司发往中国成百上千的瓷器画样。在海牙博物馆保存的东印度公司记录里找到33件瓷器的图样。随着外销瓷数量的增加,部分外销瓷造型趋于"标准

---

[1]《清实录》第六册《圣祖仁皇帝实录》(三)卷二百七十,康熙五十五年十月辛亥,第650页。

[2] 吴春明:《从沉船考古看海洋全球化在环中国海的兴起》,《故宫博物院院刊》2020年第5期,第62页。

[3] Emily Byrne Curtis:《清朝的玻璃制造与耶稣会士在蚕池口的作坊》,米辰峰译,《故宫博物院院刊》2003年第1期,第63页。

化"，瓷器上书写 VOC 等标记的青花瓷盘，以及绘有肖像画的瓷碗等[1]，带有鲜明的订制专供属性，使外销瓷的生产与运输更加方便与高效，使外销瓷贸易便于管理。

清代中晚期，国内瓷业生产以景德镇青花瓷、德化窑青花瓷为主，少量有福建、广东等华南窑口瓷器。漳州窑衰落之后，德化青花瓷代之而起，并在清代中、晚期走向兴盛，其瓷业的兴起与漳州月港的衰落、厦门港的崛起有密切关系。瓷业生产方面，为了让外商选货方便，广州方面也特制了一批样盘，盘的边框四等份，每1/4的地方各施以不同的彩饰、花纹，以供外商选定，广彩应运而生。广彩出现于康熙晚期，盛行于雍正、乾隆时期。在广州绘彩，便于欧洲商人的直接监督和指导，避免和减少了差错。

五、结　　语

古代中国的大一统政权为东西方交流带来了地理上的便利，加速了不同文化间交流互鉴的进程，在此基础上，中国传统文化与多种外来文化和宗教相互影响并相互渗透，形成了多元并存的文化格局。

明清时期中国贸易瓷器，其中一部分体现了中华民族固有的文化因素，而另一部分贸易瓷器为了拓展国外市场或为了满足外交礼仪的需要，有意地体现对方的某些文化因素，甚至仿制外来器类。本文通过介绍和分析这一时期沉船出水瓷器，可以发现青花瓷成为沉船出水瓷器的主要品种；贸易瓷器窑口受外来文化因素影响；瓷器质量不一，有针对性地面向不同地区及不同消费群体；成套订制瓷、广彩瓷的出现。

中国贸易瓷器受外来文化因素影响应看成是双方文化交流的一种体现，催生的结果则是其时社会现象的一种反映。沉船出水瓷器的研究目前尚处于发展阶段，本文对此仅提出了一些粗浅看法，还有不妥之处，望读者指正，以期对这一课题的深入研究有所补益。

---

[1] 吴春明：《从沉船考古看海洋全球化在环中国海的兴起》，第57页。

A Brief Discussion on the Foreign Cultural Factors in China's Trade Porcelain during the Ming and Qing Dynasties: Based on Porcelain Excavated from Shipwrecks

Abstract: During the Ming and Qing Dynasties, Chinese trade porcelain not only inherited traditional methods of production, but also integrated Islamic and European cultural factors to create vessel types and patterns that embody multicultural characteristics. Most of the porcelain excavated from shipwrecks were blue and white, reflecting a standardization in color and design. Moreover, kilns produced items of different quality that targeted different regions and consumer groups. This article also analyzes the historical background behind the introduction of foreign cultural factors into trade porcelain.

Keywords: Underwater Archaeology, Ceramics, Foreign Cultural Factors

佛具中的伊斯兰玻璃

章 灵[*]

摘 要：西方玻璃器从汉代开始进入中国两广地区，随着东西交流、贸易的发展，形式多样的玻璃器流入到中国各地。唐宋时期的外来玻璃主要以伊斯兰玻璃为主，绝大部分出土于寺院塔基。在日本列岛、朝鲜半岛也发现了伊斯兰玻璃，同样多为佛具。这与当时的贸易往来、文化繁荣有关，也从一个侧面呈现了东亚佛教文化圈。本文以佛教遗存出土的伊斯兰玻璃为对象，就其出土情况、形制进行整理，试探讨其流入途径、唐宋时期东西贸易，及东亚佛教文化圈。

关键词：伊斯兰玻璃 唐宋时期 丝绸之路 佛具

一、前 言

以现有的考古材料来看，西方玻璃器从汉代进入中国两广地区，随着东西方交流的不断增进，政治中心的迁移，玻璃器开始在各地出现，并不断东传。从整体来看，玻璃器的进口呈持续状态，即使到了魏晋南北朝时期，玻璃母与吹制技术的传入[1]，也没有中断，这一点也可以从地下埋藏情况看到。出土的早期玻璃很多都属西方日常用品，却被用来陪葬，可见其珍贵。玻璃技术一直以来都没有进入中国手工业的主流，这或许与瓷器的发展、普及也有一定关系，国产玻璃在色泽、品质上都逊于西方，因此古代社会权贵对稀有的进口玻璃有较大需求。到了唐宋时期，伴随着较大规模的贸易活动，伊斯兰玻璃在世界各地流通。在中国南北地区都发现了伊斯兰玻璃，而且绝大部分都出土于佛教遗存。有意思的是，在朝鲜半岛与日本列岛发现

---

[*] 作者简介：章灵，上海博物馆馆员。
[1] 关于该时期的国产玻璃技术有相关记载，如《北史·西域传》："太武时，其国（月氏）人商贩京师，自云能铸石为五色琉璃。于是采矿于山中，于京师铸之。既成，光泽乃美于西方来者，乃诏为行殿，容百余人，光色映彻，观者见之，莫不惊骇，以为神明所作。"《抱朴子·内篇卷二》："外国作水精碗，实是合五种灰以作之。今交广多有得其法而铸作者。"

的伊斯兰玻璃器也主要为佛具。

从出土情况来看，外来玻璃器在两汉魏晋时期主要被用作随葬品，其出土遗存性质几乎为墓葬。到了南北朝时期，玻璃器开始被用于佛具，在隋代瘗埋舍利制度的推行下成为常见的舍利供养器。唐宋时期，其佛教用途更为普遍，而这一时期的进口玻璃以伊斯兰玻璃为主，由此伊斯兰玻璃便成为佛教法器在东亚地区流行。

伊斯兰玻璃与佛教文化，前者是西方物产，后者是东方文化，两者本无关联，却毫不违和地结合。这与当时的贸易交流、社会文化形态都有着密切关系。本文以佛具中出现的伊斯兰玻璃为对象，从其出土情况、形制特点出发，试探讨其流入途径、唐宋时期东西贸易、及东亚佛教文化圈。

二、出土情况与形制

在伊斯兰玻璃进口之前，萨珊玻璃也被用以制作佛具，如西安清禅寺出土的凸起切子纹瓶[1]，是典型的萨珊玻璃。

现发现最早的伊斯兰玻璃是1985年陕西临潼庆山寺塔基出土的贴塑网纹瓶[2]（图1），该形制的玻璃是在吹制成型后，用玻璃条熔接装饰，其制作工艺也常用于罗马玻璃、萨珊玻璃，但从形制上来看，像这样的高领鼓腹小瓶是非常典型的伊斯兰玻璃，为早期伊斯兰玻璃。作为唐代佛教遗址代表的陕西省扶风县法门寺，出土伊斯兰玻璃数量相当可观，从其地宫出土了的20余件[3]，地宫内发现的《应从重真寺随身供养道具及恩赐金银器物宝函等并新恩赐到金银宝器衣物帐》载："琉璃钵子一枚，琉璃茶碗柘子一副，琉璃叠子十一枚。"可以与出土玻璃器对应。法门寺是唯一奉安真身指骨舍利的地方，舍利法具是懿宗和僖宗于873—874年供奉的，因此，所使用的佛具等级也是相当之高。

10世纪中叶，辽宋对峙，因政权相互制约，对外交流分别以草原丝绸之路和海上丝绸之路为主要交通线路，在两境内都有出土伊斯兰玻璃。有趣的是，辽境内发现的伊斯兰玻璃主要是

图1 陕西临潼唐庆山寺塔基出土网纹瓶

（采自关善明：《中国古代玻璃》，香港中文大学文物馆，2001年，第69页）

---

[1] 郑红春：《西安东郊隋舍利墓清理简报》，《考古与文物》1988年第1期。
[2] 临潼县博物馆：《临潼唐庆山寺舍利塔基精室清理记》，《文博》1985年第5期。
[3] 陕西省法门寺考古队：《扶风法门寺塔唐代地宫发掘简报》，《文物》1988年第10期。

以随葬品为主,墓葬等级都较高[1],而宋境内的主要出土于寺院塔基,以佛具居多。

在朝鲜半岛和日本列岛的佛教遗址中也发现了伊斯兰玻璃。早在魏晋南北朝时期,西方玻璃器就已经开始进入朝鲜半岛,并通过渡来人流入日本列岛[2],出土遗存主要为墓葬、祭祀遗址。由漆谷郡松林寺出土的萨珊玻璃[3]可见,朝鲜半岛将西方玻璃器应用于佛具至少从7世纪前半期就开始了。随着近年来的考古发掘,在庆州市四天王寺遗址[4]等佛教遗存中发现了伊斯兰玻璃残片,四天王寺发现的蓝色玻璃残片应该是伊斯兰玻璃器中比较典型的装饰性把手部分。日本正仓院收藏的6件玻璃器中有三件被认为是伊斯兰玻璃,浅黄色透明高脚杯、凤首瓶都是比较典型的伊斯兰玻璃。关于十二曲长杯的系谱虽存有一些争议,但因与中国江苏南京大报恩寺地宫发现的切子纹八曲长杯形制一致[5],一般也被认为是伊斯兰玻璃。

在东亚发现的伊斯兰玻璃器主要以典型的瓶、盘、执壶为主。其中不乏巧工精琢的上乘品,比如说法门寺出土的精品玻璃器,无论是品质还是保存程度,在西方也并不多见。但有很大一部分是作为蔷薇水、药品等商品的普通容器,通过贸易进入东方的[6],而这些容器因其透明度高,工艺佳,被作为舍利容器使用。另外,还出土了一些造型比较奇特的器物,推测为订制而来的。

在佛教遗存中出土的伊斯兰玻璃器中,瓶的数量是最多的。从形制上大致可分为高领圆身小瓶、高领方身小瓶,及细长颈磨花瓶三种(图2)。从《宋史》《宋会要》等记载来看,其原本的用途很有可能为商品或特产的容器,并不是用于出售的商品。温州慧光塔基[7]、南京大报恩寺塔基[8]、定州静志寺塔基[9],及天津蓟县独乐寺塔[10]出土的玻璃瓶,都是非常典型的伊斯

---

[1] 内蒙古文物考古研究所:《辽陈国公主驸马合葬墓发掘简报》,《文物》1987年第11期。
[2] 朴天秀:《실크의 고고학》,진인진,2016年。
[3] 金关恕:《松林寺砖塔発見の遺宝》,《朝鲜学报》第十八辑,1963年。
[4] 庆州文化财研究所:《四天王寺Ⅰ-金堂址》,2012年。
[5] 南京市考古所:《南京大报恩寺遗址塔基与地宫发掘简报》,《文物》2015年第5期。
[6] 《宋史·大食传》:"雍熙元年(984),国人花茶来献花锦、越诺、拣香、白龙脑、白沙糖、蔷薇水、琉璃器。""淳化四年(993),又遣其(大食国)副酋长李亚勿来贡……臣希密凡进象牙五十株,乳香七千八百斤,宾铁七百斤,红丝吉贝一段,五色杂花蕃锦四段,白越诺二段,都爹一琉璃瓶,无名异一块,蔷薇水百瓶。""至道元年(995),其国舶主蒲押陁黎赍蒲希密表来献白龙脑一百两,腽肭脐五十对,龙盐一银合,眼药二十小琉璃瓶,白沙糖三琉璃瓮,千年枣、舶上五味子各六琉璃瓶,舶上褊桃一琉璃瓶,蔷薇水二十琉璃瓶,乳香山子一坐,蕃锦二段……准其所贡之直。"
[7] 浙江省博物馆:《浙江瑞安北宋慧光寺出土文物》,《文物》1973年第1期。
[8] 南京市考古研究所:《南京大报恩寺遗址塔基与地宫发掘简报》,《文物》2015年第5期。
[9] 定县博物馆:《河北定县发现两座宋代塔基》,《文物》1972年第8期。
[10] 天津市历史博物馆考古队等:《天津蓟县独乐寺》,《考古学报》1989年第1期。

兰玻璃,器身上的磨花纹使用了一贯的切子手法。汝窑中的纸槌瓶形制可能是受其影响。法门寺出土的贴塑纹瓶器比较特别,器身上施有4列熔接的圆形、五角形纹饰,蓝黄相间,与越南占婆Culao Cham遗址出土的贴塑纹玻璃残片类似[1]。

图2　伊斯兰玻璃瓶(左、中:河北定县静志寺出土、右:天津蓟县独乐寺塔出土)

(采自关善明:《中国古代玻璃》,香港中文大学文物馆,2001年,第68、79页)

玻璃盘也是常见的佛具,法门寺出土的切子几何纹盘、石榴纹釉彩盘等(图3)都属上乘的伊斯兰玻璃。其中,几何纹使用刻画描金绘,有可能与《宋会要》第199册中记载的来自三佛齐的"渗金劝杯连盖""渗金盛水瓶"类似[2]。在伊朗尼沙布尔10世纪的遗址中也发现了与之相似的玻璃盘残片。石榴纹釉彩盘运用了拉斯特彩工艺(Luster-panting)。这种工艺一般认

图3　法门寺出土伊斯兰玻璃

(均采自关善明:《中国古代玻璃》,香港中文大学文物馆,2001年,第68—69页)

---

[1] 真道洋子:《ベトナム,クーラオチャム出土ガラス》,《昭和女子大學國際文化研究所紀要8ベトナム・ホイアン地域の考古学的研究》,昭和女子大学国际文化研究所,2002年,第160页。

[2] 林梅村:《丝绸之路考古讲义十五讲》,北京大学出版社,2006年,第229页。

为起源于8世纪的埃及,为二次烧成,9世纪传入两河流域[1],伊斯兰的釉彩玻璃富有世界声誉。

日本正仓院藏的凤首执壶也属典型器型,在外来金银器中并不少见。该器型在希腊化时代就已经非常流行,是古罗马陶制执壶中常见的形制,沿用至罗马玻璃、萨珊玻璃及伊斯兰玻璃。

还有一些玻璃器皿可能是订制而来的,如日本正仓院的蓝色玻璃唾壶(图4),在西方和中国都没有发现此类玻璃器,但与10世纪中国瓷器造型相似,其制作工艺和透明度较高,推断为10世纪中国委托中亚人在中亚地区订制而成的。

图4 正仓院藏玻璃唾壶
(采自正仓院宝物)

三、伊斯兰玻璃的东传

7世纪以来,随着倭马亚王朝的建立,在叙利亚、埃及等地中海沿海岸,及伊朗、伊拉克等旧波斯帝国境内,逐渐出现了伊斯兰玻璃。这些地区曾是罗马玻璃的制造中心,但经过技术改革,结合化学成分比配、大马士革磨花、模吹印花等新工艺后,传统的罗马玻璃、萨珊玻璃器得到了发展,从而创造出了伊斯兰玻璃。特别是在9世纪前后,出现了别具风格的样式。

虽然北方出土的伊斯兰玻璃有很大可能是通过草原之路传入的,但从唐宋时期的贸易特征来看,伊斯兰玻璃输入的主要途径应该是海路。唐朝于广州始设市舶使,管理东南海路上的对外贸易。在《新唐书·地理志》详载有关于广州至伊斯兰地区间的海上交通路线,即广州通海夷道。

> 广州东南海行,二百里至屯门山,乃帆风西行,二日至九州石。又南二日至象石。又西南三日行,至占不劳山,山在环王国东二百里海中。又南二日行至陵山。又一日行,至门毒国。又一日行,至古笪国。又半日行,至奔陀浪洲。又两日行,到军突弄山。又五日行至海峡,蕃人谓之"质",南北百里,北岸则罗越国,南岸则佛逝国……又北四日行,至师子国,其北海岸距南天竺大岸百里。又西四日行,经没来国,南天竺之最南境。又西北经十余小国,至婆罗门西境。又西北二日行,至拔䫻国。又十日行,经天竺西境小国五,至提䫻国,其国有弥兰太河,一曰新头河,自北渤昆国来,西流至提䫻国北,入于海。又自提䫻国西二十

---
[1] 任新来:《法门寺地宫出土伊斯兰玻璃器之研究》,《文博》2011年第1期。

日行,经小国二十余,至提罗卢和国,一曰罗和异国,国人于海中立华表,夜则置炬其上,使舶人夜行不迷。又西一日行,至乌剌国,乃大食国之弗利剌河,南入于海。

这条航线从广州启程,途经东南亚的越南、泰国、马来西亚、印度尼西亚、马六甲海峡、斯里兰卡、印度、巴基斯坦,然后驶入波斯湾,经尸罗夫(Siraf),最后抵达伊拉克的巴士拉。其与公元 9 世纪中叶伊本·胡尔达兹比赫所述的波斯湾至中国航线几乎一致[1]。该记录中出现了波斯湾的重要港口尸罗夫,位于现在的伊朗西南部。同时期的阿拉伯商人苏来曼(Sulaimān)在他的东游记中提道:"货物从巴士拉、阿曼以及其他地方运到尸罗夫,大部分中国船在此装货。"[2]尸罗夫在 10 世纪末遭遇了大地震后逐渐衰败,但至 13 世纪[3]期间,通往波斯湾的货船大部分都会在位于北岸的尸罗夫港装卸货物,尸罗夫港出土的长沙窑外销瓷也可以印证这一点。唐末至宋代,往来中国的阿拉伯商人中,以尸罗夫人居多,他们沿海而来,到达广州后又转向泉州等沿海城市[4]。可以说,尸罗夫港口曾一度是波斯、阿拉伯帝国与印度、中国的贸易中心之一。也就能从中想到,在唐宋时期阿拉伯商人与中国间的繁盛贸易往来与多样化商品交换,其中包括伊斯兰玻璃。

近些年来的东南亚沉船研究中,不难看到唐宋时期伊斯兰商人的贸易活动与外销瓷器的空前繁荣。佛逝国,即三佛齐(sriwijaya)作为中国与伊斯兰世界之间的中转站,其重要性不可忽视。在印度尼西亚海域发现的"黑石号"(Beltuing)出水了大量遗物,其中发现了伊斯兰玻璃,共存遗物中还有中国长沙窑瓷器、金银器、伊斯兰陶器等。井里汶沉船被推测为南岛语族(Austronesian)系船舶,也出水了数件伊斯兰玻璃,其中,切子纹玻璃器比较精美,从其形制来看,更像是商品,另有小瓶装有香料的应该是普通容器,与其一同出水的遗物还有中国长沙窑、越州窑瓷器等。由此可见,唐、五代时伊斯兰玻璃很有可能是通过贸易经东南亚流通至中国的。随着宋建国,民间贸易在海上活跃,东亚及东南亚海域形成庞大的贸易圈,三佛齐仍是重要的中转站,《宋史》称:"三佛齐国,盖南蛮之别种,与占城为邻,居真腊、阇婆之间,所管十五州。"宋代周去非的《岭外代答》中还有以下说明:"三佛齐国,在南海之中,诸蕃水道之要冲也。东自阇婆诸国,西自大食、故临诸国,无不

---

[1] [阿拉伯]伊本·胡尔达兹比赫:《道里邦国志》,宋岘译,中华书局,1991 年,第 63—75 页。
[2] [阿拉伯]佚名:《中国印度见闻录》,穆根来、汶江、黄倬汉译,中华书局,1983 年,第 7 页。
[3] M. A. Stein. *Archaeological Reconnaissance in North-Western India and South-Eastern Iran*. London, 1937, pp.202—212.
[4] [日]桑原骘藏:《蒲寿庚考》,陈裕菁译,中华书局,1929 年,第 140—141 页。

由其境而入中国者……蕃舶过境,有不入其国者,必出师尽杀之。"因此可推测像伊斯兰玻璃这样的产自大食的西方产品,如果要通过海路运输,必经三佛齐国后才能流入中国。由于玻璃器难以保存,依据考古出土品研究有限,但进口玻璃数量仅从官方记录来看就已经相当可观[1],更何况在当时如此活跃的民间贸易活动下,如果把这些也包括进去的话,那么从阿拉伯进入到中国的玻璃器数量应该会非常庞大。

再看日本、韩国发现的伊斯兰玻璃,可以知道这条贸易路线并非止于中国,而一直向东延伸。新罗在7世纪中叶实现三国统一,并积极参与国际交流。新罗人的居住地"新罗坊"分布在登州与泉州之间,在中国东海岸连成了广范围的关系网。张保皋在9世纪于清海镇建立贸易据点,又向唐派遣卖物使,在贩卖新罗物品的同时,在中国购买阿拉伯、东南亚及中国的物品。庆州市四天王寺遗址、陕川郡伯严里寺遗址,及庆州王室雁鸭池出土的伊斯兰玻璃应该就是在这样一个大背景下流入朝鲜半岛的。另外,日本列岛福冈县鸿胪馆遗址是继7世纪后半期建成的筑紫馆,沿用至11世纪中叶,在这里发现了青绿色瓶和白色玻璃碗,都是伊斯兰玻璃,同时还出土了伊斯兰陶器、中国瓷器,及新罗印花纹陶器。在正仓院中发现外来玻璃器的同时,也看到了中国与朝鲜半岛特质的遗物,且从时间上来说相对较晚,由此判断,日本发现的伊斯兰玻璃可能是通过留学僧人或商人经由中国或者朝鲜半岛传入的。

四、佛教与伊斯兰玻璃

佛教于汉初传入中国,在南北朝时期渗入到社会各阶层。到了隋代,兴建寺院,瘗埋舍利于塔基。唐宋时期,佛教仍为盛行,成立诸宗派,建塔供养舍利,"佛既谢世,香木焚尸。灵骨分碎,大小如粒,击之不坏,焚亦不焦,或有光明神验,胡言谓之舍利","弟子收奉,置之宝瓶,竭香花,致敬慕,建宫宇,谓为塔"[2]。

"玻璃"一词最早出现在汉译佛典[3],从东晋十六国时期,"颇梨"等音译词已被频繁使用[4]。琉璃有色同寒冰,无物隔纤尘,被誉为佛教七宝之一,据《无量寿经》《沙弥陀经》等记载,所谓"佛教七宝"是指金、银、琥珀、玛瑙、珊瑚、琉璃等。在敦煌莫高窟、库木吐拉石窟等佛教壁画中都可以看到

---

[1] 金关恕:《松林寺砖塔発见の遗宝》,《朝鲜学报》第十八辑,1963年。
[2]《魏书》卷一一四"释老志",中华书局,第3028页。
[3] 如《大方便报恩经》卷四《大正藏》提到"颇梨缕",《佛说无量寿经》《菩萨本缘经》提到"金""银""琉璃""颇梨"等。
[4] 如《魏书·西域传·波斯》:"土地平正,出金、银、鍮石、珊瑚、琥珀、车渠、马脑,多大真珠、颇梨……盐绿、雌黄等物"等。

菩萨手持玻璃器的形象,器中往往置有莲花。玻璃器在壁画中的形制非常写实,比如敦煌 400 窟中的高足盘与日本正仓院藏的几乎一致[1]。(图 5)

图 5　敦煌 400 窟壁画中的玻璃器与日本正仓院藏高足盘

(左图转采自赵永:《论魏晋至宋元时期佛教遗存中的玻璃器》,《中国国家博物馆馆刊》2014 年第 10 期,右图采自正仓院宝物)

玻璃在两汉魏晋时期主要作为传世或用于随葬,南北朝以来,随着佛教和玻璃技术的发展,玻璃开始在佛具中出现,现发现的国产玻璃中,舍利容器占有很大的比重。虽然佛教遗存中出土了不少国产玻璃,比如河北定州华塔北魏塔基出土的玻璃钵及小瓶[2],属高铅玻璃,但无论从色泽还是品质来说,仍较进口玻璃略差一等。从整体出土情况来看,国产玻璃没有取代进口玻璃的地位,成为佛具中的主流,寺院仍使用大量西方玻璃器奉安。

《法苑珠林·舍利篇》《舍利感应记》中关于瘗埋舍利制度有述:"将于海内诸州选高爽清静三十处,各起舍利塔。皇帝于是亲以七宝箱,奉三十舍利,自内而出,置于御座之案,与诸沙门烧香礼拜,愿弟子常以正法护持三宝,救度一切众生。乃取金瓶、琉璃瓶各三十,以琉璃瓶盛金瓶,置舍利于其内,熏陆香为泥,涂其盖而印之。三十州同刻,十月十五日正午入于铜函、石函,一时起塔。"[3]可见隋代瘗埋舍利时,玻璃瓶作为供养容器为必备之物。唐代在瘗埋舍利时也用到了玻璃瓶,并采用了棺椁式瘗埋[4]。该瘗埋形制传至日本列岛和朝鲜半岛,在韩国庆州佛国寺、益山王宫里石塔、日本滋贺县崇福寺等佛教遗址中都有发现。到了宋代,伊斯兰玻璃的品质和生产都达到了高峰,南宋人赵汝适称:"琉璃出大食诸国,烧炼之法与中国同。其法用铅硝、石膏烧成。大食则添入南鹏砂,故滋润不烈,最耐寒暑,宿水不坏,

---

[1] 赵永:《论魏晋至宋元时期佛教遗存中的玻璃器》,《中国国家博物馆馆刊》2014 年第 10 期。
[2] 刘来成:《河北定县出土北魏石函》,《考古》1996 年第 5 期。
[3] (唐)释道世:《法苑珠林》卷四十,上海古籍出版社,1991 年,第 311 页。
[4] 甘肃省文物工作队:《甘肃泾川县出土的唐代舍利石函》,《文物》1996 年第 3 页。《泾州大云寺舍利石函铭》:"若夫能仁幽赞,沿圣敬以祥;秒善冥扶,徇贞明而效彩……诸佛献喜,幽瑞腾光。彩发散身,复何疑也。勉加开显,当申资助。于是庀徒具锤,揆势施功。言未倍寻,便臻藏所。遂开砖室,爰得石函。中有琉璃瓶舍利十四粒。"

以此贵重于中国。"[1]如上文所说,该时期大部分伊斯兰玻璃器通过贸易,经由海路进入中国,很多器物并非订制,很大可能是被二次利用至佛具的。

在日、韩出土的伊斯兰玻璃也反映了当时东亚佛教的盛行。朝鲜半岛与日本列岛派遣僧人前来学法,学成归国后亦修建寺院。统一新罗在676年统治朝鲜半岛后,也将佛教作为国教,在很多佛教遗址中发现玻璃制品,与日本正仓院藏玻璃器一样,很大一部分是通过遣唐使、留学僧人等带回的。

六朝隋唐时期,日本向中国学法,接受了中国化佛教,包括供养与埋瘗制度,僧人将玻璃器作为舍利容器带回。如空海于日本大同元年(806)上报天皇的《御请来目录》中记载从唐携归的译经、宝物中,碧琉璃供养碗二口、白琉璃供养碗一口、绀琉璃一具,并注明系青龙寺慧果和尚所附。另有唐大中十一年(857),日本求法僧人圆仁《入唐求法目录》中记载"琉璃瓶子一口",为田园觉从广州寄送。可见有一部分外来玻璃器在东亚交流中随佛教传入朝鲜半岛及日本列岛。佛具中出现的伊斯兰玻璃不仅反映唐宋时期丝绸之路商贸繁荣,也反映了东亚佛教文化圈的形成。

五、结　　语

在结束南北朝长期战乱之后,随着隋唐统一、朝鲜半岛统一新罗成立、日本迎来飞鸟时代,东亚进入了丝绸之路繁荣期,商品交易多样化。在这样的大背景下,西方玻璃器流入东亚,同时随着中国佛教发展,一部分外来玻璃器作为舍利容器被用于寺院佛塔。虽然当时国产铅玻璃已较成熟,可以自产吹制玻璃,但佛教供奉容器中仍使用大量舶来玻璃。伊斯兰玻璃在7世纪倭马亚王朝建立后,承继罗马玻璃、萨珊玻璃技术,不断开创发展,于9世纪前后达到生产高峰,通过丝绸之路贸易,途经东南亚进入中国。从其在中国的出土情况来看,很大一部分都藏于佛教遗存,特别是两宋时期。日、韩出土伊斯兰玻璃器也多为供养器,这不仅是中西交流的实证,也是中国佛教东传的重要体现。

---

[1](宋)赵汝适撰,杨博文校释:《诸蕃志校释》,中华书局,1956年,第129页。

The Islamic Glass Used in Buddhist Ritual Implements

Abstract: Western glassware had been imported into the Guangdong and Guangxi region since the Han Dynasty. With the expansion of trade along the Silk Road, various kinds came to circulate throughout China. The majority of the glass found in the sites of the Tang and Song Dynasties are Islamic glass, mostly unearthed from the platform of pagodas in Buddhist temples. A similar situation held in Korea and Japan. This paper focuses on Islamic glass used in Buddhist ritual implements. It examines their shapes and their overall condition at the time of excavation. It also explores how they entered and disseminated across East Asia via the Silk Road. During the Tang and Song periods.

Keywords: Islamic Glass, Tang and Song Dynasties, Maritime Silk Road, Buddhist Ritual Implements

图书在版编目(CIP)数据

丝路连通的中国与世界/上海中国航海博物馆主编. —上海：复旦大学出版社，2022.11
ISBN 978-7-309-16319-3

Ⅰ.①丝… Ⅱ.①上… Ⅲ.①丝绸之路-文集 Ⅳ.①K928.6-53

中国版本图书馆 CIP 数据核字(2022)第 127635 号

丝路连通的中国与世界
上海中国航海博物馆　主编
责任编辑/胡欣轩

复旦大学出版社有限公司出版发行
上海市国权路 579 号　邮编：200433
网址：fupnet@fudanpress.com　　http://www.fudanpress.com
门市零售：86-21-65102580　　团体订购：86-21-65104505
出版部电话：86-21-65642845
上海盛通时代印刷有限公司

开本 787×1092　1/16　印张 12.75　字数 253 千
2022 年 11 月第 1 版
2022 年 11 月第 1 版第 1 次印刷

ISBN 978-7-309-16319-3/K·785
定价：90.00 元

如有印装质量问题，请向复旦大学出版社有限公司出版部调换。
版权所有　　侵权必究